甲子园

高校棒球100年与近现代日本

徐靖 著

漓江出版社

图书在版编目（CIP）数据

甲子园：高校棒球100年与近现代日本 / 徐靖著.
桂林：漓江出版社, 2025. 9. -- ISBN 978-7-5801
-0120-4

Ⅰ. G848.1; K313.4

中国国家版本馆CIP数据核字第2024H2T203号

甲子园：高校棒球100年与近现代日本
JIAZIYUAN
GAOXIAO BANGQIU 100 NIAN YU JINXIANDAI RIBEN

著　　者　徐　靖

出 版 人　梁　志
责任编辑　刘红果　叶露棋
特约编辑　肖　月
书籍设计　千巨万工作室　三　喜
责任监印　张　璐

出　　版　漓江出版社有限公司
社　　址　广西桂林市南环路 22 号
邮　　编　541002
微信公众号 lijiangpress
发行电话　010-85891290　0773-2582200

印　　制　北京博海升彩色印刷有限公司
开　　本　880 mm×1230 mm　1 / 32
印　　张　11.25
字　　数　232 千字
版　　次　2025 年 9 月第 1 版
印　　次　2025 年 9 月第 1 次印刷
书　　号　ISBN 978-7-5801-0120-4
定　　价　59.00 元

△　大阪梅田站内的甲子园球场建成百年动漫联名纪念海报

△　第三代大会优胜旗及 105 届优胜盾

△　甲子园球场外刻有历年冠军校纪录的地砖

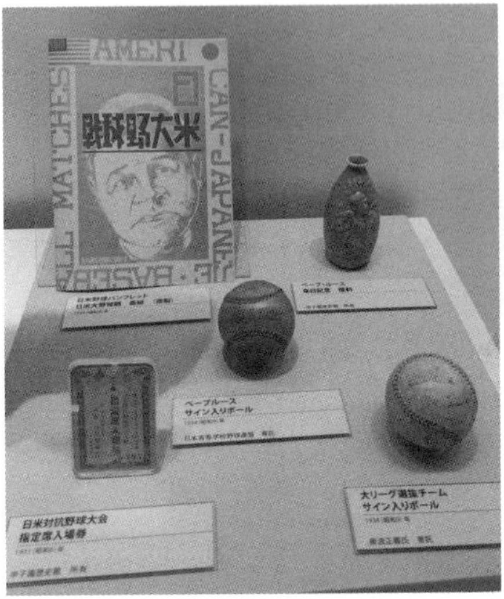

△　美国大联盟代表队访日期间纪念品

△　佐伯达夫像（甲子园历史馆藏）

△　甲子园历史馆内的甲子园碗展区

目　录

—— 战后篇 ——

—— 附录 ——

序

甲子园（こうしえん、KOSHIEN），这个名词如今几乎是日本高中棒球运动的代名词，它承载着青春的热情，春天的欢声和夏天的沸腾；是维系日本乡土社会情感的纽带，跨越世代的传承；是追逐白球的狂热，追求更高、更强理想的圣地。

每逢春、夏两季，在日本关西兵库县西宫市的阪神甲子园球场都会上演为期半个月的青春热剧，自 1915 年首届全国中学棒球优胜大赛至今，除了战争动乱时期和新冠疫情期间，赛事从未中止。

2019 年朝日新闻社出版的甲子园百年纪念专刊《白球的世纪 高校[1]棒球 100 届秘史》扉页上写着——

国民级活动，时代的投影，不绝的欢声，和平的见证（国民的行事、時代を投影、途切れぬ歓声、平和の証し）

[1] 本书中的“高校”，即日本高等学校，相当于中国的高级中学。为便于检索，保留日文原文“高校”，未将其译为“高中”，特此说明。

寥寥数语，道破这项学生体育赛事对于日本社会非比寻常的意义。

为什么一项高中生业余棒球赛能在日本社会中享有如此高的关注度且经久不衰？

甲子园究竟有着什么样的魅力，这个棒球场究竟栖息着怎样的“魔物”？它是如何一步步成为全日本高中棒球圣地，又是如何与日本近现代社会文化历史变迁紧密相连，上升为日本国民级活动场地的？

这些是笔者关注甲子园赛事时常思考的问题，也是很多关注甲子园棒球赛事的朋友们经常提出的问题。

对于中国的棒球爱好者来说，“甲子园”这个名词从陌生到熟知，不过是最近若干年的事情。二十世纪八九十年代，很多中国人通过日本动漫和电子游戏第一次了解到这个词语，2000 年后越来越多中国人可以通过互联网社交媒体、视频流媒体等渠道，越来越便捷地关注现实中的甲子园比赛动态。

2018 年，第 100 届日本高校棒球选手权大赛决赛，秋田县代表金足农高校对战大阪府代表大阪桐荫高校，意外地在中国网络社交媒体掀起刷屏狂潮。尽管各种中国自媒体加急赶制的报道不尽确切，但并不妨碍普通中国人竞相转发分享这场并不熟悉的异国高中生棒球比赛。甲子园，这个在中国完全没有对应语境和现实参照物的词语，如今也能与中国人产生共鸣，让中国人为之感动，与之同喜同悲。这又是为什么？

2022 年是笔者关注甲子园高校棒球赛事的第 18 年。18 年来有幸见证了不胜枚举的新传奇在这片球场上诞生，也见证了甲子园如何在

△ 甲子园球场全景

2011 年东日本大地震阴影中坚持举办，又在战后的 2020 年新冠疫情期间首次停赛。

18 年间，同样见证了中国棒球爱好者队伍的壮大、细分和变迁。

我们为什么要关注一项异国的学生体育运动，从中又可以得到哪些超越学生体育赛事的启示与借鉴？

围绕着这些问题，我们将追溯日本高校棒球百年历史，去看一看那个叫作“甲子园”的地方，以及这片球场上独特的日本近现代历史风景。

战前篇

第〇话 甲子园诞生前话

甲子园全称“阪神甲子园球场”，位于日本兵库县西宫市甲子园町，从大阪市的梅田站乘坐阪神电铁大约 20—30 分钟便可抵达。

在日本全国众多棒球场中，甲子园棒球场是一个特别的存在。

如今甲子园是日本职业棒球阪神虎队的主场，但早在阪神虎队成立之前，这里就是日本春、夏两季高中棒球联赛——日本选拔高等学校[1]棒球大赛和全国高等学校棒球选手权大赛全国大赛[2]（即俗称的“春季甲子园”和“夏季甲子园”）的主赛场。因此甲子园首先是“日本高校棒球的圣地”，其次才是阪神虎队主场。

[1] 日本的“高等学校”对应的是中国的高级中学，并非中文含义中的大学阶段教育。日语中的“高校”对应“高中”。为便于索引，本书中相关名词保留日文原文，“高校棒球”即指日本的高中棒球。

[2] 春、夏甲子园大赛日文名称分别为“選抜高校野球大会”“全国高校野球選手権大会”，本文对应译为“选拔高等学校棒球大赛”“全国高等学校棒球选手权大赛”。

○

日本棒球运动起源

日本棒球运动据记载最早起源于明治五年，即 1872 年，相传由东京开成学校的美籍教师首次引入。2022 年恰是棒球传入日本 150 周年。2022 年的甲子园大赛上，球员的打击头盔上均有“150、野球❶传来”字样的纪念贴纸。

伴随着日本明治时期全盘西化和国家现代化运动浪潮，棒球运动在东京、大阪等地的高中和大学率先普及。当时被视为“精英摇篮”的旧制第一高等学校、早稻田大学、庆应义塾大学等院校，便是日本早期棒球运动发展最快的地方。

相传是日本明治时期的俳句诗人正冈子规❷最早将“baseball”翻译成了日语中的“野球”。正冈子规在东京第一高等学校求学期间接

△ 身着棒球服的正冈子规

---

❶ 野球，在日语中即棒球的意思。

❷ 正冈子规（1867—1902），日本明治时代著名诗人和散文家，罹患结核病，长年卧病在床直至病逝。被称为日本现代俳句文学的中兴之祖。

触到棒球，还担任过捕手，是日本最早的一批棒球爱好者之一。司马辽太郎[1]以明治时代为背景的小说《坂上之云》记载了这一逸闻：正冈子规幼名“升”，日语读作“のぼる（no bo ru）”，正好对应野球的“野（no）”和“球（boru）”两字。于是正冈偷偷将自己的名字嵌入“baseball”译名中，不过他更多是把“野球”当作自己的雅号。

更为可靠的说法源自同为第一高等学校棒球部学生的中马庚，其在1895年出版的《一高棒球部史》中将“baseball”第一次翻译为“野球”。

1903年，早稻田大学棒球部向庆应义塾大学棒球部发出棒球赛挑战书，两校在当年的11月21日进行了日本史上第一场校际棒球对抗战，即后世所谓的“早庆战”，由此正式揭开日本学生棒球运动的时代大幕。这一赛事后来逐渐发展形成如今的“东京六大学棒球联盟”[2]。不过如今“早庆战”仍是东京六大学棒球联盟赛中最受瞩目的对抗赛事。

如果说，“早庆战”是日本学生棒球的开端，那么正冈子规和中马庚出身的“一高棒球”就是日式棒球的“精神起源”。日本旧制第一高等学校是当时日本青年精英最集中的学校。在精英化的氛围中，棒球运动从最初单纯的体育娱乐运动逐渐转化为某种取代传统武士修行的精神及体能锻炼的方式。例如“一高棒球”刻意强调“胜利至上主义”“精神主义”和“猛练习”，提倡一切以集体荣誉为重，甚至提倡取消休息日，将全部时间用于训练。这种浓郁的精英主义，又或说是带有国家主义、集体主义味道的棒球风格，随着一高学生毕业后

---

❶ 司马辽太郎（1923—1996），日本作家，以历史题材见长，代表作有《坂上之云》《燃烧吧！剑》等。

❷ 东京六大学棒球联盟，日本历史最悠久、知名度最高的大学棒球联盟，由东京大学、早稻田大学、庆应义塾大学、立教大学、明治大学、法政大学六所大学组成，正式创立于1925年。每年春、秋季在东京的明治神宫球场举行联盟赛。其中早稻田大学与庆应义塾的“早庆战”是东京六大学棒球联盟最受瞩目的比赛。

△ 第一回“早庆战”选手合影

走向明治日本各行各业的顶端而开枝散叶，最终日本棒球形成了与美国棒球截然不同的体育风格。

伴随着日本近代教育体系的建立与完善，棒球运动从日本的高等教育学府逐渐向全国各地中小学逐级下沉。到 1900 年前后，棒球运动已在日本各地扎根开花，各地冒出多种形式的中等学校棒球大赛，只是还没有全国统一的比赛。

○

大正国民体育热潮

1912 年，大正天皇即位，日本进入大正时代。

经过明治时期的一系列维新改革和内外征战，日本基本建立起现代国家体制，成为东亚地区第一个现代化转型成功的国家。大正初期的 20 世纪 10 年代，欧美列强笼罩在第一次世界大战的阴影之下，日本国内则相对风平浪静，可以发展国内经济，推动政治改革，即后世所谓的“大正民主时期”。

大正时代宽松的社会风貌一定程度上也与大正天皇有关。和上一代以威严刚毅形象示人的明治天皇不同，大正天皇先天不足，健康状况不佳，在日本是公开的秘密。不过皇室的羸弱无为反而让大正时代的日本拥有相对明治、昭和而言更自由开放的发展环境。

因为皇室存在感远不足，因此日本官方更注重塑造裕仁等皇子们勇武健康的形象。裕仁等皇子频繁出席各类体育运动场合，大正天皇次子淳宫[1]参加橄榄球运动，三子光宫[2]与棒球、赛马等运动均有交集，末子澄宫[3]也举办过棒球招待比赛等。如此自上而下倡导国民体育的政治导向，点燃了大正时期日本业余体育运动热，国民体育全面勃兴，这是促成高校棒球“甲子园”诞生的因素之一。

○

棒球毒害论

国家鼓励搞全民体育，棒球运动在日本的普及也堪称神速，但是棒球运动曾一度沦为舆论批判对象。而挑起论争的，正是后来创办甲

---

❶ 即秩父宫雍仁亲王（1902—1953），大正天皇次子。

❷ 即高松宫宣仁亲王（1905—1987），大正天皇的第三皇子。

❸ 即三笠宫崇仁亲王（1915 —2016），大正天皇的第四皇子。

子园大赛的朝日新闻社。

1903年，《东京朝日新闻》刊发了《棒球娱乐化》一文，继又辅以连载文章，发起“棒球毒害论”大论战，历数棒球的各种毒害“罪状”，比如舶来的洋运动导致学生荒废学业，助长学生赌博、虚荣攀比、出入不良场所等歪风邪气，引起轩然大波。

日本国内反对棒球运动的呼声实际上由来已久，最知名的反对人士莫过于皇太子裕仁的老师、因为日俄战争“二〇三高地战役”闻名的乃木希典❶，著名的反对人士还有著有《武士道》的新渡户稻造❷等。

另一边，鼎力支持棒球运动的社会名流也不少。其中包括早稻田大学棒球部创建者、日本社会主义运动知名人士安部矶雄❸，日本著名棒球指导者飞田穗洲❹，横跨文艺圈和体育圈的押川春浪❺、永井荷风❻等人。正反两方的激烈论战持续了很长一段时间，一时间舆论炒得沸沸扬扬。

○

朝日新闻社的棒球生意经

人们不禁要问，后来的甲子园大赛主办方朝日新闻社当初为何如

---

❶ 乃木希典（1849—1912），长州藩人，日本帝国陆军大将，1896至1898年任日据时期第三任“台湾总督”。明治天皇去世后与妻子一同自杀殉死。

❷ 新渡户稻造（1862—1933），日本农学家、教育家。

❸ 安部矶雄（1865—1949），日本社会主义运动创建者之一，曾翻译日文版《共产党宣言》。1899年任东京专门学校（后改名早稻田大学）教授。李大钊接受共产主义主要受到他的影响。

❹ 飞田穗洲（1886—1965），早稻田大学法学部毕业，日本学生棒球著名指导者、棒球评论家，对日本学生棒球发展影响巨大，是促成1943年“最后的早庆战”的关键人物。

❺ 押川春浪（1876—1914），日本冒险小说作家。代表作有《武侠的日本》(1904)、《东洋武侠团》(1908)等。酷爱棒球，主张将棒球作为锻炼身体的武道。

❻ 永井荷风（1879—1959)，日本小说家、散文家。代表作有《地狱之花》等。

此精分？

这里再多聊几句日本近代报纸媒体历史。

19 世纪晚期是日本主要近现代报纸媒体的“黎明时期”，日本三大综合性日报——《朝日新闻》《读卖新闻》和《每日新闻》均创办于这一时期。当时的明治日本也处于内外战争高发期——戊辰战争（1868—1869）、西南战争（1877）、甲午战争（1894—1895）、日俄战争（1904—1905）接连爆发。战争对于新闻媒体有着天然的刺激作用，所以大量报纸媒体在明治战争期间如雨后春笋一般急速成长。

《朝日新闻》1879 年始创于大阪，创办人是木村平八。“朝日”一词取“旭日升天，万象惟明”之意。1881 年木村将朝日新闻报社出售给村山家族和上野家族。后来在第一届甲子园比赛开幕式上主持开球仪式的和服胡子爷爷正是来自村山家族的村山龙平，时任朝日新闻社社长 。

《朝日新闻》先后在东京和大阪两地创设《东京朝日新闻》和《大阪朝日新闻》，两社相对独立地开展业务。发起“棒球毒害论”论争的是东京朝日新闻社，而大约四年后创办甲子园赛事的则是大阪朝日新闻社。

《东京朝日新闻》的“棒球毒害论”成功跻身当时的“热搜超话”，正反两方往来辩论激烈。东京朝日新闻社的套路和如今网络社交媒体平台引流促活方式如出一辙——先抛出一个争议度极高的话题挑起论争。安部矶雄就曾批驳《朝日新闻》挑起“棒球毒害论”只是为了提高自家报纸销量。

另一方面，这也说明棒球运动在当时的日本社会已经有相当高的普及程度。争议有多大，市场就有多大。

大正年间日本国内时局相对承平，缺乏军事战争刺激，新闻市场萎缩，业界竞争愈加激烈。如何在市场空间有限、新闻寡淡的低谷期维持高速发展？很多日本媒体开始找寻新的突破口。

正逢日本皇室大力倡导全民体育，因此体育新闻就成为日本几大报业媒体的兵家必争之地。

如果说东京朝日新闻社是文人意气，高举大旗抢占舆论高地，那么大阪朝日新闻社更多是商人做派，踏实经营，布局长远。看似精分，实际上是《朝日新闻》蹭体育热点拓展市场的一体两面。

那么办哪种体育比赛呢？

棒球无疑是当时日本人口基数最大的近代体育运动。大学棒球虽然成熟却不容易打入，加上《东京朝日新闻》有“棒球毒害论”前科，大学棒球界一看到“朝日”都要皱皱眉头。

中学棒球就不一样了，简直是一片蓝海！

本来朝日新闻报社就很重视发行地方版报纸，尤其重视地方通讯社网络建设。相比大学棒球，日本旧制中学棒球在全国各地的群众基础显然更好，又和报纸受众高度重叠，正好能够匹配《朝日新闻》在日本全国各地开疆拓土的需求。

于是《大阪朝日新闻》据理力争，力排众议地果断决定——由我们《大阪朝日新闻》创办一个全国性的中学棒球大赛吧！

第一话 『始祖甲子园』与大正时代轰鸣

如今“甲子园”可以说是日本高校棒球运动的代名词，但日本高校棒球最初的起点并不在阪神甲子园球场。

“棒球传入我国时日虽短却已有今日之隆盛……然而却未见有全国大赛可供全国代表之健儿汇聚一地倾力竞赛妙技……”1915年7月1日，《大阪朝日新闻》上发表了一则告示，宣布将在8月于丰中市主办“全国中等学校优胜棒球大赛”。

如前介绍，在《东京朝日新闻》发起“棒球毒害论”大论战四年之后，《大阪朝日新闻》决定创办全国性的中学棒球大赛，提案很快得到了批准。最初被选定的棒球场，是位于大阪府丰中市的丰中运动场，后世称之为“始祖甲子园”。

大阪府丰中运动场（豊中グラウンド）由阪急电铁前身箕面有马电气轨道公司创建于1913年（大正二年），是一个囊括棒球、

足球、田径等场地设施的综合性体育场。即使从现在来看，场馆占地近 2 英亩的丰中球场也有不少人性化的设计亮点：场内不仅设有木制的观众席，还设有女性专用座席、应援团专用席等多功能席位，看台上方还配备遮阳的天幕。

○

史上首届“甲子园大赛”

1915 年 8 月 18 日至 23 日，在丰中运动场举行了第一届全国中等学校优胜棒球大赛，也就是甲子园史上第一届大赛。日本全国共有 73 所学校参加，最后有 10 所学校打进全国大赛。

在开幕战（鸟取中 VS 广岛中）上，朝日新闻社社长村山龙平身着羽织[1]投出了第一球，从此拉开了日本高校棒球百年历史的序幕。

入围首届全国大赛的 10 支队伍分别是早稻田实业（全称“早稻田大学系属早稻田实业学校”，亦简称“早实”）、神户二中（全称“兵库县立第二神户中学校”，现兵库高等学校）、秋田中（现秋田高校）、三重四中（现宇治山田高校）、和歌山中（全称“和歌山中学校”，现和歌山县桐荫高校）、久留米商（现久留米商业高等学校）、广岛中、鸟取中（全称“鸟取县鸟取中学校”，现鸟取县鸟取中学校）、京都二中（全称“京都府第二中学校”，现京都府鸟羽高等学校）和高松中（全称“香川县高松中学校”，现香川县立高松高等学校）。

[1] 羽织（はおり），日本传统服装的一种。常用作防寒服、礼服等，穿在长着、小袖之外。

△ 第一届大赛决赛：秋田中 VS 京都二中

其中最为人熟知的学校应该是早稻田实业。作为第一届大赛就出场的“元老”，早稻田实业直到 91 年后的 2006 年第 88 届大赛才在甲子园夺冠。

第一届大赛的地区预选并不像后来的地区大赛采用淘汰赛制，主办方依据当时林林总总的地方性比赛成绩确定入围学校并发出参赛通知。其中还有不少学校因为“远征”费用太贵等未接受邀请。

第一届大赛最北端的参赛校是来自秋田县的秋田中学。起初校方收到参赛通知时，还一度犹豫路程太远想弃赛，全靠校务人员以及部分队员坚持才成行。

朝日新闻社将全国中等学校优胜棒球大赛的赛制定为单轮淘汰赛制，即参赛校逐级进行淘汰赛，胜利者晋级下一轮比赛。“一战定胜负”的赛制延续至今。

决赛在秋田县代表秋田中学和京都府代表京都二中之间展开，结果京都二中在延长13局时击出“再见安打”[1]，绝杀秋田中学夺得首届冠军。秋田县学校代表下一次打入夏季甲子园决赛是时隔103年后的2018年第100届夏季甲子园大赛，代表队金足农业高校在当年掀起狂潮。（详见第十三话）

全国中等学校优胜棒球大赛并不设奖金或物质奖品，冠军的奖励是朝日新闻社委托高岛屋[2]制作的一面深红色冠军旗，采用著名的京都传统织锦工艺“绫锦织”制成。旗面用金线织有“全国优胜棒球大赛”“优胜”“朝日新闻社”等字样，中央是鹰鹫和旭日等纹饰，周边装饰有黄金旗穗。之后通常被称为“大深红旗”。旗帜造价1500日元，对标当时日本大学生月薪30日元的起薪，价值实不亚于一套独栋日式宅邸。

大赛规定，每年大赛开幕时上一届冠军将大深红旗归还主办方，大深红旗将在比赛结束后传给新冠军校，如是代代相传，这一传统一直延续至今。

第一届大赛一炮打响，到了次年的第二届全国中等学校优胜棒球大赛，各地报名参赛队伍增长到了115队，最终有12支队伍打入全国大赛。主办方还引入了“败者复活赛制”，即为第一轮比赛被淘汰的队伍设置“复活赛”，胜出的队伍可继续参与之后的比赛，旨在增加比赛可看性。不过这种赛制仅在第二、第三届大赛中采用过。

---

❶ 再见安打，棒球比赛用语，特指后进攻的一方打出的使比分反超对手同时使比赛结束的安打。另有“再见保送”“再见暴投”“再见失误”“再见投手犯规”“再见触身球”“再见捕逸”“再见不死三振”等多种使比赛结束的情形，统称“再见比赛”（walk-off）。

❷ 高岛屋，日本知名连锁百货公司，1829年创立于京都。最初是二手服饰及棉料织品零售商，1919年成立株式会社高岛屋吴服店。目前业务覆盖纽约、台北、上海等海外市场。

第二届大赛冠军由东京代表庆应普通部[1]（现神奈川县庆应高校）夺得。值得一提的是，庆应普通部是日本早期高校棒球历史上少见的“国际化队伍”：一垒手是美国来日学习的约翰·丹，队上还不乏夏威夷归国子女选手、日德混血选手。约翰·丹也是高校棒球史上最早的外国参赛选手。

○

丰中球场的终局

除了被选作第一、第二届全国中等学校优胜棒球大赛的主办球场，丰中球场也是每日新闻社创办的日本足球优胜大赛（即现在的日本高校足球选手权大赛以及日本高校橄榄球选手权大赛）的发源地，见证了大正时期日本传媒业的学生体育赛事竞争风潮。

可是为什么朝日新闻社只在丰中球场举办了两届中等学校优胜棒球大赛，就没有继续办下去呢？

原因主要是丰中市地理位置相对偏僻。如今能够打进甲子园的学校常常可以通过校友或者社会等渠道得到旅费等各种赞助，大正时期的大部分日本学校经费还没有那么宽裕，只得自行筹集参赛旅费。交通问题直接影响到参赛学校规模，更何况箕面有马电车线的运力本就捉襟见肘，大赛期间连运送观众都很吃力。

当时朝日新闻社已经决定要把比赛长期举办下去。考虑到未来比

---

[1] 庆应普通部，即庆应义塾普通部（慶應義塾普通部），福泽谕吉 1858 年创设的私立中等学校（战后的高等学校）。

△ “始祖甲子园”丰中球场遗址

赛扩充的可能性，曾提出了设置多个赛场的构想。讨论来讨论去，“乡下”的丰中球场被抛弃了，从 1917 年的第三届大赛开始，赛场转移到了交通更为便利的兵库县西宫市鸣尾球场。丰中球场则降格为中等学校优胜大赛的地方预选赛球场。

1922 年，箕面有马电气轨道公司新建的多功能体育场宝冢球场[1]开业，全面替代原来丰中球场的功能。只存在了不到十年的丰中运动场正式退出历史舞台，在几次地方性改造中渐渐湮灭。

2002 年，丰中运动场原址上建成纪念公园。2017 年再度修整，更名“高校棒球发祥地纪念公园”。公园内立有“高校棒球发祥地”字样的纪念碑，上有首届大赛村山社长主持开球仪式的浮雕。

❶ 宝冢球场，箕面有马电气轨道公司 1922 年于兵库县川边郡小浜村（今日本宝冢市）建立的球场。曾用于日本足球优胜大赛的主场，也是宝冢运动协会、阪急职业棒球团的活动主场，1937 年后被废弃。

○

大赛被“撬边”

鸣尾球场的位置，在如今阪神电铁沿线鸣尾浜公园至浜甲子园团地一带。说起来，鸣尾球场也算是日本乃至世界棒球场中的一朵奇葩——这是一个建造在跑马场当中的双球场！

鸣尾球场始建于1916年，承建方是箕面有马电气轨道的竞争对手——阪神电气铁道（通称“阪神电铁”）。竞马场的中央本来是一片沼泽地，最初为了替代原西宫市老旧的香栌园体育场而建造了棒球场，阪神电铁找到朝日新闻社，怂恿将中等学校优胜棒球大赛搬迁到鸣尾球场，并抛出了一个让朝日新闻社无法不心动的方案——在赛马场中间建设两个棒球场！

由于大赛赛程长短直接与学校旅费开销多寡挂钩，阪神电铁给朝日新闻社吹风：如果有了双球场就可以同时进行两场比赛，这样不仅能缩短大赛赛程，减轻参赛校旅费负担，也有利于后续赛事规模扩容。朝日新闻社正愁自家比赛办得太优秀，箕面有马电气轨道又运力不济，于是愉快地拍板——搬！

就这样，趁着阪急电铁正忙着经营宝冢球场和宝冢剧场[1]，竞争对手阪神电铁偷偷把朝日新闻社后来经营了百余年的全国中等学校优胜棒球大赛给“撬”了过来。

随后，阪神电铁简直神速地在鸣尾跑马场中央建出两个棒球场。新

---

❶ 宝冢剧场，位于兵库县宝冢市荣町的日本著名剧场之一。剧场建于1924年，是宝冢歌舞团的总部所在地。管理方是阪急株式会社的子公司宝冢舞台株式会社。

△ 鸣尾球场俯瞰图

的鸣尾球场观众席位约 6000 席，容量是丰中球场两倍以上，其中包括一些可移动的木制临时席，可以在比赛高峰期按需在两个球场之间移动。八月比赛期间，时不时会看到一排排木制临时座位在两个球场间来回搬运的奇怪画面。除了棒球场，鸣尾球场周围后来还陆续增建了游泳池和网球场。一个充满“山寨精神”和实用主义的综合型体育场就这样建成了。

这里会发现一个有趣的点：从丰中球场到鸣尾球场，再到后来的甲子园棒球场，建造方都是铁道公司，更确切地说是私营铁道公司（私铁）。这里再多介绍下日本近代铁路发展历史。

日本的铁路事业最早可以追溯到幕末时期的 1853 年，日本人在俄国使船上第一次接触到蒸汽火车。1865 年长崎电气轨道试验成功，开启了日本铁道的历史。日本传统商贸经济中心的京阪神地区（京都、大阪、神户都市圈）是随后日本铁道发展最快的地区。1885 年日本最早的民营铁路（私铁）阪堺铁道也诞生于此。而京阪地区竞争最激烈也最出名的一对冤家，就是如今的阪神电铁和阪急电铁。

阪神电铁最早建于1896年，1899年更名“阪神电气铁道”；阪急电铁前身是箕面有马电气轨道，始建于1907年，后更名“阪神急行电铁”，通称“阪急电铁”。

由于两社的地盘太接近，打得也最凶。自阪急电铁诞生之日起，两社就开始了无尽的竞争。为了争夺客源不计成本，两家公司几乎无所不用其极：阪神电铁免费给乘客送手帕，阪急电铁就免费送花；阪急电铁推出西宫神社[1]参拜观光路线，新开“西宫站”拉动客流，神社附近电气设施正好归阪神电铁管，阪神就掐电……

如此看来，阪神电铁“策反”朝日新闻社变更棒球大赛场地，不过是两家公司无数暗战中的一朵小浪花。

同时，两家铁路公司投入大量资源开发铁路沿线的房地产等配套基础设施，包括住宅、旅游景点、娱乐体育设施等。甲子园周围建起大量高档住宅区，谷崎润一郎小说《细雪》中就曾专门写到雪子相亲对象之一的子爵家庶子御牧在甲子园周围购买房产的情节。大量体育场馆在这一时期拔地而起，从1913年的丰中球场，1916年的鸣尾球场，1922年阪急修建的宝冢球场，再到后来1924年甲子园大运动场，日本私营铁路公司的勃勃雄心改变了京阪神地区的城市面貌。大正时期日本社会经济繁荣也由此可见一斑。

---

[1] 西宫神社，位于日本兵库县西宫市，是日本全国供奉蛭子神系之惠比寿神社之总本社。

○

“史上最幸运”的冠军

回到中等学校优胜棒球大赛，第三届全国中等学校优胜棒球大赛效仿 1894 年创办的现代奥林匹克运动会，首次引入了隆重的开幕式。赛制则延续前一届的“败者复活制”，即从第一轮比赛中败战的 6 所学校中抽选出 4 校复活，再战一轮后进入第二轮比赛。这一年大赛冠军被东海代表爱知第一中学（简称“爱知一中”）夺得。

爱知一中不仅在第一轮战败后被抽选复活，并加赛胜出，而且之后每一场比赛都以一分之差险胜，最终打进决赛。决赛对手是实力不俗的关西学院，在 1 ： 0 还有一个出局数就要被逆转局面的时候，比赛因为大雨被判提前终止，爱知一中按比赛规则被判定获胜。

第三届大赛的爱知一中运气未免好得过分，不少人诟病“败者复活制”有失公平，所以此后的中等学校棒球大赛未再启用这种赛制。爱知一中因此成为高校棒球史上唯一一个淘汰又复活后最终夺得冠军的队伍，堪称甲子园史上第一“幸运星”。

○

“米骚动”与幻影大赛组合

眼看一派欣欣向荣，局面大好，迁至新球场的全国中等学校优胜棒球大赛却并没有如主办方预想的那样一飞冲天，甚至在第二年就遇到了生存危机。

大赛搬迁至鸣尾球场次年的1918年，第一次世界大战接近尾声。1917年俄国爆发社会主义革命，沙皇统治被推翻。日本政府出兵西伯利亚，试图乘乱扩张势力范围，却受战争和歉收影响，几乎没有捞到任何实际的好处。

另一方面日本国内爆发了历史上著名的“米骚动”事件。米价暴涨，民怨四起，骚乱最早在7月从富山县鱼津町的妇女群体中爆发，后来迅速蔓延到日本多个县市，最终扩大至日本全境。

这是日本近代史上规模最大的社会骚动事件。据事后统计，日本共有100万人参与暴动，26县府出动了军队，最终共有2.5万人被检举，两人被判处死刑。

“米骚动”事件正好发生在全国中等学校棒球大赛临近开幕之际，第四届全国中等学校优胜棒球大赛的地区大赛当时已经结束，选拔出的14所代表校已汇集到鸣尾市并完成了第一轮比赛的抽选。然而鸣尾球场附近受到骚乱波及，出现多起打砸抢烧商铺事件。

当时的寺内正毅[1]政府一方面压制舆论报道，另一方面大力管控人员聚集活动。由于球场周围治安环境迟迟不见好转，8月3日，大阪朝日新闻社宣布大赛延期，14日再发公告，正式宣布第四届大赛停办。

第四届全国中等学校优胜棒球大赛就这样成了除了太平洋战争期间（1941—1945）和新冠疫情大流行的2020年以外，历史上唯一一届中途停办的大赛。这是甲子园大赛初创期第一次遭遇来自社会大环境方面的挫折。当年已经抽选出的第四届全国大赛对战组合成了甲子园史上的“幻影组合”——

[1] 寺内正毅（1852—1919），日本第18任首相。

广岛商 VS 庆应普通部

中学明善 VS 和歌山中学

长野师范 VS 关西学院

今治中 VS 京都二中

爱知一中 VS 鸟取中

长冈中 VS 一关中

市冈中 VS 龙崎中

○

《朝日新闻》“白虹贯日”事件

不过，1918 年的全国中等学校优胜棒球大赛遭遇的最大危机，还不只是少办一年比赛的问题，而是主办方大阪朝日新闻社自己差点“挂了”。

寺内正毅内阁全面收紧对国内舆论的控制，禁止国内媒体报道“米骚动”和出兵西伯利亚的相关新闻。第四届大赛最终被中途喊停，《朝日新闻》刊文批判政府处置不力。历来奉行“不偏不党、拥护媒体言论自由”的《朝日新闻》成了批判政府政策的“刺头”。

当时主张弹劾寺内内阁的记者集会此起彼伏。在《朝日新闻》一则报道记者集会的新闻中，作者引用了汉文成语“白虹贯日”，言“餐桌旁的与会代表食不甘味。自诩金瓯无损的我大日本帝国如今恐正面临可怕的最后审判。默默就餐者的脑际闪电般浮现出白虹贯日之不祥征兆”。

“白虹贯日”典出《史记》[1]，历来被认为是一种凶兆。政府方面声称成语中的“日”即指“天子”，指责朝日新闻社暗含对天皇不敬之意，“乃煽动内乱有伤皇室尊严之说”，涉嫌“不敬罪”和“紊乱朝宪”之罪。

事件继而引发日本社会保守势力对《朝日新闻》大规模的讨伐，时任内务大臣的后藤新平[2]授意右翼杂志《新时代》刊文批判朝日新闻社不逞之举，右翼团体在关西地区煽动民众罢买《朝日新闻》报纸。曾经为第一届大赛主持开球仪式的朝日新闻社社长村山龙平遭右翼组织黑龙会[3]暴徒袭击，被扒光衣服绑在电线杆上，额头上书“国贼村山龙平”以示羞辱。

大阪朝日新闻社管理层及多名新闻记者因言获罪：新闻作者大西利夫和该报编辑兼发行人山口信雄被提起公审。朝日新闻社从东京请来一流辩护团为之辩护，最终两人被判有期徒刑两个月，后被迫引咎辞职。社长村山龙平被迫辞职，总编辑鸟居素川，中等学校棒球大赛策划者之一、资深记者长谷川如是闲等多名记者被迫退社或辞职。

12 月 1 日，《大阪朝日新闻》被迫发表了意表恭顺的“改过宣言”：“我社近年之言论颇不稳健，失于片面，今后当树忠厚之风。”朝日新闻社的东家、71 岁的上野理一临危受命，出任新社长，亲赴东京向

---

❶《史记 · 鲁仲连邹阳列传》：“昔者荆轲慕燕丹之义，白虹贯日，太子畏之。”

❷ 后藤新平（1857—1929），日本明治、大正、昭和三朝重臣，政治家，曾任台湾总督府民政长官，南“满洲”铁道株式会社第一任总裁，第二、第三次桂太郎内阁递信大臣兼铁道院总裁，寺内正毅内阁外务大臣、内务大臣、东京市第七任市长等职。

❸ 黑龙会，日本极右翼军国主义组织，创建于 1901 年，创建者有日本著名右翼分子头山满和内田良平。

▷《大阪每日新闻》刊登的关于“米骚动”事件报道

各地暴動記事
掲載禁止さる
十四日夜水野内相は
各新聞紙に對して
米一揆記事差止の
已むを得ざるを説く

政府请罪，保证“决不重犯类似过失”，这才渐渐平息危机，使大阪朝日新闻社免于被政府查禁，逃过一劫。

1918 年 9 月，日本首相寺内正毅因“米骚动”事件被迫下野，9 月 29 日，原敬[1]内阁成立。

“白虹贯日”事件是日本大正时期最严厉的媒体管制事件，反映出第一次世界大战后日本国内舆论管制收紧的政策风向。自此以后，《朝日新闻》乃至日本新闻界的自由主义色彩趋于黯淡、批判锋芒渐减，日本新闻媒体此后的发展模式也悄然转向，从过去追求自由主义高速发展的路线，逐渐转向政治上依附国家宣传政策、经营市场化的路线，这也为后来日本昭和时代的集体“暴走”暗中埋下伏笔。

○

步入正轨

尽管历经波折，鸣尾球场时期的全国中等学校优胜棒球大赛还是

❶ 原敬（1856—1921），日本第 19 任首相（内阁总理大臣）。出生于岩手县盛冈市。任内打破萨长藩阀政治，成为日本第一位平民出身的首相，组织了日本第一次政党内阁，在任期间的 1921 年 11 月 4 日在东京车站前遭右翼激进分子暗杀。

渐渐步上正轨。

在朝日新闻社苦心经营下，大赛规模逐年扩大：从 1919 年第五届大赛到 1923 年的第九届大赛，大赛参赛校从 12 校发展到了 19 地区 19 校。渡过了前甲子园时代最大的生存危机，这项学生体育赛事逐渐成为日本影响力最大的业余体育赛事。

第六届大赛的冠军关西学院曾经在第三届大赛决赛中因雨天比赛停赛而输给爱知一中屈居亚军，此后第四届大赛因为“米骚动”事件中止，关西学院励精图治三年，终于在第六届大赛如愿夺冠。

和歌山中学在第七、第八届大赛连续夺冠，创下了日本高校棒球史上的首个“夏连霸（夏季甲子园大赛二连冠）”纪录。

1921 年 11 月，日本首相原敬在东京火车站遭右翼激进分子刺杀身亡。原敬是日本第一位“平民首相”，执政期间大力推动日本基础设施建设和经济发展，对内推动宪政改革，对外走温和的外交路线，主张修补因为“二十一条”而恶化的中日关系，从西伯利亚撤兵。原敬的遇刺，给日本大正时期的宪政转型之路投下了阴影。

不过事件的负面影响并未立竿见影地在日本社会显现。受第一次世界大战结束的利好影响，日本社会经济文化保持了旺盛的发展势头，科技也迎来飞跃式发展。

1923 年第九届大赛开幕式上，主办方朝日新闻社非常时髦地首次引入纪念飞行仪式，朝日新闻社派出一架水陆两栖复翼飞机飞抵鸣尾球场上空，飞行员投下绑有朝日新闻社社旗的开球仪式用球。这一仪式延续至今，成为甲子园大赛开幕式传统之一。

这一时期大赛还出台了很多细致的规定，比如“当年三月未晋级或转校未满两个学期的学生不得参赛”“学校有义务对选手出具医疗健康证明书”等，说明当时的学生棒球运动已开始出现超龄球员和棒球留学生等问题。

○

关东大地震

随着朝日新闻社将大赛越办越成功，规模逐年扩大，鸣尾球场的“天花板”也逐渐显现。

首先是棒球场的土质问题，球场最初是在跑马场中央的沼泽地上挤一挤建出来的，土质先天不佳。一遇到下雨天，场地就变得一团糟，难以开展比赛。其次是随着赛事扩张，观众和参赛人员也持续增加，鸣尾球场起初引以为豪的6000人席位变得捉襟见肘。

第九届全国中等学校优胜棒球大赛的半决赛在同样来自近畿地区[1]的甲阳中学和和歌山中学之间展开，吸引了周边地区大量观众前来观赛助威，结果人气过旺，人群从看台满溢到了棒球场内，导致比赛不得不中断。

最终甲阳中学夺得第九届大赛冠军，大赛闭幕10天后的9月1日，朝日新闻社刊印了大赛纪念刊《朝日SPORTS中等学校棒球大赛特别刊》。同日中午，日本关东地区发生大地震，震级7.9，史称“关东大地震”。

---

❶ 日本的近畿地区位于本州岛中西部，一般指京都府、大阪府、滋贺县、奈良县、三重县、和歌山县、兵库县等2府5县所在地区。

震中地区包括东京、神奈川、千叶、静冈、山梨等地，几乎直接命中当时的日本政治经济中心。共有约 15 万人在地震中丧生，200 多万人无家可归，财产损失高达 65 亿日元。东京朝日新闻社也在震灾中全部焚毁。此后，还发生很多次生灾害，瘟疫和流言四起。坊间流传朝鲜人乘乱在井中投毒，导致大量在日朝鲜人在灾后混乱时期被杀害。

巨大的灾害无形中改变了日本后来的历史发展轨迹，将日本悄然推向了另一条轨道。

进取的希望和焦虑交织在一起，天灾人祸混杂的时代轰鸣中，建立一座更专业的棒球体育场的呼声变得更加高昂。

○

| 番外 |

甲子园史上第一个外国选手之谜

高校棒球百余年的历史上不乏知名的混血选手，如日本伊朗混血的达比修有[1]、日俄混血的太田幸司[2]、中日混血的王贞治[3]等。另外也有不少外国籍选手打入甲子园。日本高校棒球史上第一个外国选手出现在 1916 年第二届全国中等学校优胜棒球大赛上。

1916 年 8 月 8 日，《大阪朝日新闻》一则关于第二届全国中等学

❶ 达比修有（1986— ），伊朗裔日本籍男子棒球运动员，现效力于美国职棒圣迭戈教士队。

❷ 太田幸司（1952— ），日俄混血棒球运动员，出身三泽高校，后效力于近铁水牛队。

❸ 王贞治（1940— ），中日混血棒球运动员，原籍中国浙江青田，出身早稻田实业，前日本职棒福冈软银鹰队监督兼球团副社长、总经理。

校优胜棒球大赛的报道中，记载了庆应义塾普通部“受欢迎的约翰君”的事迹——

“‘米斯塔约翰君’（Mr John）拿着球棒上场打击时，观众欣喜不已。‘约翰加油！’‘老外好好打啊！’现场观众情绪高涨……”

据报道，这名点燃现场观众热情的美国少年名叫约翰·丹，担任庆应普通部棒球队一垒手兼第二棒打者。最终庆应普通部夺得了当年大赛冠军。

据记载，这位美国少年次年跟随庆应普通部再度打入第三届大赛，不过遗憾止步第二轮比赛。

由于年代久远，庆应义塾普通部的档案中未留下约翰·丹的就学记录，这个高校棒球历史上最早的外国选手身份长期成谜。无人知晓他究竟是谁，为何来到 1916 年的日本，此后又去向何方。

直到夏季甲子园大赛创办 100 周年的 2015 年，这个谜团才意外被解开。

当年 5 月，《朝日新闻》刊载了一张约翰·丹的照片，被就职于北海道埃德温·丹纪念馆的园家广子女士无意间看到，她一眼就认出约翰·丹正是被称为“北海道奶农之父”埃德温·丹（Edwin Dun）的第三个儿子。埃德温·丹来自美国俄亥俄州，1873 年（明治六年）受聘赴日协助开拓北海道。他先后在北海道创建了真驹内牧牛场和新冠牧场等畜牧业基地，为北海道的奶业和畜牧业发展奠定了基础。埃德温对日本近代的影响还不限于农牧业。中日甲午战争期间，他身为

△ 埃德温 · 丹

美国驻日外交官员担任特使，频繁在中日两国之间传递讯息，调停战事。1931 年，埃德温在东京去世，葬于东京青山灵园[1]。为了纪念埃德温对北海道发展的功勋，北海道政府专门在札幌市为其设立了纪念馆。

扎根日本的埃德温 · 丹与日本女性有过两段婚姻，育有一女四子。长女海伦幼时便前往美国，长子小埃德温 · 丹（后改名园甫）和次子詹姆斯加入日本国籍，长期在日发展。小埃德温倾心文学，詹姆斯则成为东京音乐学校（现东京艺术大学音乐学部）的钢琴家。老三约翰 · 丹和幺弟安格斯先后就读于庆应义塾普通部和庆应义塾。20 世纪 20 年代，两人返美发展，再未回到日本。

《JR 北海道列车杂志》率先报道约翰 · 丹的身份，庆应高校棒球部校友会闻讯迅速联络北海道埃德温 · 丹纪念馆，两相核对，终于破

[1] 东京都港区南青山的都立灵园。1872 年（明治五年）设立，是日本第一座公营墓地。灵园葬有大久保利通、吉田茂等历史名人。

△ 北海道埃德温 · 丹纪念馆

解了这个百年谜团。

《朝日新闻》进一步深挖了这则消息背后的历史脉络：由于父亲埃德温 · 丹与美日政经界交往甚密，丹氏兄弟与当时的日本精英知识分子也有不少交往。《朝日新闻》运用人脸识别技术比对发现，约翰 · 丹与日本知名作家芥川龙之介有过密切交往，还曾留下合影。

《朝日新闻》记者专门赴美调查约翰此后的人生轨迹，原来他返回美国后一直在钢铁厂工作，过着平淡的生活，未在棒球运动上再有建树，只是偶尔参加一些业余棒球比赛。

此后第二次世界大战爆发，日美开战。有一半日本血统的约翰多少受到时局影响。丹的后人接受《朝日新闻》记者采访时回忆伯父“很喜欢打棒球”，此外再无他话。

事实上，当年的庆应义塾普通部棒球队除了美国男孩约翰，庆应棒球部的教练腰本寿是来自夏威夷的日本第二代移民，外野手兼投手

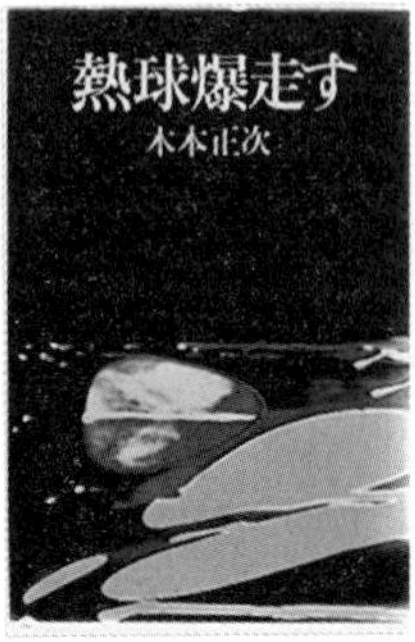

△ 《热球爆走》

的河野元彦有部分德国血统。一所明治时期的私立中学棒球部成员成分如此国际化，可见20世纪初日本社会风气开放，积极引入西方先进科学技术，推动国家现代化建设，民间对外交流非常频繁活跃。

轻盈棒球部主将兼当家投手山口升毕业后前往当时日据时期的台湾就业，入职台湾制糖公司[1]（简称“台糖”）并加入台湾实业团棒球队。后来返回日本又参与创建了丰田汽车公司。他的事迹后来被改编成了小说《热球爆走》。

日本高校棒球史上首位“洋球儿”约翰·丹和他的家族时隔百年后从历史烟尘中“复生”。他的故事宛如一滴水滴，映射出日本近现代国家产业建设以及对外交流历史变迁的光影涟漪，也从一个微小切面揭开高校棒球史之下隐藏的日本近现代历史。

[1] 台湾制糖公司，台湾日据时期由三井财阀于1900年创设的制糖企业，是台湾最早的新式制糖企业。战后在台企业资产并入台湾糖业公司，日本本土资产改为台糖株式会社，2005年后并入三井制糖。

第二话 甲子园诞生

关东大地震半年后，1924年3月11日，阪神电铁策划的“东洋[1]第一棒球场”在兵库县鸣尾村（现西宫市）正式开工。

3月9日的《大阪朝日新闻》刊载了名为《集美国之精粹 / 阪神枝川的大运动场》（米国の粋を集めた / 阪神枝川の大運動場）的新闻，末尾写道——

“该运动场冠名‘甲子园运动场’，将于11日上午11时进行地镇祭[2]。”

“甲子园”这个名词第一次在历史上出现。

---

[1] “东洋”日语作“東洋（とうよう）”，在日本广义上是亚洲的代称，狭义与常用定义上指东亚（含东北亚）、东南亚以及南亚地区，和“远东”意义相近。

[2] 地镇祭，日本神道仪式，相当于中国的破土动工仪式。

○

“甲子”的意义

1924 年正逢中国传统干支纪年中的“甲子年”。干支纪年以 60 年为一轮回，甲子则是每 60 年的起始年，在中日韩等东亚文化圈诸国受到普遍重视。

第一次世界大战结束后国际经济衰退，日本经济增长到 1910 年代末期也开始显现疲态。1923 年的关东大地震使得日本政治金融中枢所在的东京首都圈遭遇重创，明治维新以来的现代化建设成果几乎毁于一旦，经济损失达到了当时日本国家预算 4 倍以上，高达 65 亿日元。

在这样的时代背景之下，建设一个“世界一流”专业棒球运动场的目的，正如当时阪神电铁专务三崎省三[1]所言，就是为了“在悲观的谷底制造乐观向上的转机”。

新球场起初暂定名为“枝川运动场”，是三崎省三拍板将新球场命名为“甲子园”。这个名字不单为了纪念球场的建造年代，更寄托了后关东大地震时代日本国家“百废待兴、重整旗鼓、朝着新时代再出发”的冀望。

○

东洋第一棒球场

阪神电铁推出新球场的规划方案，彻底和鸣尾球场时代的“山寨

---

❶ 三崎省三（1867—1929），阪神电铁专务，1887 年赴美留学，就读于斯坦福大学的电气工程学专业，归国后 1899 年加入阪神电铁，从技师长逐步晋升至公司专务。

精神”划清界限——这次务必要建设成“东洋第一棒球场”！

根据当时的规划，新的棒球场将容纳8万人观赛。8万人是什么概念？基本等同于上海20世纪90年代建成的地标性体育场馆“上海体育场”（俗称“上海八万人体育场”）。最后球场实际可容纳约6万人。

为了建设新球场，阪神电铁专门派人远赴棒球发源地美国取经，广泛参观借鉴了大量美国棒球场。甲子园球场的设计主要参考了当时纽约巨人队（现旧金山巨人队[1]）和纽约洋基队[2]在纽约曼哈顿的共用主场——马球球场（Polo Grounds）的设计，随后又吸纳了1923年4月建成的纽约洋基队主场——老洋基体育场[3]（Yankee Stadium）的设计。甲子园球场设计规划负责人是后来出任阪神电铁社长的野田诚三。球场建造工作则由日本著名的建筑公司大林组[4]负责。

球场内采用的土质由神户熊内的黑土与淡路岛的红土混合配置而成，球场的土质不仅让球员在白天比赛时能更清晰地看清球路，而且棒球滚动轨迹也更自然。球场总建设费用约100万日元，仅球场用土配置费用一项就达到约6万日元。比起当初建在沼泽地上的鸣尾球场，专业程度不可同日而语。

最初建成的甲子园球场，外野席是露天席位，内野席则覆盖有巨

---

❶ 旧金山巨人队（San Francisco Giants），一支位于旧金山的职业棒球队，隶属于美国职棒大联盟国家联盟西区。球队主场为甲骨文球场。球队最先于1883年在纽约创建，1886年改名纽约巨人队(New York Giants)，1958年迁至旧金山，更名旧金山巨人队。

❷ 纽约洋基队（New York Yankees），美国著名职业棒球队，位于纽约布朗克斯区，隶属于美国职棒大联盟美国联盟东区，是美国联盟八支创始球队之一。

❸ 老洋基体育场（1923—2008），坐落于美国纽约市布朗克斯区，是美国职棒纽约洋基队前主场，也是美国棒球史上第一座三层座位的球场。

❹ 大林组，日本大型综合建设公司之一，创立于1892年，总部位于东京都港区。著名建筑作品包括东京晴空塔、明石海峡大桥、上海金茂大厦等。

△ 马球球场

大的铁质遮阳棚，俗称“大铁伞”。完工时的甲子园球场两翼长 110 米，中间 119 米，比现在的球场尺寸略大。

最终历时近 5 个月，甲子园球场赶在第十届全国中等学校优胜棒球纪念大赛开幕前的 8 月 1 日正式竣工。

竣工仪式上，球场被正式命名为“阪神电车甲子园大运动场”。

第十届纪念大赛共有 19 支队伍晋级全国大赛，容量几乎十倍于鸣尾球场的甲子园吸引了前所未有的超高人气，主办方原本预计球场需要十年才可能达到满员，没想到第十届大赛开幕第三天即张贴出了满员告示。

不过，1924 年还有更多日本高校棒球大事件。

第三话 春天的呼声

如今的甲子园大赛分为春、夏两季。朝日新闻社主办的全国高等学校棒球选手权大赛俗称“夏季甲子园大赛”，而俗称“春季甲子园大赛”或者“选拔大赛”的，则是每日新闻社创办的“全国选拔高等学校棒球大赛”。

《朝日新闻》和《每日新闻》是日本三大综合性日报新闻集团（另一家是《读卖新闻》）之二，两家是日本传媒界的宿敌。“春之选拔大赛”正是每日新闻社对抗朝日新闻社的产物。

○

辛苦种的“白菜”被朝日拱了

《每日新闻》前身是1872年创办的《东京日日新闻》和1876年

△ 大阪每日新闻社

创办的《大阪日报》。日俄战争期间报社快速成长。1911年，《大阪每日新闻》兼并《东京日日新闻》，成立大阪每日新闻社，逐渐发展为全国性报纸，到二战后才正式更名为现在的《每日新闻》。

战前时代《大阪朝日新闻》的受众定位为知识分子人群，《大阪每日新闻》的读者定位更下沉，主要面向农民等中下劳动阶层。不过这不妨碍两家报社从诞生之初就互认彼此为竞争对手。

大正时期，日本新闻媒体掀起业余体育赛事创办热潮，其中打得最凶的，就数朝日新闻社和每日新闻社了。

每日新闻社开拓棒球新闻市场的步伐并不慢，甚至为此专门自建了一支棒球队，也就是日本棒球史上著名的“大阪每日棒球团”（简称“大每棒球团”）。

半职业性质的大每棒球团由《东京日日新闻》和《大阪每日新闻》

报社选拔人员组成，是日本早期社会人棒球[1]队代表之一。

作为每日新闻社的推广手段，大每棒球团在日本全国范围开展巡回比赛，也经常指导中学球队，与中学球队进行交流比赛。客观地说，大每棒球团为日本早期学生棒球运动普及做出了扎扎实实的贡献。

工作没少做，学生也教了，辛辛苦苦培育的棒球市场却被《大阪朝日新闻》的优胜大赛抢走了。

○

傻傻分不清的“足球大赛”

每日新闻社回过神来，想着得赶紧去学生体育市场占个坑，1918年就推出了“日本足球优胜大赛”，没想到闹出了一个英语能力考试级别的“乌龙”。

这个“足球大赛”的“足球（フートボール，football）”，到底指的是“英式足球（soccer)”，还是“英式橄榄球（rugby）”，主办方没有给出明确解释，结果到了开赛时间，全日本两个球种的队伍都跑来参赛，现场一片混乱。也正因此，如今的日本全国高等学校足球大赛和全国高等学校橄榄球大赛都将每日新闻社 1918 年那届“日本足球优胜大赛”奉为起源。

随后日本各地新闻报社一拥而上，创设各种业余体育赛事：炒作

[1] 社会人棒球，即社会人野球（しゃかいじんやきゅう），指以公司等单位组织下属棒球队为主体开展的成人业余棒球运动。和职业棒球不同之处在于，按日本棒球联盟规定，日本社会人棒球球员薪酬通过所属单位获取，不作为竞技运动员获取报酬。日本社会人棒球重要赛事有地区联盟主办大赛、都市对抗棒球大赛、社会人棒球日本选手权大赛。

"棒球毒害论"的《东京朝日新闻》吸取《每日新闻》前车之鉴，创办了"关东中等学校蹴球（足球）大赛"，并打出"关西棒球、关东蹴球"的广告语；《新爱知新闻》（如今的《中日新闻》）创办了"东海蹴球大赛"。一时间"蹴球"、"フートボール（football)"、"ラグビー（rugby）"大大小小赛事林立，一团混战。

每日新闻社的"全国中等学校足球选手权大赛"[1]最终一统江湖，已经是20世纪30年代的事情了。

看客会发现，如今的日本各项学生体育赛事几乎都是在这一时期创设的。大正年间日本国民体育空前繁荣，具有日本特色的学生体育社团（部活）文化在这一时期广泛普及，这些社会文化现象背后实际都与大正时期日本新闻传媒大战有关。

不过，日本三大报业巨头中剩下的一家《读卖新闻》，几乎完全错过了这一波学生体育赛事热潮，只得另辟蹊径，转而探索职业体育，此后创建了日本职业棒球联盟，并一手打造了日本最知名、历史最悠久的职业棒球队"读卖巨人军"。（详见第四话。）

○

"每日新闻版"全国大赛登场

大阪每日新闻社还深陷"football""soccer""rugby"英文词义

---

[1] 1925年，每日新闻社主办的"日本足球优胜大赛"单独设立中等学校部，并改名为"全国中等学校足球选手权大赛"。1934年原来各地区性足球大赛终止，每日新闻社"全国中等学校足球选手权大赛"成为日本唯一的全国性足球大赛。

解析乱局中，对手朝日新闻社的全国中等学校优胜棒球大赛已办到第九届了。

第九届大赛上，和歌山中学连续第三年打入决赛，遗憾 2 ： 5 不敌甲阳中，与夏季甲子园大赛三连霸（三连冠）纪录失之交臂。但观众的热情高涨，半决赛甲阳中与立命馆激斗正酣，人群挤塌了当时鸣尾球场的看台席，溢出球场外野，比赛一度被迫喊停。

这一切和躬身指导棒球的《大阪每日新闻》一点关系都没有。

和歌山中学和大每棒球团私交甚好，经常进行交流比赛、切磋球艺。和歌山中学棒球部私下开导正郁闷的每日新闻社——不如你们也搞个大赛呗。

1923 年秋，关东大地震，日本被按下了“暂停键”。

经历过生死大事，每日新闻社的管理层大概也想开了。面子和蛋糕比，当然还是蛋糕重要。每日新闻社终于行动起来，正面杀入自己心心念念的学生棒球市场——再办一个中等学校棒球大赛!

既然决定办，就要办出《每日新闻》的特色，不能让人觉得是在照抄《朝日新闻》“作业”。

首先，《每日新闻》的中学棒球大赛时间设在每年 4 月上旬，早于《朝日新闻》的中学优胜棒球大赛的 8 月，后来逐渐演变为 3 月下旬至 4 月上旬。

其次，《每日新闻》大赛的赛制定为“选拔制”，区别于《朝日新闻》全国中等学校优胜棒球大赛的淘汰赛制。经过数年经营，《朝日新闻》的中学棒球大赛“一战定胜负”的特色早已深入人心，不过缺点是通过淘汰赛制决出的各地代表学校实力参差不齐。能打进全国大赛的未必就是一流队伍，一流队伍也未必能打进全国大赛。

《每日新闻》喊出口号：我们不一样，我们的大赛要为全国最优秀的队伍创造舞台！

《每日新闻》设立专门的选考委员会，根据球队的既往比赛成绩、道德风纪等标准选拔参赛学校。新大赛定名为“选拔中等学校棒球大赛”，1947 年日本战后学制改革，又更名为“全国选拔高等学校棒球大赛”。因为大赛在春天举行，后来也被称为“春之选拔”。

《每日新闻》的选拔大赛同样设置了冠军优胜旗，冠军旗颜色定为紫绀色，区别于《朝日新闻》优胜旗的深红色。旗面上印有“VICTORY”“每日新闻社”等字样，因此选拔大赛的冠军旗又被称为“大紫绀旗”。

○

第一届选拔大赛在名古屋

1924 年 4 月 1 日，西宫市的甲子园大运动场还在建造中，第一届选拔中等学校棒球大赛在名古屋的山本球场（后更名“八事球场”）拉开序幕。开球仪式邀请到了第十任名古屋市市长川崎昌吉。

第一届选拔大赛从当时棒球实力较强的东京、东海、近畿、四国四地中选拔出战绩最佳的 8 所学校，分别是和歌山中学、早稻田实业、横滨商业、爱知一中、立命馆中学、市冈中学、高松商业学校（简称“高松商”）、松山商业学校（简称“松山商”），其中大部分学校时至今日仍然活跃在甲子园。

第一届选拔大赛之所以选址名古屋山本球场，一方面是为了刻意回避《朝日新闻》中学棒球大赛所在的关西“大本营”，冲淡市场固有认知；另一方面又不能距离中学棒球运动兴盛的近畿地区太远，顺便还能拓展名古屋市所在的东海地方[1]的中学棒球市场，可谓深谋远虑。

经过为期 5 天的捉对厮杀，决赛在香川县的高松商和东京的早稻田实业之间展开。最终高松商以“再见安打”2 ∶ 0 逆转胜出，夺得第一届春季选拔大赛冠军。

值得注意的是，高松商在 1923 年朝日新闻社举办的第九届中等学校棒球优胜大赛四国地区[2]赛中输给了爱媛县棒球名门松山商，未能打入全国大赛，却在第一届春季选拔大赛上一路战胜全国各路豪强夺冠，为四国地区拿下第一个中学棒球全国大赛冠军。这个结果正应了大阪每日新闻社创办“选拔大赛”的初衷——为全国真正优秀的队伍搭建舞台。

因此当时有人说：“第一届选拔中等学校棒球大赛是专为高松商策划的比赛。”这一戏剧化的结局也吸引了日本各地更多中学棒球队伍积极参与到每日新闻社的选拔大赛中。

---

❶ 日本的东海地方，一般包含爱知县、岐阜县、三重县和静冈县。

❷ 即四国岛地区。

○

“会师”甲子园

办完第一届大赛，大阪每日新闻社琢磨着参考大每棒球团的运营经验，把第二届选拔大赛搞成全国巡回比赛，即每年在东京、松山（四国）、和歌山等地巡回举办比赛。这样一方面可以拓展各地的棒球运动市场，另一方面也可以规避场地紧张的压力。这边噼里啪啦算盘正打着，号称“东洋第一棒球场”的甲子园于1924年8月竣工了。

有了球场，得有人看比赛啊，《大阪每日新闻》看了看新球场这设施规格，二话不说打消了草台班子“全国巡游计划”。

1925年（大正十四年），《每日新闻》的选拔中等学校棒球大赛正式迁至甲子园大运动场进行。从此中学棒球两大赛事齐聚甲子园球场，一年春、夏两季运营，延续至今。甲子园也从此成为日本中学（战后时“高中”）棒球圣地。距离大阪朝日新闻社创办第一届全国中等学校优胜棒球大赛，正好过去十年。

“春夏会师”后的甲子园迎来了第二次世界大战之前最好的时光。我们得以在这片崭新的球场上一窥疯狂昭和战争时代来临前的日本社会风貌。

第四话 最好的时光

不得不说，1924 年是日本高校棒球史上最重要的一年。

除了春季甲子园大赛之外，还有另一项和高校棒球有重要关联的体育赛事也在这一年创立——明治神宫竞技大赛。

1920 年，日本启动修建明治神宫供奉明治天皇夫妇灵位，以纪念明治天皇主导日本国家近现代改革的功勋，也借此神格化天皇，强化国家主义统治理念。

明治神宫从一开始就被日本政府定位为“国民的神宫”，刻意强化与普通日本国民尤其是年轻人之间的精神纽带。在神宫修建过程中，日本政府大量征用了“青年团”[1]等民间组织。神宫建成后又在周边建设了明治神宫棒球场等配套体育设施，并以“明

[1] 青年团，受明治时期自由民权运动影响，大正时期日本国内各地民间自发形成的青年组织，主要吸纳 20 至 30 岁年龄段的青年加入。明治神宫修建工程大量招募日本各地青年团加入建设，以此为契机，日本形成了统一的全国性青年团组织“大日本联合青年团”，战后延续为“日本青年协议会”“日本都市青年会议”等民间组织。

△ 明治神宫

治神宫”名义积极兴办各类体育赛事，借此向年轻人灌输集体主义和国家主义理念。

日本神道教有举行弓道、相扑等武道比赛以敬献神明和驱邪的传统。在民间体育运动勃兴的明治大正时期，日本各地神社经常举办奉纳相扑祈求国运昌盛的祭祀活动。明治神宫竞技大赛正是在这样的文化背景中应运而生。

明治神宫竞技大赛由日本各地选拔青年团参赛，棒球项目分为中等组（中等学校组）、大学组等，其中的中等组一般从各地中等学校选拔出参赛校。

战前时代的明治神宫竞技大赛一直延续至1943年。到了战后，剔除了国家神道元素的明治神宫竞技大赛转型为如今的日本国民体育大赛（简称“国体”），相当于中国的全国运动会。其中的中等学校棒球项目逐渐演变为国体大赛的高校棒球组和明治神宫棒球大赛高校部。这两项赛事与春、夏甲子园大赛合为日本高校棒球年度四大全国性赛事。

甲子园球场落成，第一届春季选拔大赛、第一届明治神宫竞技大赛以及第十届中等学校优胜棒球纪念大赛成功举办，现代日本高校棒球运动最重要的赛事和赛物在 1924 年齐备，标志着日本高校棒球运动从“草创期”步入“成熟期”。

○

全面开花的高速发展期

1926 年 12 月，大正天皇去世，皇太子裕仁登基，日本改元“昭和”。“昭和”一词取自中国古代典籍《尚书 · 尧典》，寓意“百姓昭明，协和万邦”。而此后的现实恰恰相反，长达 63 年的昭和时代是日本史上历时最长、最动荡不安也最具争议的年代。

不过“春夏会师”后的甲子园在太平洋战争爆发前迎来了高速发展期。

这一时期的参赛校不断增加，到 1933 年第十届选拔中等学校棒球大赛，代表学校名额已从第一届大赛的 8 所学校增至 32 校。夏季甲子园大赛全国各地参赛校从鸣尾球场时期的 243 校增长至 600 余校，在 1934 年达到了日本战前时代巅峰的 675 校。

大赛的各项纪录在 20 世纪 30 年代被频繁刷新。

1930 年春季甲子园大赛，第一神港商在决赛中以 6 ： 1 击败传统强校松山商，创造了第一个春季甲子园二连冠（春连霸）；同年夏天，广岛商（全称“广岛县立广岛商业高等学校”）以8：2击败诹访蚕糸，继和歌山中学后又创造了史上第二个夏季甲子园二连冠（夏连霸）。这是日本高校棒球史上第一次，也是唯一一次同一年有两所不同学校分别创下“春连霸”和“夏连霸”的纪录。

“夏连霸”广岛商的运势一直延续到了次年1931年春天，拿下当年的春季甲子园冠军，甲子园史上首个“夏春连霸”纪录就此诞生。

而战前甲子园高潮的高潮，从1931年的夏天才刚刚开始。

○

中京商“夏三连霸”！

1931年春天，人们把目光都聚焦在达成史上首次“夏春连霸”的广岛商身上时，没有太多人关注到那一届大赛的亚军中京商。

这支创立还不到十年，头一次打入甲子园的队伍，日后创下了甲子园百年史上大赛冠军最多纪录，以及迄今为止唯一的“夏三连霸（夏季甲子园大赛三连冠）”纪录，它正是如今高校棒球界大名鼎鼎的中京大中京（全称“中京大学中京高等学校”）。

中京商的传奇冠军之路始于1931年夏天，这一年中京商接连战胜当时诸多中学棒球名门——早稻田实业、秋田中、广陵中、松山商，第一次挺进夏季全国大赛决赛，对手是同样第一次打入决赛的学校，而且是一支来自当时日据时期台湾的队伍，也就是此后赫赫有名的嘉义农林（全称“台南州立嘉义农林学校”，简称“嘉农”，日语读作

KANO）。

嘉义农林棒球队由中国台湾地区少数民族（当时日本称其为“高砂族”）、汉族和日本人组成。1931 年，嘉义农林击败台北一中，破天荒地打进甲子园，成为台湾岛内第一支打入甲子园的非日本人子弟学校，之后嘉农一路过关斩将杀入了决赛，优秀的战绩令日本人刮目相看。

据说当时的日本国内舆论多支持嘉农，中京商反而扮演了坏人的角色。决赛在两队投手吉田正男和吴明捷之间的正面对决中展开，最终中京商 4 ： 0 完封胜出，首次获得冠军。

嘉义农林夺得亚军，创下日据时期台湾地区代表队在日本甲子园大赛历史上的最好成绩。嘉义农林努力拼抢、团结拼搏的身姿感动了大量观众，被媒体赠予“天下嘉农”的美称，嘉农的事迹也极大鼓舞了中国台湾地区的汉族和少数民族同胞，推动了此后台湾棒球运动的发展。

1932 年中京商再度打入夏季大赛决赛，对手是 1932 年春季甲子园大赛的冠军松山商。当时松山商的当家投手是后来日本早期职棒明星选手景浦将❶。

决赛成了当年春季甲子园大赛冠军和去年夏季甲子园大赛冠军之间的较量。最终的结局究竟是“春夏连霸”，还是“夏连霸”？话题一时间被两家新闻报业集团炒得沸沸扬扬。

决赛中，中京商前 8 局保持 3 分领先，松山商直至第 9 局上半奋

---

❶ 景浦将（1915—1945），日本职业棒球运动员，毕业于松山商，从立教大学退学后加入大阪 TIGERS（后来的阪神军）。1944 年被征召入伍，1945 年在菲律宾战死。

△ 1931 年日据时期的台湾地区代表嘉义农林夺得夏季甲子园亚军

力追平比分至 3 ： 3，将比赛拖入延长局，最终中京商在延长 11 局时击出“再见安打”，一举成就了甲子园史上第三个“夏连霸”纪录。

1933 年，以吉田正男为核心的中京商继续发光发热，在第 19 届夏季甲子园大赛半决赛中遭遇到同是冠军候补的“宿敌”——明石中（全称“兵库县立明石中学校”，现兵库县立明石高等学校）。

之所以说明石中是中京商的“宿敌”，是因为两队在当年春季甲子园大赛的半决赛刚刚交过手。当时明石中的当家投手楠本保对战中京商“大车轮”吉田正男，结果明石中 1 ： 0 胜出，挺进决赛并夺得了亚军。

没想到在仅仅几个月后的夏季甲子园大赛，两支队伍再次狭路相逢。只是这一次，明石中没有派出当家投手楠本保先发投球。

原来，在前一场比赛结束后楠本保脚气病发作，无力继续投球，

△ 中京商 VS 明石中延长 25 局的比分牌

▷ 负伤的吉田正男（右）和捕手野口明

只得出任右外野手，明石中派出二号投手中田武雄应战。中田武雄与吉田正男展开了高校棒球史上空前绝后的延长 25 局热投，历时 4 小时 55 分，最终中京商在第 25 局以“再见安打”1 ∶ 0 完封明石中挺进决赛。此役堪称甲子园历史上不可磨灭的经典战役。

次日决赛中京商对战平安中❶，前一场比赛完投 25 局总投球数达到 336 球 19 夺三振的吉田正男再度先发并投满全场比赛。中京商凭借第一局率先拿下的 2 分，最终以 2 ∶ 1 击败名校平安中，连续第三次问鼎夏季甲子园，达成高校棒球史上唯一的“夏三连霸（夏季甲子

❶ 平安中，甲子园历史最悠久的强校之一，全称“平安中学”，现在改名为龙谷大学平安附属高等学校，简称“龙谷大平安”。

园大赛三连冠）”。

此后 1937 年夏至 1938 年春，中京商又接连拿下第 23 届夏季甲子园冠军和第 15 届春季甲子园冠军，达成“夏春连霸”纪录，传奇战绩威震全国。

○

祝成功渡美！

同样是在甲子园举办大赛，几年下来，依旧是朝日新闻社的夏季甲子园人气更胜一筹。于是大阪每日新闻社在 1927 年再祭出一记大招——赞助春季甲子园冠军球队免费去美国旅行！

受日本“精神棒球”传统影响，春、夏甲子园大赛均不设奖金等物质奖励，仅授予大赛冠军旗和冠亚军奖牌奖状。渡美旅行虽然价值不菲，但也不涉及物质奖励，无损棒球运动的纯洁性。

第一个荣获大奖的“幸运儿”是和歌山中学。赴美旅行被安排在暑假的 7 到 8 月。和歌山中学的球员在美国受到了当地日本侨民的热烈追捧和盛情招待。球队回国后，大阪每日新闻社还接连安排了凯旋游行、渡美报告会等一系列活动，一时风光无限。

每日新闻社当然不是钱多到没处花。选拔冠军赴美旅行不仅给报社带来了源源不断的独家新闻，还分散了长年被夏季甲子园大赛垄断的暑期档关注度。“扬我国威”的宣传主题又迎合了当时日本社会舆论喜好，可谓一举多得。

因为 1927 年首次冠军赴美旅行活动大获成功，这项大奖一直延续到 20 世纪 30 年代中后期，成为战前春之选拔大赛的特色之一。当时人们对入选春季甲子园的球队送上祝福时经常会说“祝成功渡美”。

出国游热潮也蔓延到大学棒球。东京六大学棒球联盟的“早大”自 1927 年 4 月组队渡美远征交流比赛，其他学校也相继跟随，行程最盛大的是 1929 年春天明治大学棒球队乘船从横滨港出发，先后游历美国、英国、法国、德国、意大利、西班牙以及中国香港等地再返日。日本战前成熟的商业化运作将学生棒球运动热度炒到前所未有的高度。

○

日本职业棒球创立

过于火热的学生棒球运动也滋生了不少负面问题，各类比赛林立，学生球员疲于应付，导致学业荒废，有偿比赛、赌球乱象丛生。批评棒球运动商业化有伤学生棒球运动纯洁性的“棒球毒害论”死灰复燃，再度见诸报章。

为了加强对棒球运动的整治管理，日本文部省 1932 年发布了《棒球统制令》，强化对学生棒球运动的行政管理，对全国及地区各类棒球赛事的举办、运营、票务销售等环节做了细致的行政规定。这是日本官方首次采取行政手段干预棒球运动。

就在一片“净化棒球”的舆论喧嚣中，日本职业棒球悄然萌芽。

受到官方《棒球统制令》及“棒球毒害论”影响，日本民间对于棒球运动商业化运作多持保守态度，虽然棒球运动在日本如此盛行，但当时的社会舆论普遍认为棒球不足以成为“男子毕生的事业”，因此战前日本的棒球职业化进程极其缓慢。

日本最早的职业棒球团体出现在20世纪20年代初期，分别是由早稻田大学毕业校友组建于1920年的“日本运动协会”，又称“芝浦协会”❶，和1921年的“天胜棒球团”❷。按日本运动协会创始人河野安通志的说法，组建职业棒球队正是为了确保学生棒球运动的“纯洁性”。因为只有让专业球队去从事商业化比赛，学生棒球才能保持纯净。不过遗憾的是，两支日本早期职业棒球队均没能挺过1923年的关东大地震。

扣动日本职业棒球再出发扳机的，是此前错过学生棒球热潮的读卖新闻社。

同样创设于19世纪70年代，读卖新闻社早年的经营规模不及朝日新闻和每日新闻两社。1924年，前警视厅警务部长正力松太郎在内务大臣后藤新平的授意下，收购了关东大地震后一蹶不振的《读卖新闻》并开始大刀阔斧推行改革。其主政期间，《读卖新闻》从一家二流报纸迅速跻身日本传媒业第一梯队。1938年，《读卖新闻》每日早报发行量突破100万份。到太平洋战争爆发的1941年，读卖新闻报纸销量已超越《朝日新闻》和《每日新闻》，跃居日本第一。

依仗正力松太郎过人的经营谋略，读卖新闻社在棒球市场上实现

---

❶ 球团当时的主场是位于东京府东京市芝区（现东京都港区）的芝浦球场。

❷ 球团的名字取自当时日本著名女魔术师松旭斋天胜，创始人野吕辰之助是松旭斋天胜的丈夫，当时还经营有日本魔术表演团体“天胜一座”。

△ 正力松太郎

了“弯道超车”。这里得先从日美两国棒球交流传统说起。

热爱棒球的美日两国自明治时期就一直保持着密切的交流传统，每隔几年就会举办商业性的棒球交流赛，这一传统直到第二次世界大战期间才被打断。[1]春季甲子园的渡美旅行冠军大奖实际也是日美棒球交流传统的延续。

以往美国棒球代表队多由美国职业棒球大联盟（Major League Baseball）球员组成，而日本一直到 1930 年还均由东京六大学联盟和关西大学等大学棒球队出战。1932 年日本文部省颁布《棒球统制令》后，大学棒球队无法继续参加商业球赛。日方临时派出业余社会人棒球队“广岛专卖队”参加日美棒球交流赛，最终战绩 24 战 23 败 1 胜。民间发展职业棒球的呼声由是日益高涨。

这一切的背后，都有读卖新闻社社主[2]正力松太郎运筹帷幄的身影。

---

❶ 日美棒球交流传统最早可追溯至明治时期。1908 年至 1934 年间，美国职业棒球联盟等组织曾多次组团访问日本进行巡回棒球比赛，日本也于 1935 年组织职棒队伍赴美巡回比赛。二战期间受战争影响，日美职棒交流完全中断。战后的 1949 年日美棒球交流比赛重新举行，此后逐渐形成如今的美日职业棒球明星对抗赛，或称美日职业棒球全明星赛。

❷ 社主，日本新闻传媒行业的专用头衔，指公司或协会的所有者或代表，近似于“社长”或“会长”，但实际可能分别指代不同的职务分工，社主更强调对企业的“所有权”。

△ “棒球之神”贝比 · 鲁斯

正力松太郎先是数度力邀美国职棒大联盟访日，促成 20 世纪 30 年代多次美日棒球交流活动。大联盟代表队访日期间，也数《读卖新闻》宣传炒作最卖力，成功地在日本民间掀起美国职棒热潮，并借此契机正式打入棒球新闻市场。

1934 年，美国职棒大联盟代表队再度应邀来日，随行的还有当时被誉为“棒球之神”的美国传奇棒球员贝比 · 鲁斯[1]。贝比所到之处，受到日本民众狂热追捧，他还到访了刚刚改建竣工的甲子园球场，惊叹日本的球场——“Too large!(这么大！)”

有了民意支持，正力松太郎顺理成章地捧出棒球职业化计划。1934 年职业性质的“全日本队”成立。虽然球队在当年的日美棒球交流赛中

❶ 贝比 · 鲁斯（George Herman Babe Ruth，1895—1948)，美国职业棒球运动员，先后效力于红袜队和洋基队，有“棒球之神”之称。

16 战全败，但赛后球队被改制为“大日本东京棒球俱乐部”继续经营，1936 年更名“东京巨人军”，也就是后来日本最知名的职棒球队——读卖巨人军的前身。

日本职业棒球的历史正式拉开序幕。

成立东京巨人军只是正力松太郎“职业棒球梦”的第一步。他真正的目标，是建立覆盖日本三大都市圈（东京、大阪、名古屋）的职业棒球联盟。

此后正力松太郎成功游说阪神电铁创建了大阪虎队，以甲子园棒球场为主场，吸纳藤村富美男、藤井勇等当时中学棒球明星选手进入了职业棒球界。

1936 年日本职业棒球联盟成立，初创期拥有东京巨人军、大阪虎队、名古屋军、阪急军等七支职业棒球队，覆盖日本东京、大阪和名古屋三大都市圈。

尽管战前时代日本职棒的社会影响力远不及学生棒球，但是借着日美棒球交流热潮和源源不断加入的学生棒球精英，职棒联盟规模稳步增长，到了 1938 年，加盟球队数量已经达到战前最多的九支，涌现出泽村荣治、景浦将、川上哲治等职棒明星。棒球运动成为日本近现代都市文化重要的一部分。

○

甲子园扩建

甲子园大运动场一经建成便吸引了大量客流源源不断涌向西宫

△ 冈本一平绘制的甲子园“阿尔卑斯席”漫画（照片出处：朝日新闻社）

市，对西宫市一带繁荣拉动效应显著。球场建成两年后的 1926 年（大正十五年），阪神电铁在球场附近增设了常规电车站“甲子园站”，并沿用至今。

1927 年，阪神电铁对球场进行了改造，原先东西两翼木制观众席改建成钢筋水泥看台，层高从 20 层增至 50 层，新增 8000 余座位，高达 14.3 米的观众席蔚为壮观。到了夏天，观众们大多穿着白色衬衫和白色便帽在烈日下观赛。漫画家冈本一平[1]在《朝日新闻》刊载了一则漫画，将甲子园看台比作白雪覆盖、高耸入云的“阿尔卑斯山”，注释这样写道：那雄伟屹立的看台席，宛如覆盖两万年雪的阿尔卑斯山。这个形象的比喻后来成了甲子园新看台席的专属名词——“阿尔卑斯席”。

这个名词据说最初由朝日新闻社记者兼登山运动员藤木九三提出，另一说是冈本一平的儿子冈本太郎发明。冈本太郎是后来 1970 年大阪世博会标志性建筑“太阳之塔”的设计师。

---

❶ 冈本一平（1886—1948），日本漫画家、画家、佛教研究者。妻子是小说作家冈本加乃子，著有《老妓抄》。

1929 年，甲子园大运动场正式更名“甲子园球场”。1931 年，球场的遮阳“大铁伞”改造后覆盖整个“阿尔卑斯席”。甲子园球场进化成如今人们熟悉的模样。

○

鸽子与速报机

高潮迭起的甲子园大赛带来可观的经济收益，不仅主办方大阪朝日新闻社和大阪每日新闻社赚得盆满钵满，地方新闻报纸也从中受益。

广播通信技术在这一时期诞生。1920 年，美国率先成立了正式的民营广播机构，将广播运用到新闻报道中。日本最早在 1922 年左右出现了实验性新闻广播，此后，1925 年东京、大阪、名古屋分设广播放送局，日本三大都市圈实现广播通信全覆盖。

两年后的 1927 年 8 月 13 日，第 13 届夏季甲子园大赛首次进行了广播实况转播。这也是日本国内第一次体育赛事广播实况转播。

除了广播，当时甲子园还有不少有趣的新闻通讯方式，比如飞鸽传书。

甲子园棒球场到大阪府约需 1 小时 20 分钟，一般通讯员需要往返报社和球场间传递信息。自 1927 年起，大阪朝日新闻社的海军退役社员参考军事通讯，引入“军鸽通讯”。新闻社专门驯养了 200 羽信鸽往返周边地区快速传递信息。

这种通讯方式非常适合报道棒球赛事，因为棒球赛事报道文本格

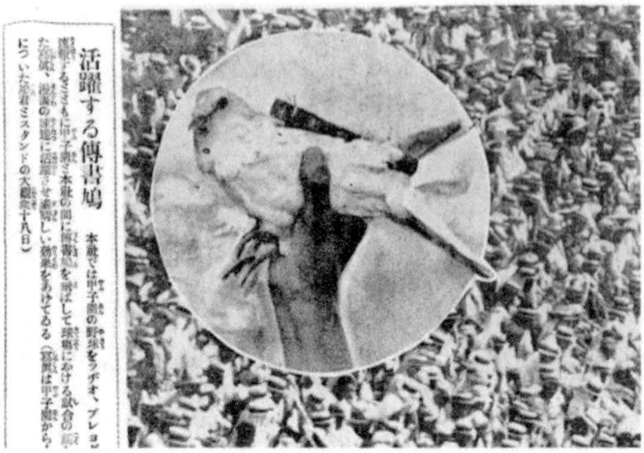

甲子園で活躍するハトの様子を伝える1927年8月19日付大阪朝日新聞

△ 甲子园的飞鸽传书（出自《白球的世纪》）

式较为固定。球场的通讯员将比赛进展速记原稿和照片胶卷等资料绑在飞鸽身上，发回大阪总部，所需时间缩短至短短 12 分钟，飞鸽堪称 20 世纪 20 年代的“无人机”！因为运营成本低廉，飞鸽传书通讯方式一直沿用到了 1945 年后的日本战后时代。

日本专门为甲子园大赛发明了一项极具日本特色的“黑科技”——棒球实战速报机。

棒球实战速报机在 1926 年夏季甲子园大赛首先由朝日新闻社推出，宛如一台超大型的西洋镜，幕后工作人员通过电话与甲子园球场现场的通讯员连线获取比赛实况信息，然后用数字翻牌、模拟球路等方式在台前的速报板上呈现。在比赛期间，朝日新闻社在大阪的中之岛公园和京都的圆山公园分别设立转播会场，吸引了大量观众驻足观看。棒球实战速报机的呈现方式直观而有创意，比如投出曲线球时，速报板上的“球”就以曲线运动；如果球很久没有移动，就说明“投手在紧张思考”。即使不在比赛现场，棒球速报机前的观众们也看得如痴如醉。据说棒球实战速报机转播会场的单场观看人数最高可达数千至1万余人，相当于四分之一个甲子园球场的观众容量。

每日新闻社也不甘示弱地赶在1927年春季甲子园大赛决赛前推出仿制的“大每式棒球技板”，选拔大赛决赛期间在广岛西练兵场开设实况报道专场，吸引了3万观众聚集围观。

这种大型速报机直到广播普及的20世纪30年代才渐渐退出历史舞台。

○

甲子园的飞行梦

自1903年美国莱特兄弟发明飞机，航空技术在20世纪上半叶迅速发展。20世纪20至30年代，民用航空在全世界范围开始起步，飞机从早期的复翼飞机进化到单翼飞机，飞行里程越来越长。我们也可以透过战前甲子园的球场上空瞥见20世纪“大飞行时代”的荣光。

日本最早的航空业起源于1905年日本陆军的气球队。1910年日本进行了史上首次动力飞行。1913年“帝国飞行协会”创立，拉开了日本民用航空序幕。

嗅到前沿科技热点的朝日新闻社相当积极地参与到日本航空事业早期的建设中，慷慨资助各类日本航空科研项目。

朝日新闻社还多次自费采购飞机用于新闻报道。1925年朝日新闻社购入两架宝玑❶ 19 型飞机，命名为“初风”和“东风”。1935 年后转向采购日本的国产飞机，包括轻型复翼飞机“NH—1 云雀号”和 1937 年三菱重工的“九七式司令部侦察机”❷。《朝日新闻》还为后者发起征名活动，最后从 53.6 万个候选名称中挑选出“神风”，为之命名。

朝日新闻社还非常注重将航空题材报道和自营的中学棒球大赛结合，吸引和培养年轻读者人群，激发年轻人的科学热情与爱国热情。早在鸣尾球场时期的第九届大赛上，主办方朝日新闻社就引入了开幕式纪念飞行环节。同年，朝日新闻社主导创立“东西定期航空会”并开通东京到大阪之间的定期运输航线。

1928 年第 14 届夏季甲子园大赛闭幕式，朝日新闻社派出社用飞机向冠军松本商空投下祝福的花束。

20 世纪 20 到 30 年代，全世界一度掀起长距离飞行纪录挑战热潮，频繁有外国飞行员驾驶飞机抵达日本，光是甲子园球场建成的 1924 年，就先后有法美英等国飞行员抵日。朝日新闻社也策划了多次长距离飞

大阪朝日新聞

初風東風露都を出發し
伯林訪問の壯途に上る
先づケーニヒスベルヒへ
別れを惜しむロシア官民

歡待せられた
露都に別れを告げる
安邊、河内兩飛行士が

△ 朝日新闻社关于“初风”“东风”两机访问欧洲的报道（出处：朝日新闻社）

❶ 宝玑，即宝玑航空，创建于 1911 年的法国飞机制造商，1971 年并入法国达索航空。著名钟表品牌宝玑即出自同一集团。

❷ 九七式司令部侦察机，三菱重工 1936 年设计的战略侦察机，简称“九七司侦”。

行纪录挑战活动。1925 年朝日新闻社策划由飞行员驾驶“东风”和“初风”，从东京代代木机场出发，先后飞抵俄罗斯、德国、法国、英国、比利时和意大利后返日，全程历时约三个月。这是日本史上首次国际飞行。

1937 年 4 月，朝日新闻社再度策划国产机“神风”赴伦敦的长距离飞行挑战，两名飞行员耗时共计 94 小时 17 分 56 秒抵达英国首都伦敦，首次将飞行纪录刷新至 100 小时以内，在英日两国引起轰动。

一项项飞行纪录不断被刷新，甲子园比赛高潮迭起，日新月异的科技和朝气蓬勃的年轻人交替占据了当时日本新闻报纸版面，乐观昂扬的气息扑面而来。棒球少年们憧憬着有朝一日也能飞上晴空。

1934 年，全国中等学校优胜棒球大赛迎来第 20 届纪念大赛。甲子园球场东侧新建起一座名为“棒球塔”的纪念建筑，建筑中央是高 30 米的白色主塔，底部则是一个可容纳 2500 人左右的阶梯式圆形小型观览场，围绕场馆的 20 根柱子上镌刻着前 20 届大赛冠军校、选手及决赛裁判的名字。纪念塔的前方还有一座棒球打击者雕像。

谁都以为美好的时光会一直持续下去。

然而这座纪念塔建成不到十年便毁于战争，一如无数曾经见证和亲历甲子园战前最美好时光的日本棒球少年们。

第五话　破灭之路

○

从大正民主走向昭和军国

20 世纪 20 年代末到 30 年代，甲子园大赛欣欣向荣，到达战前时代全盛顶峰的同时，日本社会却正一步步滑向失控边缘。

1929 年，纽约股市暴跌，拉开 20 世纪 30 年代席卷全球的大萧条序幕。还未从 1923 年关东大地震和 1927 年“昭和金融恐慌”中完全复苏的日本经济因此再遭重创。

祸不单行，同一时期，日本东北地区从 1929 年到 1934 年连年粮食歉收，农村民生凋敝，人口贩卖盛行，贫富差距拉大。下层社会陷入赤贫，社会矛盾加剧。

而日本政府应对经济危机的表现不尽如人意。自原敬首相遇刺身亡后，大正时代发展起来的日本议会政党体制没能发挥出更高效、更公平的执政效率，反而呈现一派沉溺党争的气象。政商勾结，贪腐盛行，再加上几度出台提振经济的政策都收效甚微，引发日本民间普遍不满，给日本军方势力抬头留出缝隙。

1928 年关东军制造“皇姑屯事件”，奉系军阀张作霖[1]被炸身亡，张学良东北易帜，东北亚原本微妙的地缘政治平衡被打破。1931 年，嘉义农林在甲子园夺得亚军后不到一个月，“九一八事变”爆发。此后日本实际掌控了整个中国东北地区，其后扶持建立傀儡政权伪满洲国。关东军一系列行动没有事先征求日本政府许可，属于“先斩后奏”。事件暴露出日本政府对军方缺乏实际约束，而问题则根源于明治时期日本国家顶层设计中的缺陷。

根据日本 1889 年制定的《大日本帝国宪法》[2]第 11 条，天皇为陆海军统帅。日本陆、海军可直接上奏天皇，独立于内阁政府之外。因此日本军队的最高决策权属于天皇，军队直接向天皇负责，可以不接受内阁政府管理。也就是说，日本政府管不了军队。

日本军方在中国东北的暴走行为非但未受到处分和遏制，反而赢得了日本国内民众一片称赞。社会矛盾被对外武功转移视线，一时间日本社会鹰派声音甚嚣尘上。

日本军方也早就看政府的官僚不顺眼了，认为他们内政腐败，外政软弱。更让军方气愤的是，1922 年华盛顿海军会议及 1930 年伦敦

[1] 张作霖（1875—1928），北洋军阀奉系首领。

[2]《大日本帝国宪法》颁布于 1889 年（明治二十二年），1890 年 11 月施行，是日本基于近代立宪主义而制定的首部宪法。

海军会议上，政府代表都同意缩减军备，让海军策划已久的“八八舰队”计划被迫搁置，还不得不缩减已有军备。

不受政府管束，又在一次次擅自行动中尝到甜头，日本军方阵营中，“清君侧”和“（对政府内阁）取而代之”的声音渐渐多了起来。

1932年到1936年间，日本国内两度发生军事政变。

其一是1932年（昭和七年）的“五一五事变”。部分海军少壮军人策动了针对首相官邸、警视厅等政府机关的暗杀活动。时任首相犬养毅[1]和三井财阀首领团琢磨等人被刺身亡。

事后在军方势力的舆情操控下，参与事变的青年军人被描绘成忧国忧民的热血青年。民间各种团体发起联署，汹涌的民意压力之下，凶手们不仅逃过惩罚，还备受推崇。日本被操弄的舆情拖向更深的黑暗。

“五一五事变”的不了了之，在四年后酿成了情节更为恶劣的“二二六事件”。

1936年2月26日凌晨，在漫天风雪中，部分“皇道派”[2]陆军青年军官率领1400余名士兵，打着“尊皇讨奸”的旗号发动了军事政变，对多名政府机关大臣及军方“统制派”对手进行“定点清除”。

海军大将斋藤实[3]、教育总监渡边锭太郎[4]、财政大臣高桥是清[5]

---

❶ 犬养毅（1855—1932），日本政治家，第29任日本首相，1932年“五一五事变”中被刺杀身亡。

❷ 皇道派，1920至1930年代日本陆军内部政治派系，与“统制派”相对立。主要受北一辉思想影响，主张尊皇，在天皇亲政下对日本进行国家改造，主张暴力革命打倒日本国内财阀，敌视苏联。代表人物有荒木贞夫、真崎甚三郎等。

❸ 斋藤实（1858—1936），日本第30任首相，因为主张遵守华盛顿海军条约，在“二二六事件”中被杀害。

❹ 渡边锭太郎(1874—1936)，日本陆军大将、教育总监，“统制派”核心人物。

❺ 高桥是清（1854—1936），日本政治家，日本第20任首相，第7届日本银行总裁。

等官员在此次事件中当场死亡，时任天皇侍从长的铃木贯太郎❶重伤。前内大臣牧野伸显❷、明治维新元老西园寺公望❸等也受到威胁。

事件发生后，昭和天皇不顾陆军高层求情，力主强硬镇压，才使得叛乱迅速平息，叛乱主谋人员都受到严厉惩处，共有19名叛军主要领导人被处以死刑，40人被监禁。虽然事件大幅削弱了“皇道派”的势力，但日本军部却借机在内阁复活了“陆海军大臣现役武官制”❹，全面增强对政府内阁的实际掌控力。

中京商达成“夏三连霸”的1933年，国际联盟以42票赞成，日本1票反对，通过了关于接受《李顿调查团报告书》的决议，不承认“满洲国”的合法地位，并要求日本将“满洲”地区（日本对中国东北地区的蔑称）还给中国。日本宣布退出“国联”，进而陷入更深的国际孤立。

诚然，明治以降一系列内外战争推动了日本国家近现代化进程，使日本摆脱帝国主义殖民威胁，成为最早跻身列强阵营的东亚国家。然而这些战争胜利在此后的日本官方语境中被有意无意地迷信化，用以强化国家主义统治，导致极端民族优越感和对天皇的狂热迷信在日本民间盛行，进而蜕变成昭和时期日本军部对外擅自用武的正当性依据。

此前日本在中日甲午战争和日俄战争中屡屡以国运为赌注，最终

---

❶ 铃木贯太郎（1868—1948），日本第42任首相，1945年组阁并敦促天皇下决心接受《波茨坦宣言》结束战争。历任联合舰队司令长官、海军军令部长、天皇侍从长等职务。

❷ 牧野伸显（1861—1949），日本政治家，伯爵，明治维新功臣大久保利通次子。

❸ 西园寺公望（1849—1940），日本政治家，历经孝明、明治、大正、昭和四朝，是明治九元老之一，曾任第12、14任日本首相。

❹ 即军部大臣现役武官制，1900年山县有朋内阁期间制定的一项内阁制度，规定内阁成员中的陆、海军大臣必须是现役武官的大将或中将，而且对天皇负责。该制度旨在加强军部地位，压制政党政治的文官势力。1913年山本权兵卫内阁废除军部大臣现役武官制，限制军部影响力。“二二六事件”后再度恢复，至第二次世界大战结束后被废除。

侥幸胜出。在明治和大正民主时代成长起来的一代日本人，享受到相对和平宽松的社会环境，却也被灌输了一脑子皇军战无不胜的“脚本”。也正是这一代人，在1930年世界金融危机的内忧外患中，自以为选择了最佳路径，实际上却将日本推上了暴走的不归路。

1937年7月7日，卢沟桥事变爆发。

○

甲子园军国化

日本中等学校棒球运动从“一高”时代开始就强调“胜利至上主义”，强调“学生棒球是国民教育的一环”。注重体能锻炼的同时，强调磨炼学生的意志力，向青少年灌输忍耐服从的传统道德品格。

在军部势力全面抬头的大环境下，军国主义、国家主义和种族主义也无声无息地侵蚀了原本单纯的学生体育竞赛，渗透到当时甲子园大赛的方方面面。

自1932年文部省颁布《棒球统制令》起，日本官方逐渐加强对学生棒球运动的行政管制。根据训令，中学棒球全国大赛和大学棒球联盟赛须经文部省批准，相当于甲子园大赛的实际控制权从朝日和每日新闻社转移到了日本政府手上。

战前春季甲子园历年的入场进行曲也从一个侧面反映出日本国家军国主义化的进程。

1924年首届春季甲子园大赛的入场进行曲选用了欧美著名进行曲

《星条旗永不落》[1]和《双头鹰进行曲》[2]。然而从1926年到1941年战前最后一届春季甲子园，几乎所有的入场进行曲均为日本军方推荐的“爱国歌曲”，带有浓重的军国主义色彩。其中包括歌颂1932年“一·二八事变”[3]日军士兵的《炸弹三勇士之歌》，还有鼓吹日本侵华的军歌《大陆进行曲》。

战前春季甲子园入场行进曲一览（1924—1941）

年份	春季甲子园入场进行曲
1924年	《星条旗永不落》《双头鹰进行曲》
1925年	《喀里多尼亚进行曲》
1926年	《亲爱的战友》
1927年	入场式中止
1928年	《我的巴黎》[4]《巴伦西亚》[5]
1929年	《阅兵式进行曲》
1930年	《我们是战友》
1931年	旧大赛主题曲《晴空高照甲子园》[6]
1932年	《炸弹三勇士之歌》
1933年	《青年》
1934年	《艳阳舞动甲子园》[7]
1935年	《艳阳舞动甲子园》
1936年	《艳阳舞动甲子园》
1937年	《艳阳舞动甲子园》
1938年	《爱国进行曲》
1939年	《大陆进行曲》
1940年	《纪元二千六百年奉祝歌》
1941年	《国民进军歌》

1937年8月13日，“八一三事变”爆发，日军登陆上海，第二

❶《星条旗永不落》（*The Stars and Stripes Forever*）由美国作曲家约翰·菲力浦·苏萨创作于1897年（另一说1896年），被定为“美国国家进行曲”。

❷《双头鹰进行曲》创作于1893年，作曲是奥匈帝国音乐家约瑟夫·弗朗茨·瓦格纳，当时被选为奥匈帝国军歌，双头鹰是奥匈帝国国徽和军旗的标志。

❸ 又称第一次淞沪抗战，至1932年3月3日。日本为了转移“九一八事变”的国际视线，军方蓄意在上海挑起事端，3月3日日军发表停战声明，5月5日中日签订《淞沪停战协定》。

❹ 出自宝冢歌剧团1927年首部音乐剧《我的巴黎》。

❺ 创作于1926年的西班牙歌曲。

❻ 春季甲子园第一代大赛主题曲，因歌曲中含有英语词汇招致军方不满而被勒令禁用。

❼ 春季甲子园第二代大赛主题曲。

次淞沪抗战打响，同日第 23 届夏季甲子园开幕。

当时甲子园球场高高的外墙上悬挂着号召民众为军用飞机捐款的巨型宣传标语——“千机！二千机用吾等的汗水换取”。

比赛的间隙，场内广播频繁传来征兵通知——“× 市 × 桑，军务公用，请速回家。”被点到名的观众站起身，周围观众热烈鼓掌，恭喜他即将被送上战场。

昔日甲子园的棒球少年被源源不断地送上中国及太平洋战场，日本 1937 年到 1945 年间征召入伍的主要兵源，恰是战前亲历甲子园最美好时光的棒球少年们，他们中很多人再也没有回到日本，而是死在了中国战场、东南亚的雨林、太平洋的海岛以及西伯利亚的战俘营。其中包括不少战前时代的甲子园明星，如岐阜商（现岐阜县立岐阜商业高等学校，又简称“县岐阜商”）的松井荣造，“明石双星”楠本保和中田武雄，达成五场比赛完封、两场比赛无安打无失分[1]历史纪录的海草中名投手岛清一[2]，以及后来进入东京巨人军的传奇投手泽村荣治等。

---

❶ 无安打无失分，棒球比赛中出现概率极低的一项纪录，即投手在整场比赛中没有让对方球队击出安打而上垒，同时也没有让对手得分。

❷ 岛清一（1920—1945），日本棒球选手，高中时代创下甲子园五场比赛完封胜利、连续两场比赛无安打无失分的纪录，被誉为高校棒球史上“传说中的大投手”。太平洋战争时期被征召派往海外侵略战场后战死。

○

“敌国运动”大改造

虽然对外侵略战争不断，但日本国内直到20世纪30年代末期仍然保持稳定和平，甚至一度因对外侵略出现短暂的经济景气。不过随着日本在中国战场的“泥沼”越陷越深，战线不断拉长，日本社会也渐渐遭到反噬。

社会管制日趋严厉、人气第一的体育运动——棒球亦不能幸免。

经济危机导致日本国内城乡矛盾激化，在城市中更流行的棒球被不少出身农村的日本人视作城里人崇洋媚外的堕落象征，源自美国的棒球运动被批判为“敌国运动”，要求全面禁止的呼声不绝。

也有不少人站出来为棒球运动存续四处奔走，竭力在当时的语境中论证棒球运动的“政治正确”。

日本学生棒球运动奠基人之一、早稻田大学棒球部原教练飞田穗洲从“一高”时代就推崇“精神棒球论”。他在战争时期频繁发声，抗衡抵制棒球的舆论，力主棒球是“日本的棒球”——“棒球的精神与日本精神相通”“棒球对人的精神锻炼不输于任何一种精神锻炼法”。

为了抵制英美“文化入侵”，日本国内还发起语言净化运动，主张将明治以来吸收自欧美的外来词语全部替换为汉字或平假名词语。首当其冲被拿来开刀的就是含有大量英译术语的棒球运动。

于是“好球(Strike)”从音译“ストライク”变成了“好(よし)”，“安全上垒（Safe）”从“セーフ”也改成“好（よし）”，反正横竖都是“好”；“坏球（Ball）”的“ボール”以及界外球（Foul Ball）“ファウル”

都变成了“だめ（不行）”；“选手”改名为“选士”。

○

“幻之甲子园”

1941年7月，日本文部省下令全国体育竞技比赛一律中止。已经开打的夏季甲子园地区大赛只得被迫中止，次年的春季甲子园也被取消。这一取消就是5年，在甲子园大赛消失的5年中，军国日本步入最后的疯狂。

1941年10月，东条英机内阁上台。1941年12月，日本偷袭夏威夷珍珠港，太平洋战争全面爆发。

1942年6月，中途岛海战，美国海军以少胜多，击沉日本四艘航母[1]、一艘重巡洋舰，约332架军用飞机（含备用飞机），日方约3000人阵亡。太平洋战局一气逆转。

为了提振国民士气，文部省下属“大日本学徒体育振兴会”筹划了名为“大日本学徒体育振兴大赛”的学生体育运动会。大赛囊括柔道、剑道、相扑、棒球以及被改为“蹴鞠”的足球等十项运动。其中的中等学校棒球大会正式名称为“第一届全国中等学校炼成棒球大赛（第一回全国中等学校錬成野球大会）”，定于阪神甲子园球场举行。

这是日本高校棒球历史上军国主义色彩最浓郁的一届大赛，也是日本战败前甲子园最后一届学生棒球赛。

“大日本学徒体育振兴大赛”的开幕式设在国家神道色彩浓郁的

[1] 四艘航母分别是赤城、加贺、苍龙、飞龙。

橿原神宫[1]外苑运动场，加入了急行军、扔手榴弹、伤员搬运等军事色彩浓郁的“战场运动”。时任日本首相的东条英机出席致词并带领全场三呼万岁。

1942 年 8 月 23 日，“第一届全国中等学校炼成棒球大赛”在甲子园专门举办开幕式。

在球场标志性的大比分牌顶端，左右两翼分别张贴了“胜利了也要绑紧头盔，将大东亚战争进行到底”的战时标语。球队穿戴经过“审核”的球服，使用经过“净化”的棒球术语。比赛还新增了不少反人性的规则，比如取消了触身球保送规定，打击者即使被投球击中也要继续比赛。只要球员受伤没有严重到不能继续比赛，就不得替换下场。另外为了避免和空袭警报混淆，这届大赛取消了日本中学棒球比赛开始和结束时的鸣笛信号，改用军号喇叭声替代。

战后朝日新闻社拒绝将这届大赛列入“夏季甲子园大赛”正式序列，因此这场大赛被称为“幻之甲子园”。

大赛的参赛地区从以往 23 地缩减至 16 地，“幻之甲子园”出场代表校为：

北海中学（北海道代表，北海道）

仙台一中（东北地区代表，宫城县）

水户商业（北关东地区代表，茨城县）

京王商业（南关东地区代表，东京府）

敦贺商业（北陆地区代表，福井县）

[1] 橿原神宫是祭祀日本初代天皇神武天皇的神宫，位于奈良县橿原市，修建于 1890 年（明治二十三年）。根据《日本书纪》，神武天皇在橿原登基成为日本第一代天皇。

松本商业（中部地区代表，长野县）

一宫中学（东海地区代表，爱知县）

平安中学（京滋地区代表，京都府）

市冈中学（大阪府代表，大阪府）

海草中学（近畿地区代表，和歌山县）

泷川中学（东中国地区代表，兵库县）

广岛商业（西中国地区代表，广岛县）

德岛商业（四国地区代表，德岛县）

福冈工业（北九州地区代表，福冈县）

大分商业（南九州地区代表，大分县）

台北工业（日据时期的台湾地区代表）

尽管有诸多限制，“幻之甲子园”仍然吸引了大量民众前来观赛。毕竟对于普通日本人来说，战时能去甲子园看球已经相当奢侈。

最终夺得1942年“幻之甲子园”冠军的是德岛商（全称“德岛县立商业学校”）。因为这届大赛并非由朝日新闻社承办，德岛商最终没有获得传统的冠军旗“大深红旗”，只拿到一张文部省颁发的奖状和事后补发做工简陋的冠军旗，结果还在1945年的德岛大空袭中烧毁了。所以说起来，德岛商大概是日本高校棒球史上心理阴影面积最大的“甲子园冠军”了。

直到战后的1977年，文部省重制了1942年“幻之甲子园”大赛奖状和优胜盾牌，作为补偿颁发给郁闷了很多年的德岛商。

○

甲子园球场被“瓜分”

“幻之甲子园”后甲子园球场再无棒球赛。1944年，球场被军方征收并彻底“瓜分”：球场的内野种上了山芋，外野改成军用停车场，环绕球场的看台席设施分给了日本造机工场、普通海兵养成所、潜艇音响研究所、川西航空机仓校等军用单位。

球场外的棒球塔被指妨碍鸣尾机场飞机起降，在太平洋战争初期即被拆除。1943年日本颁布《金属类回收令》，甲子园观众席的遮阳棚“大铁伞”连同棒球塔基座上仅存的历届冠军校金属铭牌也被拆除，捐献给附近的鸣尾飞机场和川西航空机械去造飞机。

从1942年起，美军对日本本土实施轰炸。东京、大阪、名古屋等日本主要城市均遭到大规模空袭，建筑破坏严重。设有军事单位的甲子园球场遭遇了多次轰炸，棒球塔残余建筑在空袭中彻底焚毁。1945年8月6日，空袭引发甲子园球场内储藏的汽油燃爆，大火烧了三天才被熄灭。看台席钢架遇高温变形，球场几乎化为一片废墟。直到20世纪90年代，球场入口的铁门上仍能看到弹痕。

○

学生出征和铁血勤皇队

原本作为国家储备精英人群的大学生可暂缓服兵役，随着日本战局持续恶化，这项“特权”到1943年被取消。东条英机内阁在1943

年 9 月宣布停止文科学生暂缓征兵的政策，大学、专科学校、高中等各类教育机构中达到征兵年龄（1943 年前为 20 岁，1944 年改为 19 岁）的男青年均须中止学业应征入伍，史称“学生出征”。

文部省颁布《战时状态学生体育训练实施纲要》禁止大学继续开展体育联盟赛事，后又勒令解散学生棒球传统最悠久的东京六大学联盟，很多大学棒球运动员相继接到出征通知，在飞田穗洲等人的奔走努力下，1943 年 10 月 16 日，早稻田大学和庆应大学冒着得罪军方的风险，为即将出征的学生举办了“最后的早庆战”。

1943 年 10 月 21 日大雨滂沱，在昔日举行神宫竞技大赛的明治神宫外苑竞技场召开了日本首场“出征学生壮行会”。来自东京都、神奈川县、千叶县、埼玉县的 77 所大学及专门学校约 2.5 万名学生列队接受检阅。来自 107 所学校约 6.5 万未达兵役年龄的学生到现场观览送行。

日本此后在国内各地以及朝鲜、中国台湾、中国东北等海外殖民统治地区召开多场“出征学生壮行会”，动员青年学生参军。

直到 1945 年日本战败前，日本出征大学生总数大约为 30 万人。1943—1944 年“学生出征”征召的学生正是战前的最后一届。那些曾经在甲子园球场憧憬过翱翔的“神风”飞机的少年们，等来的却是作为神风特攻队员被送上战场白白送死的命运。

1945 年 3 月，美军登陆冲绳，美丽的冲绳岛沦为日本国境内最为惨烈的正面战场。

在“一亿玉碎”[1]的宣传口号下，大量14到16岁的冲绳中学生被编成“铁血勤皇队”“通信队”“护乡队”等民兵组织，投入对美登陆作战中，其中有不少是中学棒球部球员，参战的学生们名义上是“自愿”，实为强迫。

整个冲绳战役中，冲绳参战死亡的学生高达2000余人。仅冲绳棒球名校冲绳水产（全称“冲绳县立冲绳水产高等学校”）一校就有66名师生死于战场。至今校内仍立有名为“翔洋碑”的纪念碑，祭奠冲绳战役中的死难师生。

大量冲绳棒球人才死于战争，间接导致战后冲绳学生棒球的落后局面。惨烈的冲绳战在冲绳人心中留下了难以愈合的创伤，也成为日后一代又一代冲绳学生棒球队冲击甲子园冠军的执念根源。

日后带领冲绳水产两度夺得甲子园亚军的栽弘义教练童年在冲绳战中失去了三个姐姐，自己后背被炸伤。他曾放言：“只要冲绳还没有拿到甲子园冠军，冲绳的‘战后’就没有结束。”

1945年8月，日本广岛、长崎被投下原子弹，8月15日，日本宣布无条件投降。

昭和战争记忆和夏季甲子园大赛总是交织在一起。每年8月15日的日本战败投降纪念日当天往往是甲子园十六强或八强比赛激战正酣之时。正午时分，甲子园赛场会拉响警报，比赛中止，场上的球员

[1] 一亿玉碎，第二次世界大战后期日本军方提出的战争动员口号。当时战局接连失利的日本军方仍负隅顽抗，提出“本土作战”，计划在日本本土与美军继续作战。“一亿”指代当时全体日本国民（包含海外侵略殖民统治区人口），“玉碎”一词取自中国古代典故“宁为玉碎，不为瓦全”，实际指代“全灭”的含义，旨在号召全体日本国民做好阵亡觉悟继续支持战争。

和全场观众在久久回荡于球场上空的警报声中起立默祷，以为纪念。赛程中间还有日本纪念逝者的传统节日盂兰盆节，一再提醒人们昔日战争的疯狂残酷。

无论日本的战争结局多么悲惨，也只能说是自作孽，但是对于每一个普通的日本人来说，战争和国家机器强加的种种迫害与限制，都是不可承受的重负。

从和平走向战乱，往往是无数个瞬间，无数条分岔路最终导向的结果。年复一年的甲子园大赛为后人提供了一个独特切面，去观察近代日本从崛起走向战争直至覆灭的演进轨迹，以此反思前人的错误，总结教训。

战后的甲子园大赛主办方刻意不断强调日本近代对外侵略战争的记忆。每年 8 月 15 日正午时分例行的默祷，用意也正在于警示一代又一代日本年轻人，不要忘记战争的残酷，希望不再发生年轻人被送往战场的悲剧，将和平一代代传递下去。

正如那句日本高校棒球界的名言所说——“白球飞处有和平”[1]。棒球是和平的见证，应当珍惜可以打棒球、看棒球的时代。

---

[1] 出自日本高校棒球联盟（高野连）前会长佐伯达夫。

○

| 番外 |

命丧中国战场的甲子园名投手

日本步入昭和时代后遭遇了世界级金融危机，内忧外患之际走上了一条军国主义穷兵黩武的不归路。

无数昔日甲子园的棒球少年背上枪支戴上头盔，被送往包括中国在内的海外战场，其中不乏战前时代甲子园的明星选手。他们无常的命运中折射出时代的疯狂和扭曲。

◇ 松井荣造

松井荣造是战前时代屈指可数的甲子园名投手。

生于静冈县浜松市的松井荣造在小学时代就展露出异乎寻常的棒球天赋。之后他升入了岐阜县中学棒球名门——岐阜商。

岐阜县历史上有过四次甲子园夺冠记录，全部由岐阜商达成，而其中三次（1933 年春，1935 年春、夏）在松井荣造就读期间达成。左投的松井善投弧线很大的曲线球，因此有绰号“三尺”。

松井进入早稻田大学后，因为肩膀伤病，开始朝打者方向转型。精彩的打击表现频频令神宫棒球场观众热血沸腾。

更难得的是，松井不仅擅长棒球，文学造诣也很高，是典型的“文武两道”型人才，在早大期间曾以书评家的身份与许多文人墨客和演员保持着密切交往。

他的弟弟清水升回忆道：“认识哥哥的人都说，他的才能不止于棒球，是个了不起的人物。”

1941 年日美开战前夕，夏季甲子园大赛已停办。棒球被指为“英美运动竞技”，棒球运动员被批判，说他们“打棒球就无法激发对敌仇恨”。社会舆论的转变，令松井荣造等棒球运动员倍感压力。

1943 年，松井荣造自早稻田大学毕业，入职电线公司没多久就志愿报名参军，训练不到三个月即被派往中国战场。

1943 年 5 月，担任陆军小队长的松井荣造就在中国湖北宜昌桃家坊的战斗前线被子弹贯穿头颅而亡，年仅 24 岁。

◇ 楠本保和中田武雄

楠本保第一次亮相甲子园是 1930 年的春季甲子园，在旧制中学时代，就读于明石中学的楠本四年中先后六度打入甲子园。

楠本以极速球著称，被誉为“世纪刚球手”“明石怪童”。中学时代共取得 15 场甲子园比赛胜利，其中 8 场比赛完封胜利，战绩惊人。楠本保作为投手的最佳成绩是在 1932 年第 18 届夏季甲子园大赛上，四场比赛共 64 夺三振。

1933 年第十届选拔中等学校棒球大赛，明石中打入决赛，对手正是“三尺”松井荣造所率的岐阜商，双方展开投手战。八局上半，岐阜商依靠牺牲打拿下制胜一分，成功卫冕。

1933 年夏天，明石中遭遇中京商，共同演绎了战前甲子园球场上最著名的比赛。

△ 楠本保

不过此役的主角是低楠本保一年级的中田武雄，楠本保作为右外野手出场。中京商则先发派出当家投手吉田正男。吉田正男前日在与浪华商的比赛中被棒球击中左眉昏倒，缝针后又重新上场投球并取得胜利。这一战仍然先发上场。

比分板被两排你追我赶的“0”淹没，比分板不够用了，只得用纸板记录比分。楠本保一度请愿作为救援投手接力中田，却未得教练许可。双方激战至延长局第 25 局，中京商击出再见安打 1 ∶ 0，这才结束了这场惊心动魄又漫长的比赛。

在这场甲子园史上最具传奇色彩的战役中，楠本保九打席无安打也未登板投球，令舆论咋舌。赛后才知道，原来楠本保当日脚气病发作。楠本保最后的夏天不幸输给了自己的身体，不过他在甲子园留下的传奇纪录依旧为人津津乐道。

值得一提的是，楠本与明石中的二号投手中田武雄关系非常亲密。两人相继考入庆应大学，大学毕业后，楠本保前往殖民占领地台湾高雄的“大正兴业”就职，同时加入社会人棒球队“全高雄”。一年后，后辈中田武雄也追随到台入职该公司，人生的轨迹第三度与楠本保交叠。据说两人亲密到了令楠本的妻子美代子嫉妒的程度。

相比松井荣造，楠本保和中田武雄的死带有几分离奇的色彩。

1942年刚刚结婚一年不到的楠本应召入伍，旋即被派往中国战场，同年中田武雄也征召入伍，被派往南方战场。1943年7月23日，楠本保在中国湖北的战场上头部中弹身亡。同日，身在日本的妻子美代子临盆，生下儿子楠本保彦。

而就在前一天的7月22日，中田武雄所乘军舰在战场上遭遇炮击沉船。“明石双星”几乎同时丧命于日本对外侵略的战场上，楠本保28岁，中田武雄27岁。

◇ 后记

如今岐阜县长良川球场的松井荣造铜像铭刻着“栄光めざして”（追求荣耀）的字样。可偏偏是这些视荣誉为最高奖励，为此拼尽全力的少年们，或自愿，或被迫地走上了对外侵略的不义之途，最终作为侵略者耻辱地命丧在异国战场。

从甲子园战前时代几个著名投手最终的死讯中可以读到不少信息：

松井荣造和楠本保都在中国抗日战争正面战场的湖北境内丧生。

1943 年正是抗日战争进入战略反攻前最黑暗的时期。这些甲子园明星投手在入伍前都遭遇到激烈的舆论压力，入伍后又被仓促地补充到海外的战场最前线，恰恰证明当时日本侵略军已深陷中国泥潭，军事扩张已是强弩之末，也从侧面反映出中国抗日斗争之激烈，中国人民从未放弃抵抗。

铭记战争不是为了仇恨，而是为了让历史不再重演，也更应珍惜和守护国与国之间和平共处的时代，只有在这样的时代，人与人之间才不必相互攻伐求生，运动员也能够凭借个人的体育专业技能赢得尊重。

○

| 番外 |

帝国迷梦：甲子园与日本海外殖民统治

2024 年，甲子园球场迎来建成百年纪念。当年夏天，京都府代表队京都国际高校最终夺得第 106 届夏季甲子园大赛冠军。由于该校前身是一所在日韩国人学校，至今仍然保留着使用韩语演唱的校歌，于是甲子园决赛百年来首次出现为冠军校奏响韩语校歌的一幕。

京都国际的活跃表现也勾起了人们关于战前日本海外殖民统治区代表学校的回忆。甲子园大会是日本国内学生体育赛事，然而在历史上却出现过不少海外学校，他们主要来自旧日本帝国的海外殖民统治区——台湾岛、朝鲜半岛及当时被称为“满洲”的中国东北部分地区。这些“外地”学校棒球队在甲子园短暂活跃的时光也映射出近代日本对外侵略扩张的阴暗历史。

◇ 近现代日本的海外殖民扩张

1894 年爆发的中日甲午战争以清政府惨败，北洋水师全军覆没告终。根据 1895 年中日签订的《马关条约》，中国台湾地区及澎湖列岛被日本强占。

甲午战争还终结了中国与朝鲜千余年来“宗主国 / 附属国”的关系。日本取代了中国在朝鲜半岛的传统主导地位，且此后不断加强实际掌控力。1897 年，朝鲜王朝高宗李熙改国号“朝鲜”为“大韩”。1904 年 2 月，日俄战争爆发；5 月，日本逼迫大韩帝国政府签署《第一次日韩协约》进而控制了韩国的财政和外交实权。1905 年，日俄战争以日本大获全胜收场。东北亚暂无敌手的日本在 1910 年与韩国政府签订《日韩合并条约》，朝鲜半岛正式并入日本国领土，恢复“朝鲜”旧名。

此外，日本还通过日俄战争获得了俄罗斯在中国东北的旅顺和大连租借地以及伪南满铁路沿线两侧附属地。日本人将俄文的“达里尼市”（Дальний）改为“大连市”，并将这块位于中国山海关以东的新租借地命名为“关东州”。

借朝鲜半岛和“关东州”组成的“跳板”，日本扩张野心蠢蠢欲动，开始越来越频繁地介入东北亚地缘政局：1915 年日本提出严重损害中国利益的对华“二十一条”，激起中国的民间义愤；1928 年关东军制造“皇姑屯事件”炸死奉系军阀张作霖，张学良“东北易帜”。

“关东州”租借期将至的 1931 年，担心失去在华既得利益的日本关东军策动“九一八事变”，擅自实施的军事行动未遇到预期中的抵抗，致使中国东北全境落入日本掌控。1932 年日本扶持伪满洲国傀儡政权上台，完成第二次世界大战前日本海外侵略扩张的最后一块拼图。

◇ 日本殖民占领区的棒球运动起源

在旧日本帝国的版图中，日本本土被称为“内地”，相对应的日据时期的台湾、朝鲜、“关东州”乃至后来的伪满洲国则被称为“外地”。棒球运动伴随着日本殖民统治被引入这些帝国“新疆土”。

起初棒球作为维护社群关系的娱乐活动只在日本人之间流行。随着日本统治日渐加固，棒球被引入这些殖民占领地区的学校教育中，甚至成为当地棒球运动的起源。

以中国台湾地区为例，台湾岛内第一支棒球队创立于 1906 年，是日本在台首家官办学校——所谓的台湾总督府国语学校附属中等部创建的棒球队。此后又陆续有所谓的国语学校师范部、台北中学等学校陆续创建棒球队。

朝鲜的棒球运动最初由美国传教士在 20 世纪初传入，第一支本土棒球队是诞生于 1905 年的皇城“YMCA 棒球团”。同年官立汉城高等学校组建了朝鲜第一支学生棒球队，但 1910 年“日韩合并”的时代巨变打断了朝鲜本土棒球运动的传承。此后朝鲜半岛棒球运动发展的主导权落入日本人手中。

1911 年日本颁布《朝鲜教育令》，在朝鲜半岛施行“日韩隔离教育”：在朝日本人依照日本本土学制入学，朝鲜人则进入普通学校和高等普通学校教育体系，接受“国语”（日语）教育。棒球运动同时在日韩教育体系中推行。但日本人学校的棒球在实力、经验和资源方面远胜过朝鲜人学校，导致棒球被朝鲜人视作日本殖民统治的屈辱象征。相比之下，朝鲜学生大多更喜欢日本人不那么占优势的足球运动。

“满洲”的学生棒球运动主要集中在“关东州”和“奉天(现沈阳市)”一带的日本人子弟学校。旅顺中学、“南满”工业、大连商业长年三足鼎立。伪满时期其他东北城市较有名的棒球学校还有奉天中学、安东中学。不过，“满洲”的学生棒球运动影响力从未突破日本人社群，在当地普及。相比之下，“满洲”的社会业余棒球享有更高的人气。

当时大量日本大学生毕业后前往海外殖民统治地区寻求更多发展机遇。年轻的精英们进入日本在殖民占领区创设的各种官商机构，也带去了棒球文化。随着日本统治逐渐稳固，企业棒球队文化，或者说社会人棒球文化，逐渐在海外殖民占领区活跃起来。

日本 1907 年在中国东北地区创立的第一支棒球队就是一支社会人棒球队——“南满”铁路公司棒球。伪满洲国时期，大连、沈阳、长春等城市涌现出大量社会人棒球队，比较有名的如“满洲”俱乐部、大连实业团商业等，相对自由的商业文化氛围孕育出比日本本土更为兴盛的社会业余棒球文化，“都市对抗棒球大赛”[1]等城际业余棒球赛事在当地人气火热，大连一度被称为“日本帝国业余棒球之都”。

在中国台湾地区，台湾制糖公司等企业的棒球队同样吸引了大量日本学校棒球明星毕业后加入，如前文提及的庆应普通部的山口升、“明石双星”楠本保和中田武雄等。

◇ 甲子园大赛的“野心”

[1] 都市对抗棒球大赛，1927 年日本创办，赛区覆盖当时朝鲜等日本海外殖民占领区，中国大连地区代表队自第一届大会起连续三年包揽冠军。

第一次世界大战刚刚结束，世界范围内掀起殖民地独立浪潮。“民族自决”的口号得到广泛呼应。1919 年，“三一独立运动”旋即在朝鲜半岛爆发，动摇了日本在半岛的高压统治。当时大正时期的日本受惠于战后经济景气，社会风气宽松开放，民主自由思潮开始流行。在这样的内外环境下，日本尝试采取怀柔的治理方式，在日据时期的台湾地区逐步消除族群间的差别待遇，推行标准化政策，加速将其改造成“日本帝国真正的领土”。

棒球运动也被用于服务这一政治目的。日本殖民统治者希望借助现代体育竞技，推动族群融合，一边培养年轻人“公平、协作”的现代社会意识，一边灌输“忠君爱国”的帝国价值观，尽力将其教化为真正的“日本人”。

朝日新闻社敏锐地察觉政治风向，开始将甲子园大赛的触角伸向帝国的海外殖民占领区。

其实早在第一届大赛创办次年的 1916 年，朝日新闻社就策划召开了中等学校朝鲜地区预选赛，结果中途被朝鲜总督府紧急叫停。

原来总督府担心日韩合并不久，朝鲜统治未稳，竞技比赛容易引发族群冲突。总督府学务局给大阪朝日新闻社京城通信部发去指示，要求步子不能迈得太大——“我们认为过渡时期的朝鲜不适合开展学生棒球竞技运动。”

直到五年后的 1921 年，朝日新闻社拓展海外侵略地区中学棒球市场之梦才终于实现。第七届大赛地区大赛新增“朝鲜”和“满洲”赛区。共有三所学校（大连商业、“南满”工业、旅顺中学）参加首届“满洲”地区大赛，四所学校（京城中、仁川商业、龙山中、釜山商业）参加首届朝鲜地区大赛。所有参赛校均为纯日本人子弟学校。大连商业和釜山商业分别夺冠，成为最早打入甲子园的“外地学校”。

两年后1923年第九届中等学校棒球优胜大赛又新增日据时期的台湾地区大赛，标志着朝日新闻社的中学校棒球大赛全面覆盖日本帝国的海外侵略地区。

三个赛区中，“满洲”赛区范围一直在变动。1931年之前“满洲”代表学校主要出自日本控制的“关东州”地区。“九一八事变”后，赛区扩大至整个中国东北地区，后续还囊括了日本在中国青岛和天津开设的侨民子弟学校。不断变化的“满洲”赛区从侧面反映出日本对华侵略扩张的进程以及势力范围的变迁。

当局对海外赛区参加体育竞技大赛始终心存戒备，比如首届朝鲜大赛就出台规定，现场应援只允许拍手和歌唱正规应援歌曲，以避免现场观众情绪过热。

大连商业和釜山商业第一次亮相甲子园，让很多日本观众第一次切实感知到帝国对外侵略带来的变化。最终大连商业和釜山商业分别打入八强和十六强，不俗战绩赢得了日本媒体的称赞。

1921年夏季甲子园激战正酣之际，时任新闻记者的石桥湛山[1]在《东洋经济新报》上发表了“大日本主义之幻想”论说，主张日本放弃海外殖民统治地区。

两年后1923年第九届大赛上，海外殖民占领区的学校表现备受

---

[1] 石桥湛山（1884—1973），日本著名政治家、记者，日本第55任首相（内阁总理大臣）。

瞩目。首次打入甲子园的日据时期的台湾代表校是台北一中（前身即台湾总督府国语学校附中）。台北一中首战4：23不敌京都名门立命馆中学。同期另外两支海外殖民占领区的代表学校——“满洲”代表大连商业和朝鲜代表徽文高普（全称“徽文高等普通学校”）则在首轮比赛就相逢，上演了殖民占领区代表校对决的大戏。

徽文高普是一所朝鲜人子弟学校，这也是史上唯一一支打入甲子园全国大赛的非日本人球队。在大连商业与徽文高普的比赛中，队员几乎全是日本人的大连商业高唱着汉语应援歌曲。另一侧徽文高普的应援席上挤满了旅居关西的朝鲜人，朝鲜语应援歌声响彻云霄。

比赛结果是，初次出场的徽文高普意外击败甲子园赛事经验丰富的大连商业而晋级，第二轮比赛的对手正是击溃台北一中的立命馆中学，最终徽文高普5：7惜败。赛后《朝日新闻》盛赞徽文高普“健斗”“善战”，“切望今后益当磨炼技艺，明年再返大赛一雪今日之恨”。

每日新闻社的春季甲子园大赛因为选拔赛制的缘故，鲜少有殖民占领区学校出场，历史上仅第七届（1930年）、第十届（1933年）及第十二届（1935年）大赛有日据时期的台湾地区学校（1930年和1933年：台北一中；1935年：嘉义农林）入选参赛。

除了春、夏甲子园大赛，日本殖民统治者还在殖民占领区创办了不少学生棒球比赛：如朝鲜地区的“朝鲜神宫奉纳棒球大赛”（1927年—1941年）、“内鲜中等学校选拔棒球大赛”（1930年起）、跨朝鲜和“满洲”地区的“国境中等学校棒球人赛”（1931年起）、“满鲜选拔中等棒球大赛”（1934年起）以及日据时期的台湾地区的全岛中等学校选拔棒球大赛等赛事。

当局希望通过这些学生棒球赛事，持续强化对殖民占领地年轻人的身份认同教育，不光占领土地，更要加紧控制人心，将殖民占领地彻底改造为“日本的一部分”。

◇ 从大连商业到嘉义农林

中国东北的大连商业和日据时期台湾代表嘉义农林分别于 1926 年和 1931 年获得甲子园大赛亚军，创下海外殖民统治地区代表学校在甲子园的最佳成绩。对比时隔 5 年的两所亚军学校，可以看到日本在中国东北和台湾殖民统治理念的差异与变迁。

创建于 1904 年的大连商业学校历史上共 12 次打入甲子园，曾创下满洲大会“六连霸”，是打入甲子园次数最多的“满洲”代表校。在甲子园全国大赛曾多次打入第二、第三轮，是战前时代公认的强校。

大连商业的“高光时刻”出现在 1926 年的第 12 届大赛，其先后击败浪华商、敦贺商业、京城中以及老牌强校和歌山中，一路硬仗，杀入决赛，最终 1 分之差惜败于静冈中。

大连商业经常选用中国歌曲作为应援曲，以彰显地域特色，但实际上大连商业棒球队始终由日本学生组成。此后打入甲子园的其他“满洲”代表学校中，零星出现过中国球员的身影，不过总体而言，“满洲”地区学生棒球的影响力仅限于日本人社群。

当时日本侵略者打出“五族协和”的口号，宣传要将“满洲国”建设成一个“各民族平等”的理想国家。然而基于日本侵略殖民统治的本质以及东北亚动荡敏感的地缘政治，现实中的伪满洲国从未摆脱日本帝国“傀儡国”地位，实际掌控“满洲”军事政治经济命脉的日本人与当地民族之间的矛盾也从未被消解。这也是伪满洲国的棒球运动难以跨越族群藩篱的根本原因。

同样是亚军学校，1931 年日据时期的台湾地区代表嘉义农林在甲子园留下了更鲜明的印记。

嘉义农林由中国台湾地区少数民族、汉族和日本人“三民族混成”。毕业于棒球名门松山商的近藤兵太郎教练带领中国台湾中南部的嘉义农林击败了纯日本人子弟传统强校台北一中，首次夺得台湾赛区冠军，拿到甲子园的入场券。

近藤兵太郎将嘉农的成功归结于发挥多民族体能特长——“少数民族善跑，汉族善打击，而日本人善防守”，对于球员不分民族，一视同仁，贯彻“精神棒球”式严苛训练，嘉义农林在短短数年间崛起。

初来乍到的嘉义农林接连战胜神奈川商工、札幌商业、小仓工等实力学校，一口气打入当年夏季甲子园大赛决赛。

决赛中，嘉义农林遇到了同样首次打入甲子园的中京商，嘉义农林主投吴明捷和中京商主投“大车轮”吉田正男对决，最终中京商以4 ：0 战胜嘉义农林夺冠，开启战前中京商“夏三连霸”传奇第一章。但当时的日本民众几乎一边倒地支持亚军嘉义农林，盛赞其勇猛坚韧的作风，日本媒体更赠其以“天下嘉农”的美名。

日本文学作家菊池宽[1]赛后撰文盛赞嘉农：“从嘉农出赛开始，我就深深喜爱此队伍，由三民族混成的选手们在胜利的同一目标下努

[1] 菊池宽（1888—1948），日本小说家、戏剧家，代表作有《无名作家的日记》《珍珠夫人》等。

力奋斗的精神，使我感动得眼泪都流下来了。在甲子园观战的观众都一面倒地为嘉农队声援。”[1]

嘉义市政府与民众为嘉农棒球队组织了盛大的车队凯旋游行。棒球运动在台湾流行起来。嘉义成为台湾地区的“棒球之都”，大街小巷随处可见孩子们拿着简易木棍玩棒球游戏。

嘉义农林的成功正契合当时日本殖民统治的宣传需要。事实上就在嘉农夺得甲子园亚军的前一年，中国台湾地区爆发了著名的武装抗日起义“雾社事件”。

1930 年 10 月 27 日，台湾中部雾社（今属南投县仁爱乡）的少数民族因不满日本统治者长期压迫，赛德克族头目莫那鲁道率 1230 余族人武装起义，袭击雾社警察署及普通日本人。致日本人 134 死 215 伤。台湾所谓的总督府仓促出兵激战月余才镇压了起义。莫那鲁道饮弹自尽，数百起义者集体自缢。事件被多次改编为影视小说作品，比如 2012 年魏德圣导演的《赛德克 · 巴莱》。

雾社事件戳破了当时日本殖民者自以为统治根基已固的幻觉，促

◁《赛德克 · 巴莱》

[1]《朝日新闻》，1931 年 8 月 22 日，第 3 版。

使日本人思考如何加快对中国台湾地区少数民族的同化步伐。横空出世的嘉义农林为日本统治者提供了绝佳的宣传题材。

多年来围绕1931年嘉义农林的甲子园传奇胜利存在多种历史叙事角度。不少台湾人将其视作本土族群日据时期台湾对日本人的一次胜利。而当时的日本官方舆论则普遍倾向于将嘉义农林描绘成日本海外殖民统治下“多民族协作”的成功典范，台湾当局此后一边残酷打压起义的少数民族残部，一边更积极地向少数民族推广棒球运动，吸引少数民族儿童进入官办学校接受教育，继而加强灌输“日本精神与价值观”。

另外，当时中国台湾地区的学校已引入日本本土学校教育中的“学长制”，以长幼等级替代族裔来建立学生管理秩序，从而淡化了台湾校园内的族群矛盾，这是嘉义农林棒球队“三民族混成”的前提条件之一。

自1931年之后，中国台湾地区未再发生大规模的抗日起义运动。少数民族参与棒球运动比例大幅提高。如今台湾地区职业棒球界少数民族球员占比极高，这些都与昔日嘉义农林的甲子园之旅存在关联。

◇ 战争与殖民统治地区学生棒球

嘉义农林夺得甲子园亚军不到一个月后，“九一八事变”爆发，拉开昭和日本“十五年战争”[1]的序幕。对外侵略的战争阴云，渐渐遮蔽甲子园球场上方的晴空。

中京商业达成“夏三连霸”的1933年，日本对“国联”关于“满洲”

---

[1] 从1931年“九一八事变”到1945年日本宣告无条件投降为止，约15年间里日本发动了中日战争、太平洋战争等一系列对外侵略战争，这一时期也被称作“十五年战争”。

的独立调查结果提出抗议，宣布退出“国联”，陷入更深的国际孤立。

伪满洲帝国成立不到一年后的1935年春，“满洲”赛区最强学校大连商业突然宣布因经费不足撤销棒球部，引起“满洲”棒球界巨震，人们甚至为之发起“送大连商业去甲子园”的募捐活动，但终究无济于事。而大连商业废部[1]背后的真正原因，也和时局变迁有关。

伪满地区的学生棒球队常与社会人棒球队开展交流比赛，深受商业化棒球文化影响，常被日本国内舆论揶揄，称其“精神棒球”传统薄弱。《战前外地的高校棒球》作者川西玲子认为伪满学生棒球整体实力薄弱和当地环境有关。“‘满洲’地广人稀，拥有棒球部的学校之间交流较少，学校的棒球传承资历尚浅。未能形成气候。”

20世纪30年代，日本乃至东北亚局势突变，源自美国的棒球运动受到打压，被质疑是“敌国运动”。这种政治风向转变率先在动荡而脆弱的伪满洲国显现出来。

大连商业的棒球部被裁撤后，伪满地区中学棒球也走向衰弱，各地中学相继裁撤棒球部，甲子园“满洲”地区大赛参赛校逐年递减，到1940年最后一届大赛，“满洲”地区代表几乎被中国华北的日侨学校天津商业和青岛中学包揽。两校打入甲子园后战绩也不理想，六年六次出场竟无一次打赢首轮比赛，其中四次和对手比分差超过10分。

两支球队即使是和朝鲜的中学球队比赛也不占优势，此后历届“满洲”选拔棒球大赛，伪满学生球队屡屡负于朝鲜球队。这让伪满的媒体忍不住哀叹：“对比（‘满洲’的）社会人棒球之活跃，‘满洲’中等（学校）棒球竟衰微至此！”

---

[1] 指上文提到的“撤销棒球部”。

1940年，奉天商业学校夺得“满洲”地区大赛冠军。奉天商业学校创建于伪满洲国建国次年的1933年，被日媒称为“真正的、最初的‘满洲’代表”。奉天商业学校在甲子园首轮比赛以1 ∶ 13负于下关商业学校，仍未能改写后大连商业时代“满洲”代表首战不胜的历史。次年的甲子园大会被勒令停办，“最初的‘满洲’代表”奉天商业不料也同时是“最后的‘满洲’代表”。

朝鲜地区抗日运动自20世纪20年代起就此起彼伏，大量朝鲜年轻人投身其中。据统计，1919年至1928年，受朝鲜“三一独立运动”的影响，朝鲜全国罢课运动多达404起。到1930年3月，朝鲜全境共有194所学校约6万学生参与抗争运动，约1642人遭日本当局检举。徽文高普、培材高普、光州高普等朝鲜学生棒球强校的学生也参与其中。

朝鲜民众民族主义情绪高涨，球员频繁参与抗日运动，导致甲子园朝鲜地区大赛上朝鲜族学校逐年递减。到20世纪30年代，朝鲜地区大赛几乎被日本人子弟学校包揽。

当局将学生棒球运动视作对殖民统治地区青少年思想教育的重要手段。朝鲜体育协会会长盐原时三郎在报纸上刊文表示——“今年在紧迫战时之下，举办大赛意在鼓舞后方少壮国民，参赛诸君当领会本届大赛精神，发挥堂堂正正的体育精神之神髓，进一步将大赛光荣历史发扬光大。”

各种战争动员宣传见缝插针地加入朝鲜地区大赛：组织伤残军人观看比赛，组织朝鲜代表队出征前后参拜“朝鲜神宫”[1]，通过棒球运动强调团结所有“皇国臣民”。

中日全面开战后的1938年，朝鲜地区大赛的参赛校达到史上最多，共32校。随着战事持续扩大，朝鲜也出现学生棒球部裁撤潮，到1940年战前最后一届朝鲜地区大赛，参赛校仅余18校。朝鲜日据时代最后的中等学校棒球正式比赛是1941年的朝鲜神宫奉纳棒球大赛。次年，日本文部省举办了“幻之甲子园”（第一届全国中等学校炼成棒球大赛）。之后直到日本1945年战败，朝鲜学生棒球运动陷入沉寂。

日据时期的台湾是日本三块海外殖民占领地中受战争影响最小的地区，棒球运动延续最久，参与日本内地主要棒球大赛也最多。这里的中学棒球比赛一直持续到了1945年日本战败前。

1942年日本文部省主办的“幻之甲子园”上，日据时期的台湾代表台北工（全称“台北工业学校”）是甲子园球场上最后一支，也是当年唯一一支海外殖民占领地代表队。

台北工最后的甲子园之旅始终笼罩在浓厚的战争阴云中，先是球员家长极力反对，担心孩子们中途被卷入战争，球员们搭乘的邮轮为了躲避鱼雷，一路只得Z字形曲折前进，耗费了更多时间才抵达西宫市。海路途中还遇到了抱着残破甲板漂浮在海面上多时的日本海军士兵。船上的宪兵特别警告球员们不得泄露目睹情形。

另外按照当时战时“语言净化运动”规定，甲子园出场球队队服不得使用罗马字母。抵达西宫市的台北工被迫将原罗马字的校名“HOKUKO”改为汉字“北工”。一番折腾之后，台北工首战2 ：3惜败于和歌山县的

---

❶ 朝鲜神宫，1919年日本在朝鲜建设以奉祀天照大神和明治天皇的神社。社格为官币大社，位于京城府南山。建成之初名为“朝鲜神社”，1925年更名“朝鲜神宫”，1945年日本战败后被废除。

劲旅海草中，甲子园最后的殖民统治地区的棒球少年们黯然离场。

而前方等待着他们的是更残酷的命运。

◇ 帝国末日

1942 年 6 月，中途岛海战扭转美日强弱之势，日本被迫不断扩大国内战争的动员范围。海外殖民占领地的年轻人们也没能逃过厄运。

在朝鲜半岛，日本早在 1938 年就颁布《朝鲜人陆军志愿兵令》以便征召朝鲜人补充兵力。在中国台湾地区，台湾本省人起初只被允许担任非正式的“军夫”参与后勤工作。到了战争末期的 20 世纪 40 年代，日本开始在殖民占领地大量征兵，大量朝鲜人和中国台湾地区各族裔顶着“日本兵”身份被源源不断送往中国大陆、东南亚和太平洋战场。

日本当局鼓动殖民统治地区青年心甘情愿充当日本对外侵略战争的炮灰。他们将中国台湾地区少数民族青年组成“义勇队”，输送到东南亚等地的战场前线，大肆鼓吹少数民族青年体能出众，骁勇善战，诱骗年轻人积极参军。

据不完全统计，战争期间共有 20 余万中国台湾籍“日本兵”，60 余万朝鲜籍“日本兵”，另有数百万朝鲜人和中国台湾地区民众曾被日军征用服劳役。他们中有不少人都是曾经追逐过甲子园梦想的“球儿”。甲子园最后一次登场的“海外”球队台北工，有三名球员连同教练冈本彰被征召加入日本军，最终客死他乡。

1945 年 8 月 8 日，苏联出兵中国东北，对关东军发起攻势。8 月 15 日，日本无条件投降，仅仅存在了十三年的伪满洲国灰飞烟灭。

战后大批关东军俘虏被苏联红军押解前往西伯利亚服苦役。中国东北各地日资产业被接管，遗留大陆的普通日本人资产被没收。有些人死于苏联人的枪下，有些人被部分激进的日本军人胁迫集体自杀。此后东北全境的日本非战斗人员陆续被驱赶集中到旅大地区统一管理，等待分批遣返日本。其间许多日本平民在逃难途中与亲人生离死别，不少日本儿童在途中与父母失散，被中国老百姓收养，成为“日本在华遗留孤儿”。这些孤儿直到20世纪70年代中日两国恢复邦交才逐渐重返母国，却往往在两国都处于社会边缘，在20世纪80至90年代一度引起日本社会热切关注。

1946年秋天，也许是获悉本土的甲子园大赛已恢复，滞留大连市的日本人自发筹办了大连中等学校软式棒球及硬式棒球大赛。这是中国东北地区最后的日本学生棒球赛事。

《战前外地高校棒球》记载了这场正式名称已不可考的中等学校棒球比赛，毕业于大连商业学校等七所学校的日本人组建了多支棒球队参赛。大连满铁俱乐部棒球场[1]挤满了仍滞留大连的日本人。久违的棒球赛令现场观众如痴如醉，应援阵仗热烈如昔。球场内持枪维持秩序的苏联红军茫然观望，无法理解日本人为何对这项陌生的体育赛事如此陶醉。

这场比赛的背后，无数日本人在殖民占领地数十年的经营积累化为泡影。所有的不甘、痛苦、疯狂与报应，连带面向未来继续生活下去的勇气，都浓缩在这场最后的棒球赛中。

——*

[1] 大连满铁俱乐部棒球场，又称“满俱球场”，建于1924年，是日据时期大连主要体育场所之一。如今已改建为大连火车头体育场。

日本海外殖民统治的三地中，中国台湾地区的学生棒球运动发展最成熟，对后世影响也最深，其次是如今的韩国，而中国东北地区的学生棒球运动对后世几乎没有产生显著影响。三地的学生棒球影响力差异，与日本的统治稳固程度恰好成正比。

原因与三块殖民统治地区的地缘政治格局以及日本当局实施统治的时长有关。台湾岛受周边局势影响相对较小，被日本殖民统治时间最长；朝鲜半岛和中国东北地区则时局动荡多变，日本人的统治根基不稳，没有依靠体育运动进行怀柔统治的余裕。

2021 年，初次打入甲子园的京都国际首战告捷，唱响韩语校歌。人们还惊讶地发现，这竟然是甲子园球场有史以来第一次奏响韩语校歌，因为当年来自殖民占领地的学校绝无可能被允许使用日语以外语种演唱校歌。

回首往昔，从 1921 年朝日新闻社成功拓展海外侵占区的中学棒球市场到甲子园第一次奏响的韩语校歌，恰好过去整整一百年。

尽管并非全无争议或反对声音，却不妨碍京都国际在如今的甲子园球场高唱韩语校歌。从甲子园球场飘扬的异国语言的歌声中，我们切实感受到时代的进步。如今的日本不再需要依靠战争扬“国威”，也能够更好地融入国际社会。演奏异国语言校歌不会“动摇国本”，也无妨人们继续喜爱和关注甲子园的比赛。谁都不会怀疑，这项历史悠久又恪守传统的赛事将走向更广阔的未来。

战后篇

第六话 战后再出发

1945年8月15日，日本天皇第一次通过广播向全国发表演讲，宣布接受《波茨坦公告》。日本无条件投降。

○

战后新时代

经过长达十余年的昭和对外侵略战争，日本自明治以来七十多年的国家现代化建设的家底几乎全部清零。东京等主要城市化作一片焦土，经济崩溃，社会陷入赤贫。朝鲜、中国台湾、中国东北的海外殖民统治地区悉数归还，库页岛[1]（日据时期名“桦太岛”）连同日本北方四岛[2]被纳入苏联版图。冲绳县被置于美军直接管辖之下，远离

---

❶ 库页岛，原中国领土，旧名苦叶等，1858年和1860年中俄《瑷珲条约》《中俄北京条约》后割让俄国，俄名“萨哈林岛”。1905日俄《朴次茅斯条约》规定日本获得萨哈林岛北纬50°以南区域（南桦太），后统治范围达到库页岛全境，直至1945年日本战败。

❷ 北方四岛，又名南千岛群岛，主要包括国后、择捉、齿舞群岛、色丹四岛，日俄争议领土，现为俄罗斯实际占有。

△ 1945 年 9 月 27 日 麦克阿瑟与昭和天皇裕仁会晤现场

日本本土。海外殖民统治地区的日本人陆续被遣返本土，滞留中国东北地区的关东军被苏联红军俘虏去西伯利亚服苦役。在日本本土，设立起了专供联合国军美国大兵娱乐的“慰安所”，黑市贸易丛生。

总之，这是一个报应的时代。

不过无论如何，战争结束了。没有什么比恢复正常的生活秩序更令人渴望。历经了举国暴走和战火的席卷，甲子园高校棒球运动也朝着战后的新时代迈出“自我修复”的第一步。

甲子园大赛复活

1945年，以美军为首的盟军最高司令官总司令部（GHQ[1]）全面接管日本，清算战争责任，改造日本国家体制。GHQ在政治、经济和教育等领域全面推行民主化改革 。在GHQ“指导”下，日本于1946年修订了《日本国宪法》，新宪法第九条明确日本放弃“战争权”，因此这部1947年正式生效的新宪法亦被称为“和平宪法”。

战前曾任日本中等学校棒球大赛副委员长的佐伯达夫[2]8月15日在奈良公园的茶馆收听了“玉音放送”，他随即想道：“棒球！要依靠中学棒球在战败后混乱的世界中重新站起来！”[3]

第二天他就跑去大阪朝日新闻本社，与报社编辑记者商讨恢复甲子园大赛事宜。一个多月后的1945年10月，朝日新闻社接到了来自GHQ的“圣旨”——尽快恢复战前的“甲子园大赛”。

据当时朝日新闻社记者回忆，“圣旨”如是写道——

“棒球是最具民主精神的运动，打棒球自不待言，即便是观看棒球比赛也是传递民主精神的大好契机，所以请务必恢复甲子园棒球大赛。”

当时朝日新闻社负责体育报道的运动部早已被迫解散多年。朝日新闻社原运动部部长渡边文吉事后回忆感慨“万万没有想到”。朝日

---

[1] GHQ（General Headquarters, the Supreme Commander for the Allied Powers），联合国军最高司令官总司令部，麦克阿瑟是GHQ的灵魂人物。

[2] 佐伯达夫（1892—1980）：1967—1980年间日本高等学校棒球联盟会长，因对高校棒球贡献卓著被誉为“日本高校棒球之父”。

[3] 参考「白球飛び交うところに平和あり」——１００回大会の８月１５日に思う https://www.sponichi.co.jp/baseball/news/2018/08/15/kiji/20180814s00001002248000c.html

新闻社花了一个月迅速重组运动部，并对日本全国各地中等学校展开调研，了解棒球部现状以及参加甲子园大赛的意向和客观条件。

日本各地大部分学校在战争年代解散了棒球部，很多人在战争中死去。棒球社团传承断代，棒球用具极度稀缺，有些学校战争中偷偷将棒球用具深埋地下，战后挖出来，发现已经残破无法使用。战后日本社会一贫如洗，民众生活窘迫，导致球员日常训练都很难保证，粮食供给不足是各地普遍问题。

尽管如此，大部分学校一听说甲子园大赛要重开，纷纷表示必定报名参加。

1946年1月26日，《大阪朝日新闻》发表了“甲子园大赛今夏复活”的公告——

“被战争扭曲了的年轻心智，如今要用体育重塑其本来之姿态，同时通过棒球，助长民主主义精神养成。”

2月25日，日本全国中等学校棒球联盟创立。《朝日新闻》第二代社主上野精一[1]担任会长，积极促成战后甲子园大赛重开的佐伯达夫担任副会长。1947年学制改革后，中等学校棒球联盟改制为如今的日本高中棒球运动管理组织——日本高校棒球联盟，章程规定，高校棒球联盟是“不受第三方支配，贯彻业余主义，保持自立精神和自主财政基盘的独立组织”。

“业余主义”被写入高校棒球联盟的组织章程，“业余主义”原

---

❶ 上野精一（1882—1970），日本新闻传媒经营者，1933年出任朝日新闻社第二代社主。1946年主导设立全国中等学校棒球联盟（后日本高等学校棒球联盟），任初代会长并主导恢复甲子园大赛。1947年受开除公职处分离任（1951年解除处分）。

意为“单纯为了使身体、精神受益，或者是为了广泛的社会效益，而非为了直接或间接的物质上的获得而参与体育运动等事宜”。现代奥运会创始人顾拜旦极其推崇“业余主义”，将其与“现代奥林匹克精神”相提并论，认为只有非雇佣的、不受物质因素影响的业余运动才能促进各民族体育的友好发展。

战后的日本高校棒球从此奠定了非商业化的经营基调。其中也包含了对战争时代放任政治势力渗透学生棒球运动，鼓励学生参与战争的反省。

与此同时，日本职业棒球也恢复正常运营。4 月 27 日，集合了东京巨人军等 8 支职业球队的日本职棒联赛开幕。

日本战败一周年纪念日的 1946 年 8 月 15 日，第 28 届全国中等学校优胜棒球大赛正式开幕，揭开甲子园战后时代的新篇章。

由于当时甲子园球场还在美军管辖之下，尚未移交日方，战后的第一届大赛临时安排在了西宫市的西宫球场举办。日本全国共有 19 所学校参加了这届大赛。

开幕式上，海草中学向主办方归还了保管长达 7 年之久的深红大优胜旗。虽然“美国爸爸”尚未归还甲子园球场，倒也很热心地在开幕式贡献了空军飞行表演。不过当时在场的日本民众可高兴不起来，因为美国军机执行的另一项任务是向球场内观众直接喷洒预防疟疾等传染病的 DDT[1]，简单粗暴的防疫操作很难不让日本人联想起不久之前美军对日本本土的大空袭和战败的耻辱。

GHQ 对这届甲子园大赛非常重视，专门派出保罗·拉什（Paul

---

[1] DDT，俗名滴滴涕，是一种有机氯类杀虫剂，在 20 世纪上半叶广泛用于防止农业病虫害，减轻疟疾伤寒等蚊蝇传播的疾病。但由于对环境污染较为严重，在不少国家已被禁用。

△ 保罗 · 拉什中尉

Rusch）中尉担任大赛开幕式致辞嘉宾并向参赛队代表赠送了崭新的棒球，球上鲜明印着“MADE IN USA”。

保罗中尉战前曾在日本立教大学担任教授，任职期间热心向日本师生推广棒球及美式足球。太平洋战争时期，保罗回到美国，任职于美国陆军日本语学校，专职培养对日谍报工作人员。战后他重返日本，在 GHQ 中负责裁定战犯及开除公职人员相关的情报收集的工作，他也是积极促成甲子园大赛战后第一时间复活的幕后功臣之一。在 1946 年的夏季甲子园开幕式的演讲中，保罗说：“借本次大赛契机，让日本年轻人的热血再一次为棒球而沸腾，恭喜！ DO YOUR BEST！”

重开的甲子园剔除了诸如皇宫遥拜等军国主义色彩浓重的环节，连同种种奇葩的“和式”棒球用语、比赛规则以及运动员服饰限制也一律废除。

经过一周的捉对厮杀，最终关西传统强校、大阪代表浪华商以 2 ： 0 击败京都代表京都二中，夺得了战后第一个夏季甲子园大赛冠军。赛后还发生了一个不大不小的插曲：浪华商棒球队扛着深红大赛旗凯旋回乡，在大阪街头进行久违的优胜例行巡游，球队和欢庆的市民被赶来的盟军士兵喊停。事后发现，原来是美国大兵误把手持“红旗”的浪华商棒球队当作了工人运动游行示威的队伍。

这一年3月，英国前首相温斯顿·丘吉尔发表了著名的“铁幕演说”[1]。战争刚刚终结，世界上空又凝聚起冷战阴云。混杂着战后日本社会普遍弥漫的屈辱与幻灭，大阪街头尴尬的一幕悄然提醒日本人，新时代已经到来。在接下来东西方冷战中，日本身处何处，又将扮演怎样的角色？

○

挖一把甲子园的土

战后首届甲子园大赛还意外地留下了一个新传统：东京代表队东京高等师范附属中学四强赛1 ∶ 9负于浪华商。在球队离开前，教练佐佐木迪夫对队员们说：“五年级学生就算了，其他队员到自己的位置上去捧一把土带回去，明年我们还要打回来！”

这一细节经《朝日新闻》报道后，迅速被各家学校效仿，演变成了甲子园大赛延续至今的“挖土”传统——除冠军球队之外，所有打进甲子园的球队输了比赛离场前，都会让球员挖一袋甲子园的土作为手信，寓意有朝一日再打回甲子园。据有关方面统计，如今甲子园在高校棒球比赛期间每天被挖走的球场用土可达60公斤，价值高达20

---

[1] 铁幕演说（Iron Curtain Speech），1946年3月5日，英国前首相温斯顿·丘吉尔在美国富尔顿城威斯敏斯特学院发表演说，运用“铁幕（Iron Curtain）”一词意指苏联和东欧社会主义国家“用铁幕笼罩起来”，因此得名“铁幕演说”，是美苏冷战序幕正式拉开的标志性事件。

△ 甲子园离场前挖土的传统

万日元，折合约 1.02 万人民币。

○

学制改革和新大赛主题曲诞生

1948 年，一个男子乘坐拥挤的列车从东京前往关西，他的目的地是西宫市的甲子园棒球场。

在空无一人的球场，这个男人站上了投手板——

“我站上投手板，环视周围，想象在这么大的球场上展开的种种激烈赛事，旋律在我的脑海中自然而然地涌出。站在球场上的感觉真是太好了。”

这个名叫古关裕而的男人被誉为 20 世纪的“日本国民作曲家”。

△　古关裕而

而他在甲子园球场内构思出的旋律，正是战后夏季甲子园大赛传唱至今的大赛主题曲——《荣冠因你闪耀》。

春季甲子园大会中断近 5 年后于 1947 年重新开幕。甲子园终于恢复到春、夏两季轮巡的“日常”。同年，日本实行学制改革。这是明治时代以来，日本近现代史上第二次学制改革。

按照“教育机会均等”的原则，战前复杂的学校体系改为单轨制的“六・三・三・四学制”[1]。原本战前五年制的中等学校被划分为中等学校和高等学校（相当于中国的初中和高中）。春、夏甲子园大会在 1948 年正式更名为如今的“选拔高等学校棒球大会（春季甲子园大赛）”和“全国高等学校棒球选手权大会（夏季甲子园大赛）”。

1948 年恰逢第 30 届夏季甲子园纪念大赛。既然时代变了，大赛名字都改了，歌也该换一换了。于是主办方朝日新闻社请到古关裕而

[1] 六·三·三·四学制，即小学六年制，中等学校三年制，高等学校三年制，大学四年制。

为新大会歌谱曲。

古关是福岛县人，直到昭和末年的1989年去世，生涯创作歌曲超过5000首。在战后初期，古关创作了大量脍炙人口、风格积极向上的乐曲，包括后来1964年日本东京奥运会运动员入场曲《奥林匹克进行曲》《长崎之钟》等，为当时集体陷入精神低谷的战后日本社会吹入明亮治愈的风。

值得一提的是古关与日本棒球文化渊源深厚，他曾创作过大量日本职业棒球、大学棒球、高校棒球应援名曲，如早稻田大学棒球部应援歌《绀碧之空》、庆应大学棒球部的《吾乃霸主》、阪神虎队的《六甲下山风》以及“冤家对头”读卖巨人军的《巨人军之歌——斗志凝聚》。

《荣冠因你闪耀》的旋律继承了古关昂扬向上的风格，寄托了创作者对战后新时代以及年轻人的期许。

2020年以日本“迎奥运”为主题的NHK晨间剧《应援》讲述的正是古关裕而夫妇的生平事迹。剧中专门描绘了古关裕而创作夏季甲子园新大赛主题曲的全过程。

新大赛主题曲的歌词则由朝日新闻社策划面向全国公开募集，作为夏季甲子园大赛30周年纪念活动。在5000余份来稿中，一份来自石川县金泽市，署名“加贺道子”的投稿作品最终脱颖而出——

“白云翻滚 光芒四溢 天穹高远……”

歌词开篇气势恢宏，充满青春昂扬气息，和古关裕而的乐曲珠联璧合。加贺道子当仁不让地拔得头筹，赢得5万元奖金。

10年后的第40届纪念大赛上，记者重访作词者加贺道子女士，她道出真相，原来大赛主题曲真正的作者是道子女士的丈夫加贺大介。

不同于“国民作曲家”古关裕而，加贺大介是一名重度肢体障碍人士。

加贺大介本名中村义雄，石川县能美郡根上町人，从小热爱棒球。16 岁时他不幸在一次棒球比赛中右脚受伤引发骨髓炎，受限于当时的医疗条件，最终导致右腿膝盖以下截肢。

无法外出工作的中村在家人鼓励下开始写作。“加贺大介”则是他的笔名。

后来加贺大介经相亲认识了高桥道子女士，在尚未结婚之前，他偷偷以“加贺道子”的名义向朝日新闻社投稿，未料竟然入选。

此后深受感动的高桥道子女士与加贺结为夫妻，成就了一段佳话。

1973 年加贺大介去世，享年 59 岁。他终其一生都没有去过甲子园球场，除夏季甲子园大赛主题曲的歌词之外，没有留下更多值得流

◁ 第 100 届夏季甲子园纪念电影《啊 荣冠因你闪耀》海报

传的作品。不过，甲子园大赛主题曲仍然是加贺夫妇共同的美好回忆。

《荣冠因你闪耀》自 1948 年诞生至今，被众多日本著名歌手传唱，久石让也为其创作过进行曲版本，是日本战后流传最广、知名度最高的歌曲，也是日本高校棒球文化符号之一。

演唱过《荣冠因你闪耀》的日本歌手

年份	大赛	演唱者
1958 年	第 40 届大赛	伊藤久男（原唱）
1997 年	第 79 届大赛	BORO（**ボロ**，本名：森本尚幸）
1998 年	第 80 届纪念大赛	
1999 年	第 81 届大赛	
2000 年	第 82 届大赛	
2001 年	第 83 届大赛	中岛启江
2002 年	第 84 届大赛	大友康平（HOUND DOG）
2003 年	第 85 届纪念大赛	森山良子
2004 年	第 86 届大赛	MIYU（ZONE）
2005 年	第 87 届大赛	锦织健
2006 年	第 88 届大赛	夏川里美
2007 年	第 89 届大赛	**サーカス**
2008 年	第 90 届纪念大赛	小椋佳
2009 年	第 91 届大赛	马场俊英 / 夏川里美
2010 年	第 92 届大赛	平原绫香
2021 年	第 103 届大赛	山崎育三郎
2022 年	第 104 届大赛	平井大

※ 2011~2015 年大赛由日本各地高中生担任主题曲演唱者。

○

精神道场？美国“梦工厂”？

1947 年，美军向日方归还了甲子园的球场及部分看台席，甲子园球场完整归还日方则要等到 1954 年。

当时日本粮食供应紧张，而甲子园大赛期间的粮食配给却得到优先保障。不仅参赛队伍旅宿期间口粮充裕无忧，就连现场观众也可以得到每人每天“2 合 3 勺（大约 320 克）”的粮食配给，这一切自然

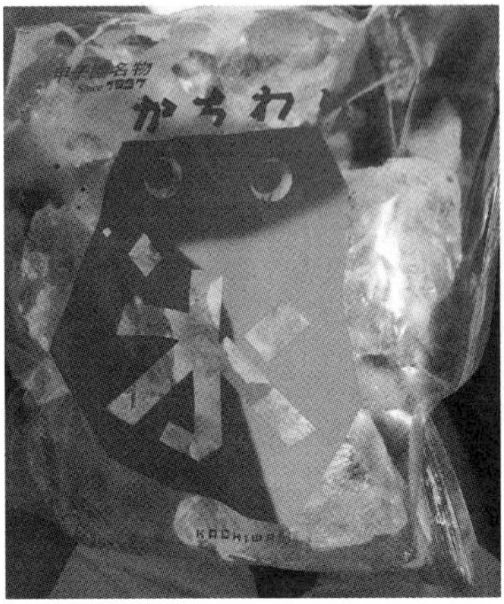

◁ 甲子园名特产冰袋

还是因为 GHQ 的关照。

棒球是日本战后初期为数不多的休闲活动，再加上能管饭，甲子园比赛的人气更加高涨。观众们顶着烈日，心满意足地捧着配给饭团，可以看上一整天比赛，就连球场外也挤满了各显神通观看比赛的人。

1957 年更换为透明塑料包装的冰袋风靡甲子园看台，这种 5 日元一袋的碎冰凿取自甲子园附近的六甲山，既能当饮料喝，又能消暑，非常适合夏季日间比赛的甲子园。“捣碎”一词取了“胜利”的谐音，因此深受观众喜爱，即使到了冰箱和冰饮普及的今天，这种冰袋仍然是甲子园看台畅销的名特产。

1947 至 1948 年，福冈代表小仓中（全称“福冈县小仓中学校”）连续两年夺得夏季甲子园大赛冠军，创下日本战后时代第一个“夏连霸”。大深红旗第一次跨过关门海峡[1]抵达九州岛，掀起战后高校棒

[1] 关门海峡，旧名马关海峡，日本本州岛与九州岛之间的海峡，濑户内海的西门户。

球的第一波热潮。

依据1951年签署的《旧金山对日和平条约》(简称《旧金山条约》),日本在1952年结束了同盟国军事占领状态。

此后日本在GHQ的指导下开展了一系列政治、经济及教育改革。继1946年颁布新《日本国宪法》之后,1947年又颁布了《教育基本法》,教育领域的改革核心要旨是剔除日本帝国时期的军国主义教育毒素。

首当其冲被废除的就是1890年明治天皇颁布的《教育敕语》。

《教育敕语》原本是明治时期日本政府确立国民道德教育及各级学校教育的诏书。当时日本围绕着国民思想教育究竟应该全盘西化,还是坚持儒学复古展开了激烈辩论。

最后明治政府一锤定音——定了!祖宗家法不能忘!

于是乎《教育敕语》通篇都是"克忠克孝、仁爱信义、皇权一系、维护国体、遵宪守法、恭俭律己"的儒家封建道德和国家主义伦理,在军国日本时期更是被神圣化,成为日本军国主义政府控制国民思想的工具。GHQ将《教育敕语》和《军人敕语》并列为"日本军国主义教典",在战后第一时间予以封杀。

1950年6月,朝鲜战争爆发。为了对抗东北亚地区的社会主义阵营,美国对日本战后的改造策略由全面抑制转向积极扶持,致力于将日本打造成美国在西太平洋"不沉的航空母舰"。

作为美军等联合国军的供应后方,日本接到了大量朝鲜战争后勤保障的订单,经济开始小幅复苏。日本政府利用战时国家总动员经济体制(即所谓的"1940体制"[1])快速组织起国内生产。日本战时经

[1] 参考日本经济学家野口悠纪雄《日本经济史》。

济体制也因此几乎毫发无损地被继承到了战后。

也因为朝鲜战争，美国对日本的战争追责工作开始大幅放水，大量已被认定的战犯和被开除公职的官僚不但逃过了应有的惩罚，还陆续重新上岗，继续活跃在战后日本的政治经济领域。

战后甲子园高校棒球运动的过渡和转型与这一时期的日本国家转型模式有不少异曲同工之处。

如果说昭和战争时代的甲子园是日本“少国民”[1]锻炼身心、侍奉皇国的“精神道场”，那么战后“美国爸爸”赋予甲子园的新定位就是改造日本文化的“梦工厂”。

GHQ之所以战后对棒球运动大开绿灯，意在借昔日美日棒球交流传统输出美式价值观，拔除日本军国主义遗毒。在美国人看来，棒球是最具有民主性的运动，有助于战后日本社会的民主改革。

愿望很美好，现实很骨感，GHQ低估了美日两国棒球文化差异。

日本学生棒球权威飞田穗洲在战争时代曾为棒球存续奔走不停，日本战败后他第一时间在《朝日新闻》（1945年11月）上刊文呼吁不应放弃“精神棒球”传统——

“学生棒球绝不能从前人构筑的日本式棒球堕落成娱乐性质的棒球，这一点无论日本是战胜国还是战败国，都没有一寸一毫变化余地！”

战后的日本经济仰赖“1940体制”快速恢复产能，日本棒球也依靠战前残存的业界人脉和组织经验快速恢复经营，连带将“精神棒球”传统也理直气壮地继承到了战后。昔日军国时期极力自证“根正苗红”的棒球，到了战后换了一套“民主改革”“战后复兴”的新话术就得

---

[1] 少国民，日本帝国主义时代用语，指“青少年国民”。战后已废弃。

到了GHQ的大力支持。反正对于日本普通老百姓来说，只要有饭吃，有球看，有球打，管他姓资还是姓社。

所以战后日本棒球也许和“提振国民精神、战后复兴”的主旋律还算契合，但和什么美国自由民主价值观基本没关系。也正因此，战后恢复最快的日本学生棒球中，《教育敕语》“遗毒”反而残留最多。

○

走向现代

抛开意识形态问题，随着日本战后经济渐渐复苏，现代甲子园大赛在这一时期逐渐步入正轨。

1951年，川崎重工负责重建了甲子园球场的金属遮阳顶篷，新遮阳篷采用硬铝材质，覆盖一、三垒内野席，俗称“银伞”。

1953年，日本放送协会NHK电视台首次进行了甲子园大赛电视实况转播，标志着甲子园从“报纸广播时代”开始走向“电视时代”。不过电视在日本社会真正普及要到十余年后的1964东京奥运会时期。

1956年，在一片“战后时代已经过去”[1]的呼声中，甲子园新增了夜间照明设施。同年第38届夏季甲子园大赛中，伊那北VS静冈一战成为甲子园史上第一场夜间比赛。

1957年甲子园最闪耀的明星球员是后来赫赫有名的中日混血棒球运动员王贞治。

当年第29届春季甲子园大赛上，王贞治率领早稻田实业首次夺冠，

[1] 出自1956年的日本经济白皮书的一句话，是当年日本社会流行语之一。

在与高知商的决赛中，王贞治手指受伤仍坚持投完全场，用“血染的白球”为母校赢得荣誉而传为佳话。几个月后，第 39 届夏季甲子园大赛上，王贞治和县岐阜商的清泽忠彦分别贡献了无安打无失分比赛，威震甲子园。不过最终站上当年巅峰的则是另外两支队伍——神奈川县强校法政二（全称“法政大学第二高等学校”）和广岛县的广岛商。

广岛商队员佐佐木明三是广岛原子弹爆炸幸存者。他是当年备受媒体关注的选手，在决赛中击出“价值千金”的三垒安打，助力广岛商 3 ∶ 1 夺冠。

距离长崎、广岛被投下原子弹已经过去 12 年，日本还有不少核爆亲历者在世，广岛商的胜利被视作广岛从核爆灾难中重新站起来的象征，极大地鼓舞了广岛、长崎两地民众。此后数年间，还有不少亲历过广岛、长崎核爆的少年打入甲子园，其中包括广岛在日朝鲜人二代、后来参与创建韩国职棒的著名棒球运动员张本勋。

战败后一纪年，日本逐渐走出惨淡的“战后”。

○

甲子园怪谈（一）
松井秀喜是大赛主题曲词作者转世？

著名棒球运动员松井秀喜是日本棒球史上数一数二的强打型选手。高中时代因为打击能力超群，被媒体称为“哥斯拉”，又因为 1992 年甲子园大赛上著名的“五打席敬远事件”威名远扬，2018 年电视台发起 10 万人投票的《高校棒球总选举》专题节目中，松井秀喜被评选为甲子园史上最强球员第一名。

此后松井的职棒生涯同样精彩，1993 年高中毕业后，松井以第一指名进入日本职业棒球队读卖巨人军，创下单季平均 30 发全垒打、打击率超 0.3 的佳绩，多次获得央联全垒打王、打点王、上垒率王等称号。2002 年松井秀喜加入纽约洋基队，成为最早加盟美国大联盟的亚洲棒球运动员之一，2007 年成为美国大联盟首位达成累计 100 发全垒打的亚洲球员。2018 年入选日本棒球名人堂。

关于“哥斯拉”松井秀喜，日本坊间还流传着这样一个独特的都市传说——松井秀喜可能是甲子园大赛主题曲的歌词作者加贺大介转世！

如前介绍，夏季甲子园大赛主题曲《荣冠因你闪耀》的词作者加贺大介 16 岁时不幸因伤致残。此后以未婚妻道子女士名义给 1958 年甲子园新大赛主题曲歌词征集活动投稿，并拔得头筹。深受感动的道子女士与加贺大介因此喜结连理，成就了甲子园史上的一段佳话。然而作为大赛主题曲词作者，加贺大介终其一生都未去过甲子园棒球场。

1973 年，加贺大介病逝。

大约一年后的 1974 年，松井秀喜在加贺大介故乡石川县根上町出生。

松井秀喜和加贺大介有着相同的血型，其小学时期就读的石川县能美市立浜小学校，就在加贺大介故居隔壁。

据说加贺大介生前经常在窗边眺望浜小学校操场上打棒球的孩子们，因此媒体称浜小学校是“《荣冠因你闪耀》诞生的校园”。

松井秀喜从小就展露出超凡的棒球天赋，高中时代扬名甲子园之后，便渐渐有了“松井秀喜是加贺大介转世”的坊间传闻。

两人籍贯相同，血型也相同，松井出生时间与加贺去世时间微妙的契合以及两人和浜小学校之间的关联，再加上截然相反的人生轨迹，组成了这样一个都市传说：因为残疾无缘挚爱的棒球，只得将满腔热爱付诸笔头的乡下青年、甲子园新大赛主题曲的歌词作者加贺大介，死后转生为甲子园里受瞩目的明星球员、日本史上最强棒球打击手松井秀喜。

形同网络爽文剧情的都市传说深得小报喜爱。时不时有记者采访松井秀喜，含蓄地问其是否喜欢大赛主题曲，是否知道加贺大介生平事迹云云。

加贺大介的长女，新川淑惠女士后来成为松井秀喜母校浜小学校的校长。

2013 年，松井秀喜荣获日本国民荣誉奖，浜小学校六年级学生们向新川校长提议，向前辈松井秀喜颁发“浜之子荣誉奖”奖状，新川女士联系到松井秀喜的父亲，转达了提议，没想到当时已是美国大联盟明星的松井秀喜得知后一口答应，趁着新年休假返回母校，和后辈们互动，接受了这份小小的荣誉。

加贺大介和松井秀喜，来自石川县根上町的两人在甲子园历史上各自留下了独特印记。转世传说终究不过是民间趣谈，却也能从中直观感受到“甲子园”的影响力如何深入日本社会各个角落。即便是距离球场千里之外，高校棒球文化仍然与每个人生活息息相关，也维系着一方乡土传统与人情。

第七话 『革命』年代

无论对于日本还是整个世界来说，20 世纪 60 年代都是一个汹涌澎湃的时代。

第二次世界大战结束已将近 20 年。一边美苏冷战阴影笼罩，一边世界大部分国家经济复苏。科学技术、传媒传播、文化艺术领域的创新革命层出不穷。

○

东京奥运景气

从 20 世纪 50 年代后半开始，日本经济发展逐渐提速。1955 至 1957 年，日本国民生产总值年平均增长 7.8%。媒体鼓吹这是自神武

1964年 東京オリンピック決る

一回で34票獲得

聖火、アジアに初めて

冬季はインスブルック

突如発表"トウキョウ!"

代表団の喜びをきく

ミュンヘン―本社国際電話

△ 日本获得 1964 年奥运会举办权的新闻报道

天皇[1]创建日本国以来最好的经济状况，称之为“神武景气”。此后又有“岩户景气”（1958—1961）、“伊奘诺景气”（1965—1970），一直到 70 年代末，经济发展高潮一个接一个。

1964 年，第 18 届夏季奥林匹克运动会在日本东京召开。这是日本进入战后时代首次举办顶级国际盛事，也是日本战后复兴的里程碑事件。

乘着东京奥运的东风，日本斥巨资在全国翻新基建，动员国民整顿社会陋习。旧房成片拆除，现代化建筑拔地而起。社会面貌焕然一新。

这一时期的日本社会像极了改革开放初期的中国，人民的生活水平随着经济发展不断提高。中国改革开放时期流行“四大件”，在当时的日本则有“三神器”——黑白电视、洗衣机、冰箱，60 年代后期又演变出所谓的“新三神器”（彩色电视、窗型冷气机、汽车）等。

[1] 神武天皇，神话中日本第一代天皇，天照大神的后裔，相传在橿原最早建立大和主权，由于年代久远，难以判断准确性。

○

走入“电视时代”

朝日新闻社和每日新闻社此时又掐上了，两家几乎同时进军广播电视领域，战火延烧到了新战场。

1951年，每日新闻社创设民营广播电台“新日本放送”[1]，朝日新闻社创立“朝日放送”。两家并列为日本最早设立的民营广播电台。

1953年，日本第一家民营电视台——日本电视台开播；8月，朝日放送和每日集团的新日本放送联手以“大阪电视台”名义申请获得电视执照。

1958年，“新日本放送”更名“每日放送”，简称MBS；1959年3月，MBS电视台正式开播；同年6月，朝日放送和原大阪电视放送合并，正式成立“朝日电视台”。

伴随着广播电视网络的普及，电视台的节目内容需求大幅增长，催生出新兴电视内容产业，1963年手冢治虫[2]的“虫制作”公司推出日本第一部黑白电视动画《铁臂阿童木》，标志着日本动画进入电视时代。

东京奥运期间，电视在日本真正普及起来。体育赛事成了媒体竞相争夺的优质内容资源。

甲子园大赛在1953年首次由NHK电视台转播，但电视直播比赛真正飞入寻常百姓家，要等到60年代东京奥运之后。朝日新闻和每

---

[1] 新日本放送，1950年12月27日每日新闻社成立“新日本放送株式会社”，1951年启动运营。1958年更名为“每日放送股份公司（株式会社每日放送）”，简称MBS，并延续至今。

[2] 手冢治虫（1928—1989），日本漫画家、动画制作人。日本现代漫画和电视动画创始者，代表作有《铁臂阿童木》《火鸟》等，有“漫画之神”之称。

日新闻相继入局电视媒体，甲子园大赛自然成了两家旗下电视台的“香饽饽”。

电视媒体的出现改变了甲子园大赛的传统强弱分布和此后的发展轨迹。原本大赛上实力较强的学校大多集中在球场所在的近畿关西地区。电视普及后，日本全国各地普通民众也能直观地看到现场的激战实况，这大大刺激了各地高校棒球运动水平快速提升。20 世纪 60 年代后，近畿关西以外地区的学校在甲子园夺冠比例明显增加。

直到今天，春夏两季甲子园大赛及各地区大赛与日本各级电视网络仍保持着密切互动。不光朝日系和每日系的电视台，NHK 以及日本各地电视台每年也会例行转播，而且各家电视台并不向主办方收取转播费用，高校棒球赛事电视转播都是无偿的。

这在中国简直难以想象，为什么一项高中生业余比赛能享有如此高规格的电视播放待遇？即便在日本，也鲜有其他业余赛事的媒体曝光度能比肩甲子园大赛。究其原因，还是与日本高校棒球运动先天的“传媒基因”、在日本社会中的渗透力和影响力以及这项赛事独特的历史地位有关。

○

职业棒球的春天

同一时期，日本职业棒球也逐渐升温。

在战前过于强调精神修炼的价值观影响下，日本社会对打棒球赚钱这档子事看不上眼，此前日本职业棒球运动的社会人气一直不及学生棒球。

到了战后可就不一样了。

日本职业棒球联盟早在1945年11月就恢复了正常经营，比甲子园大赛恢复得还早。1949年，日本棒球联盟分成了“中央联盟”（简称“央联”）和“太平洋联盟”（简称“洋联”）两大联盟，新成立管理机构日本棒球机构（简称NPB），并增设广岛鲤鱼队等8支新球队。作为战后初期日本少有的国民娱乐，职棒的人气终于实质超越学生棒球。

当时加入职业棒球队就意味着有相当丰厚的薪资和充裕的伙食，吸引了大量战后成长起来的棒球少年进入职棒界，中日混血、出身东京棒球名校早稻田实业的王贞治便是一例。

王贞治毕业后加入“读卖巨人军”，由投手转向强打击型选手。经过刻苦训练，王贞治自创“金鸡独立式”打法，创下职棒赛季868支全垒打纪录，与巨人另一位强打者长岛茂雄[1]并称为“ON炮”。川上哲治教练带领读卖巨人军在1965—1973年间连续夺冠，创下央联史无前例的“九连冠”。

战前没有抢到学生棒球运动这块肥肉的读卖新闻社终于守得云开见日出，此时的《读卖新闻》报刊发行量已跃居日本第一，集团产业布局电视、房地产、文娱等多个领域。趁着1964年东京奥运会余温，背靠读卖新闻新建的电视网络，读卖巨人军乃至整个日本职棒的社会影响力被推升至前所未有的高度，成为战后60年代日本上班族普遍青睐的业余休闲节目。

---

❶ 长岛茂雄（1936—2025），日本职业棒球选手、教练。1958—1974年效力于读卖巨人军期间是球队核心打者，与王贞治并称“ON炮”。是日本职业棒球史上首位大学毕业后打出400支本垒打+2000支安打的选手。

同期还有以读卖巨人军为背景的著名热血棒球漫画《巨人之星》在《少年 MAGAZINE》连载，虚实交织的剧情和对热血拼搏精神的讴歌正契合了日本战后复兴的时代精神，在社会上引起广泛共鸣。

涵盖学生棒球、社会人棒球和职业棒球的现代日本棒球运动体系在 60 年代走向成熟。

○

1958 板东英二的甲子园

经历了 20 世纪 40 年代的重启，50 年代初的休养生息，高校棒球和日本社会经济在 60 年代共同进入高速增长的轨道。

1958 年，第 40 届夏季甲子园纪念大赛将赛制改为“一县一代表”制，即各都道府县均有对应地区代表队参赛。

这一届大赛还和一个名字紧密联系在一起——板东英二。

当年春季的四国大赛上，德岛商业投手板东英二一人连投两场超长比赛（连续 16 局、连续 25 局），体力透支到几乎昏迷，引发舆论争议。为此主办方在夏天第 40 届纪念大赛上首次出台了限制比赛局数的规定——单场比赛延长赛最多不超过 18 局，如果 18 局未分胜负，则两队翌日重新进行比赛。

没想到结果又是板东英二触发了这条新规，他所在的德岛商业与富山县代表鱼津高校共同贡献了高校棒球史上第一场延长 18 局翌日再战的比赛。

初次出场的富山县代表鱼津高校和板东英二所在的德岛县代表德

▷ 加入中日龙队的板东英二

岛商业在八强赛相遇，板东英二和鱼津的村椿辉雄展开投手对决，双方战至延长 18 局，互交白卷。翌日再战，鱼津更换了投手，德岛商则继续由板东英二先发，最终德岛商以 3 ： 1 获胜。

板东英二一人投满当年夏季甲子园大赛全部四场比赛，创下 83 夺三振及单场比赛最多 25 夺三振的大赛纪录，直到 2022 年仍无人能破，成就了 1958 年甲子园大赛最耀眼的“传奇”。

顺便一提，板东英二 1940 年出生在中国黑龙江虎林市，是“满蒙开拓团”[1]的后代。日本战败后，他随父母被遣返，当时从日本海外殖民统治地区遣返日本的人被称为“引扬者”，他们大多失去了在殖民统治地区积累的资产，返日后生活窘迫。板东英二在甲子园的活跃表现唤起了日本社会对“引扬者”的关注。后来板东英二加入中日龙队，退役后转战演艺界，曾参演《铁道员》等多部影视作品。

亚军鱼津高校所在的鱼津市 1956 年曾发生重大火灾，死伤近 200

❶ “满蒙开拓团”，自“九一八事变”到日本战败前，在日本政府国家政策鼓励下，有组织地前往中国东北、华北、内蒙古的日本移民。1938 年到 1942 年间累计超过 22 万日本农业人口以“‘满洲’开拓武装移民团”的名义被送往中国大陆。

人。鱼津高校在甲子园顽强的表现极大地鼓舞了灾后重建中的家乡父老。有人专门赋汉诗一首，赠予鱼津高校棒球部：

《鱼津德岛两校之健斗》

好投能制敌村椿
必杀刚球彼板东
鸣尾甲园斗志涨
白球飞箭挑苍穹
纵横快技守垒美
十万喊声呼热风
倾尽精魂回十八
健儿名闻永无穷

○

法政二与浪商的三度对决

拉开甲子园20世纪60年代辉煌序幕的，是有着“战后最强”“超高校级队伍”等美誉的法政二。

1960年，甲子园强制要求打者佩戴头盔。拥有“全能手”投手柴田勋的法政二首次夏季夺冠。在第二轮比赛中，法政二遭遇传统强豪——大阪代表浪商[1]（全称“浪商高等学校”）。浪商的当家投手

[1] 浪商，即战前棒球强校浪华商高等学校，战后第一届夏季甲子园冠军。后更名浪商高等学校，现更名大阪体育大学浪商高等学校，简称大体大浪商。

尾崎行雄被媒体称为“怪童”。柴田勋与尾崎行雄的首次对决最终以法政二 4 ： 0 获胜告终。

随后的1961年春季甲子园，法政二与浪商在八强赛再度狭路相逢。柴田与尾崎第二次对决，虽然据传柴田勋当天腹泻，影响了正常发挥，令浪商先驰得点，但最终还是法政二 3 ： 1 逆转胜出，此后又一气拿下了该校的第一个春季甲子园大赛冠军，成为日本高校棒球史上第三个达成“夏春连霸”纪录的学校。因此法政二与浪商的第二次对决在当年被称为春季甲子园大赛“事实上的决赛”。

法政二与浪商的羁绊至此仍未画上句号。或许冥冥之中自有天意，1961 年的夏天，这两支队伍又磕上了。

彼时法政二正气吞山河地朝着前所未有的“夏春夏三连霸”目标大步挺进，一路杀到四强赛，又碰到了“宿敌”浪商。

宿命的第三度对决，柴田勋成功压制浪商打线至八局，仅一安打，但顽强的浪商在九局上半满垒追平比分，将比赛拖至延长局。延长 11 局，法政二一次双杀失误，以2 ： 4败北，与近在咫尺的“夏春夏三连霸”失之交臂。与法政二三度对决的浪商终于媳妇熬成婆，问鼎当年夏季甲子园冠军。

这一切仅仅是 20 世纪 60 年代甲子园“连霸”热潮的序曲。

○

连霸量产的 60 年代

法政二与浪商热斗硝烟未散的 1962 年，新的传奇再度诞生——

枥木县代表学校作新学院创下甲子园史上第一个“春夏连霸”纪录。

当时作新学院的灵魂人物是当家投手八木泽庄六。在春季甲子园大赛八强赛上，八木泽与八幡商投手驹井展开激烈的投手战，双方战至延长 18 局 0 ： 0。翌日再战，作新学院完封胜出。此役是春季甲子园大赛史上唯一一次延长 18 局再战的比赛。作新学院的四强赛对手是老牌劲旅松山商，又是一场延长 16 局的苦战，决赛对战东京代表日大三（全称“日本大学第三高等学校”），也是赢得跌跌撞撞。作新学院这个春季甲子园大赛冠军拿得过于艰辛，把观众都看累了，因此被称为“伤痕累累的荣光”[1]。

随后，1962 年夏天，作新学院冲击“春夏连霸”运气更背，刚刚拿到甲子园门票，当家投手八木泽就疑似得赤痢住院，教练临时点兵，加藤斌顶上投手位置。第一战打到延长 11 局再见安打险胜。不过随后加藤很快进入“开挂”模式，连续完封中京商和久留米商两大豪强，一举助力作新学院成就“春夏连霸”伟业。

60 年代“量产连霸”最后压阵的是高校棒球界“无敌战舰”——中京商，也就是现在赫赫有名的中京大中京高校。

早在 20 世纪 30 年代，中京商就已经达成“夏三连霸”和“夏春连霸”的纪录。经典棒球漫画《巨人之星》开始连载的 1966 年，中京商又达成了高校棒球史上第二个“春夏连霸”。中京商由此成为日本高校棒球百年历史上唯一同时实现“夏三连霸”“夏春连霸”和“春夏连霸”的学校。

此外，中京商还保持着多项高校棒球纪录：甲子园大赛最多冠军纪录，连续优胜最多、最多二垒安打、最长比赛时长等，是日本高校

[1] 典出自 1956 年美国电影《回头是岸》（Somebody Up There Likes Me）的日文译名。

棒球界当之无愧的“史上最强校”。

○

革命风暴

60 年代，战后出生的“婴儿潮”一代，或者日本所谓的“团块世代”相继进入青春期，连带着整个世界一同进入叛逆期。

“革命”的风暴在全世界吹起：法国五月革命、美国民权运动、反越战运动、布拉格之春……此时的日本也进入历史上空前绝后的社会运动高潮期。1945 年之后，GHQ 在日本大力推行民主化改革，从 50 年代到 70 年代初，日本社会充斥着各种旗号的社会运动：安保斗争、劳动组合运动、反核运动、反越战、全共斗、冲绳回归运动、归乡运动等。其中最为核心也最为激烈的，是反对战后美日同盟的运动，即所谓“安保斗争”（或“反安保运动”）。

1951 年，美国与日本签署《日美安全保障条约》（日本国和美利坚合众国之间的安全保障条约），确立了战后日美同盟。两国又在 1960 年签订《日美共同合作和安全条约》（通称《新日美安全条约》）。依据条约，美国有权在日本国内及其周围驻扎陆海空军，也可根据日本政府的请求，镇压日本发生的暴动和骚乱。

《安保条约》一方面将日本的国家防御“外包”给美国。即使日本放弃了战争权，也有“美国爸爸”保障地区安全。另一方面，日本的国防与美国的国际利益强绑定，一旦美国陷入国际纷争，日本有义务向美国提供军事基地、扩充军备甚至共同作战。

消息传到日本，举国哗然。刚刚从战火中恢复日常生活的日本民众担心再度卷入战争深渊。

更何况1960年签订新日美安保条约的日本首相岸信介[1]，本身就是一个逃过东京审判的“甲级战犯”。

岸信介早年深耕伪满洲国，历任伪满洲国政府实业部总务司司长、总务厅次长等职，和关东军参谋长东条英机等并称“满洲”五人帮，1939年回到日本内地，在阿部信行内阁、米内光政内阁、近卫文麿内阁和东条英机内阁连续任职，是日本战时统制经济的主要负责人。1945年日本战败后，曾被定为甲级战犯关进巢鸭监狱，但在东条英机处刑后翌日获释。

逃过战争追责的岸信介依靠政商界人脉一路高升，竟然当上日本首相。这样一名前甲级战犯，未经国内民意充分咨询，就和美国签下《日美安保条约》，更激起日本民间广泛愤怒。

1960年6月15日，日本全国超过500万人走上街头抗议政府签署《日美安保条约》，约40万人包围国会大楼，冲入国会大楼的学生与警察机动队发生冲突，东京大学文学部学生桦美智子当场死亡。警民矛盾进一步激化。迫于民意压力，6月23日，岸信介被迫辞去首相职务。然而左翼社会运动势如燎原，继续震荡冲刷着60年代的日本社会。

纷纷扰扰之中，甲子园大赛却一切如故，仿佛当时只有在这个时空中，躁动的年轻人仍一如既往遵循着“传统”。不过革命的风暴同样吹过球场，卷起时代的沙尘。

---

❶ 岸信介（1896—1987），日本第56任、57任首相，日本前首相安倍晋三的外公。

○

三池煤矿劳工运动与“三池工旋风”

1965 年，来自九州岛福冈县代表队三池工（全称“福冈县三池工业高等学校”）夺得夏季大赛冠军，三池工所在的地区正是当时日本最著名也最惨烈的工人运动基地——三井三池煤矿。

三池煤矿位于福冈县大牟田市三池郡高田町，开采历史可追溯至江户时代，是日本国内历史最悠久的煤矿之一。1889 年三井财阀收购煤矿，命名为“三井三池煤矿”。1945 年后，在日共领导下，日本各地工人运动势成燎原。到 1946 年底，日本境内成立的工会数量据统计超过 17000 个，工会会员超过 492 万人。在三池煤矿诞生了日本最早的煤矿工会。为了争取改善劳动待遇，三池煤矿内先后于 1953、1959 至 1960 年间爆发大规模罢工运动，史称“三井三池煤矿工人大罢工”。

1959 到 1960 年的罢工运动持续长达 10 个月，是当时日本规模最大的工人运动。然而彼时石油能源兴起，煤炭能源市场趋于萎缩。“能源革命”大环境变化导致日本大量矿业走向衰落，也急剧削弱了煤矿工人运动的谈判筹码。三池煤矿资方坚持走“减员增效”的强硬路线，不仅拒绝在薪资待遇方面让步，还索性反咬一口，裁减了三成煤矿员工。结果大量煤矿工人失业，当年煤矿产能却翻了倍，令当地工人运动士气受到沉重打击。

在工运失败和煤炭能源危机的双重影响下，三池煤矿管理愈加轻视劳工利益，盲目追求产能，终于酿成悲剧——

1963 年 11 月 9 日，三池煤矿发生重大矿难，事故共造成 458 人遇难，839 人一氧化碳中毒，震惊全日本，三池地区经济也因此一蹶不振。

1965 年第 47 届夏季甲子园大赛，大牟田市的三池工第一次打进了甲子园。被媒体昵称“山之子”的乡下学校三池工前四轮比赛三场均一分险胜，奇迹般地闯入决赛。

三池工的优异表现令家乡大牟田的父老乡亲精神为之一振。在甲子园球场三池工应援看台席上，从大牟田赶来加油的人们不问斗争阵营，一同高唱福冈地区煤矿的传统劳动号子《炭坑节》，全身心为煤矿子弟加油助威。

三池工决赛的对手，是被媒体称为“海之子”的千叶县强队——铫子商（全称“千叶县立铫子商业高等学校”）。位于千叶县海滨的铫子市是太平洋洋流北上“黑潮 ”与南下“亲潮 ”交汇处，渔业发达，打击出色的铫子商棒球部也有“黑潮打线”之称。

论资历和队伍素质，铫子商更具冠军相，但三池工初生牛犊不怕虎，两队缠斗至第八局 0 ∶ 0，八局下半三池工拿下宝贵的两分，二年级投手上田出色地投完最后一局无失分，最终三池工以 2 ∶ 0 夺得冠军。

三池工是甲子园历史上首个夺得夏季甲子园冠军的工科类高等学校，也刷新了当时甲子园“初出场初优胜校（第一次出场即夺冠学校）”的纪录，奇迹般的甲子园之旅也令同时期日本很多面临产业萎缩的煤矿型城市民众备受鼓舞。

赛后三池工球员们扛着优胜旗返回大牟田，当地组织了盛大的吉普车胜利巡游，马路两旁挤满了欣喜的民众，纷纷向棒球少年们献上掌声。城市一扫多年劳工斗争的挫折和矿难悲情，久违的繁荣欢乐盛典，再度点燃地区经济转型的希望之光。

○

安保斗争与松山商 VS 三泽战

为了阻止 1970 年日美续签《日美安全保障条约》，1969 年反安保运动再度活跃，被称为“第二次安保斗争”或“70 年安保斗争”。与此同时，“全共斗运动”在日本全国星火燎原，此起彼伏。

1969 年 8 月第 51 届夏季甲子园大赛，来自美军事基地驻在地的公立校球队青森县三泽市的三泽高校，首次也是唯一一次打入甲子园决赛。这也是自 1915 年秋田中学夺得第一届大赛亚军以来，东北地区学校第二次打入甲子园大赛决赛。

关于三泽高校 1969 年的异军突起，有媒体将原因归结于当地棒球队经常与基地的美军打棒球交流赛。三泽的当家投手太田幸司是日俄混血（也有说日法、日白俄混血），身材高大挺拔，面容俊俏，球技出类拔萃，被公认为三泽高校历史性地打入甲子园决赛的最大功臣。

以往高校棒球比赛的观众绝大部分是男性，太田幸司却吸引了大量女性观众涌入甲子园，掀起“阿幸热潮”，太田因此被奉为“元祖甲子园偶像”。

三泽高校的决赛对手则是老牌名校松山商，历史上多次打入甲子园且夺冠，当年松山商连续两年打入夏季甲子园大赛，因此赛前舆论普遍看好松山商夺冠。

没想到两队决赛一直打到延长 18 局 0 ：0，难分胜负，三泽高校

◁ 太田幸司

在延长局曾出现绝佳得分机会，可惜未能把握，比赛时长达 4 小时 16 分。翌日两队再战，最终投手阵容占优的松山商以 4 ： 2 艰难获胜。

这是甲子园历史上第一场“延长 18 局平局翌日再战”的决赛。电视全程直播了这场超越肉体极限的激烈对决，在全日本激起热烈反响，不少人呼吁同时授予两队优胜旗。

在反日美安保斗争和全共斗如火如荼的时代，1969 年三泽高校与松山商一战留下了回味无穷的一笔。

○

冲绳高校棒球与冲绳归还运动

1958 年第 40 届夏季甲子园纪念大赛实行“一县一代表”，仍处于美军控制下的冲绳地区首次派出代表来到甲子园。

战前时代，冲绳县隶属于甲子园大赛的南九州赛区，冲绳和南九州地区的学校共同争夺一个地区代表名额，结果往往是棒球运动更发达、实力更强的九州学校垄断出赛名额。二战期间，作为唯一与美军正面交锋的地区，冲绳平民死伤惨重。战后处于美军完全管辖之下的冲绳与日本本土基本隔绝，再加上很多棒球人才死在了冲绳战中，高校棒球十余年来可谓一片空白。

1958 年冲绳代表队首里高校首次踏上日本本土，受到了媒体和民众异常热烈的礼遇，遗憾首战 0 ∶ 3 负于福井代表敦贺高校，在甲子园一日游后就回了冲绳。

在首里高校回程路上，发生了一个不大不小的插曲。

按照当时甲子园的“挖土”传统，退场队伍会挖些甲子园球场的土作为手信。当首里高校棒球队历时 30 多小时舟车劳顿来到冲绳那霸口岸，却被告知所携带的“甲子园之土”不符合入关检疫规定，无法入境。最终那些土壤不得不撒在了入境处旁的海滩上。

事件经日本媒体报道，舆论一片哗然。

一名日本航空（ANA）空乘人员在甲子园球场附近海滩上捡拾了一些小石子寄送给首里高校，希望作为“甲子园之土”的替代物。首里高校专门立了一块名为“友爱之碑”的甲子园出场纪念碑，将这些

△ 冲绳首里高校的“友爱之碑”

小石子组成棒球场的形状，镶嵌于上以为纪念，至今在首里高校的校园内仍可看到。因为首里高校“甲子园之土”事件，“冲绳归还运动”再度舆论升温，也刺激冲绳的高校棒球再次振作，奋起直追。

1972年，佐藤荣作首相在任期最后促成冲绳在保留美军军事基地的前提下“回归”日本。冲绳的“战后”终于翻过了新的一页。

○

甲子园怪谈（二）消失的甲子园冠军旗

甲子园“史上最强校”中京大中京历史上创造过多项传奇纪录：史上最多冠军，史上唯一的“夏三连霸”校，同时保持“夏三连霸”“夏春连霸”“春夏连霸”三项连霸纪录的学校，最长比赛局数和比赛时长纪录等。其中还有一项不那么光彩却也独一无二的纪录，那就是“唯一遗失过甲子园大赛冠军旗的学校”。

1954 年第 36 届夏季甲子园大赛，当时还叫中京商的中京大中京史上第 6 次打进夏季甲子园全国大赛。在部长泷正男、当家投手中山俊丈的带领下，中京商一路过关斩将杀入决赛，最后 3 ： 0 击败静冈商，夺得中京商战后时代第一个夏季甲子园大赛冠军，这也是中京商时隔 17 年后校史上第 5 个夏季甲子园大赛冠军。

中京商队员手擎“大深红旗”返回名古屋市，受到了盛大的欢迎。例行的胜利游行和报告会后，冠军旗被存放在了中京商校长室，留待下一年夏季甲子园大赛开幕式时，再归还大赛主办方。

日本春、夏甲子园大赛不设奖金和具体物质奖励，冠军学校会获得一块纪念金属盾、球员的奖牌以及甲子园大赛的优胜旗。

夏季甲子园大赛旗因为是红色的，通常被称为“大深红旗”，紫色的春季甲子园大赛旗则得名“大紫绀旗”。优胜旗一般由冠军校保管一年，于次年大赛开幕式时再归还主办方，换取一面纪念冠军旗，如是代代相传。因此大赛旗被视作甲子园“最高荣誉”的象征，凝结了历代棒球少年的斗志与汗水。

话说当年传到中京商手上的，还是第一代大赛冠军旗，即朝日新闻社 1915 年斥巨资委托高岛屋制作的冠军旗。自 1940 年起，“大深红旗”一直由战前最后一届甲子园冠军海草中学保管，躲过战火散失之灾。直到 1946 年夏季甲子园大赛重开，冠军旗才归还大赛主办方，实可谓夏季甲子园大赛的“传家之宝”。

然而仅仅几个月后，这面珍贵的冠军旗竟然从中京商校长室里不翼而飞了！

事发时间是当年的11月23日，这一天中京商校内正组织拍摄毕业照。有学生去校长室取大深红旗，可是走进房间却惊讶地发现那面厚重鲜红的冠军旗被替换成了软式棒球大赛冠军旗。

甲子园冠军旗丢了，这可是前所未闻的大事故！

不光棒球部，中京商全校师生都被动员起来搜寻大深红旗，学校方圆几里乃至附近的山头都被搜了个遍，学校所在地的名古屋昭和警署先后派出超过500人的警力参与搜寻工作，重视程度几乎等同于谋杀案。中京商校友后援会集资挂出10万日元悬赏冠军旗下落，但都一无所获。

最痛苦的莫过于中京商棒球部球员们，一边为丢失贵重的冠军旗心急如焚，一边还因为关联密切不得不频繁接受警方盘问，后来加入中日龙队的前中京商投手中山俊丈回忆这段往事时仍痛心不已："这是我们拼死拼活比赛赢回来的旗帜，怎么可能会想要偷走？"

中京商校方甚至绝望到请来风水师打卦占卜找寻大赛旗下落，还通过电视台放话：只要"犯人"归还大深红旗，校方可以不追究法律责任。

眼看着时间一天天过去，大深红旗仍不见踪影，高野连和朝日新闻社已经开始考虑重新制旗。不料在1955年2月14日情人节，中京商棒球部突然接到电话，大深红旗找到了！

旗帜"现身"的地点是距离中京商约500米开外的名古屋立川名中学（初中）。当时一位名叫近藤明的家具店老板为学校修理地板，在地板夹层某处意外发现一个绀色长条包裹。近藤第一反应是："不会是小孩的尸体吧。"他壮起胆子打开一看，竟然正是大深红旗。

得到消息的中京商棒球部成员们一路狂奔到立川名中学，见到了完好无损的大深红旗，众人捧着旗帜喜极而泣。

可究竟是谁把冠军旗放在了其他学校的地板之下至今仍是一个谜。

当地媒体《中部日本新闻》曾披露的细节更增加了事件的灵异色彩：中京商棒球部主将川岛广之在大深红旗失踪后几乎天天求神拜佛，祈祷尽快找回旗帜。就在找到冠军旗当天，四名与川岛相识的宗教人士（神官）特地到访中京商棒球部，预言“今天肯定能找到冠军旗”。好在冠军旗失踪事件皆大欢喜地收场，没人太过在意这些真真假假的小道消息。

有鉴于中京商的风波，后来甲子园夺冠校纷纷选择把大赛旗存放到银行的金库里，从此再未出现过大赛旗丢失的情况。

早期高校棒球界还流传着另一个迷信，就是“大赛冠军旗穗有求必应”，不少获得大深红旗的冠军校球员会偷偷拔些旗穗当作纪念或者护身符。中京商的球员后来自曝也不能免俗这么干过，并且坚信失而复得的大赛旗法力更强。如是流转近 50 年，初代大赛旗的穗子差不多被撸秃了。4 年后的 1958 年第 40 届夏季甲子园纪念大赛，第一代大赛旗正式退役。

▷ 甲子园历史馆藏的第一代大深红旗

第二代大赛旗设计制式和初代大赛旗保持一致，采用京都“西阵织”工艺的最高技法，历时5个月完成。第二代大赛旗一直流转了一甲子，直至2019年第99届夏季甲子园大赛后宣告退役。如今夏季甲子园使用的大赛旗是第100届纪念大赛时推出的第三代，由京都平冈旗制造公司（平岡旗製造株式会社）负责制作。

如今人们仍可在日本阪神甲子园球场的“甲子园历史馆”中见到那面中京商曾经莫名其妙失而复得的初代大赛旗。

○

不灭的名战（一）1969 松山商 VS 三泽

2018年第100届夏季甲子园纪念大赛专门设置了一个名为“LEGEND开球仪式”的纪念环节，邀请到18名高校棒球历史上做出杰出贡献的球员作为开球嘉宾，为大赛半决赛前每天的第一场比赛以及半决赛后的每场比赛开球。最后的决赛则同时邀请到两位嘉宾出席开球仪式，他们正是1969年夏季大赛决赛松山商VS三泽战的两位主投——井上明和太田幸司。

1969年的松山商VS三泽战是夏季甲子园大赛历史上第一场延长18局战平翌日再战的决赛[1]，第100届纪念大赛决赛开球仪式的安排可以看出这场比赛在高校棒球历史上的重要分量。

---

[1] 甲子园历史上第二次出现决赛连战两日（首日延长15局平局，翌日再战）是在2006年夏天——驹大苫小牧VS早稻田实业。

◇ 1969 的夏天

1969 年的日本在风起云涌的社会运动和经济高速增长之间剧烈震荡。1969 年 1 月，东京大学安田讲堂攻防战爆发，学生手持棍棒、燃烧瓶与警方展开了长达两天的激烈攻防斗争，激烈的场面经由电视台转播轰动日本全国，第二波反日美安保斗争和大学全共斗运动在各地势成燎原。

同年夏天，一所来自美军基地驻在地青森县三泽市的无名公立高校，在一名混血投手的带领下，历史性地首次杀进了甲子园决赛圈。

青森县代表三泽高校 1969 年打入夏季甲子园大赛决赛，是自 1915 年秋田中学夺得第一届全国中等学校优胜棒球大赛亚军以来，东北地区学校再度打进甲子园大赛决赛。

日本的东北地区因为历史和自然环境恶劣，经济发展相对落后。多年来未有学校夺得夏季甲子园大赛冠军。相隔半个世纪，三泽高校让人再度看到了“东北初优胜（东北地区学校首次甲子园大赛夺冠）”的希望。

三泽在 1968 到 1969 两年间的夏、春、夏，连续三季打入甲子园，这也是三泽史上仅有的打入甲子园的记录。原因被归结于当时三泽的当家投手，甲子园战后的“元祖偶像级人物”——太田幸司。

日俄混血的太田幸司身材高大，眉目俊俏，一脸亲和的明星相，投球宠辱不惊，球风凌厉，耐力持久，被媒体亲切地称为“阿幸”，是公认的“元祖甲子园偶像”。

由于表现过于出色，不乏有人感叹：只要拥有太田，普通学校也能打进甲子园。除了这种“投手决定论”，关于三泽高校的异军突起还有另一种推论：

三泽高校所在的青森县三泽市有驻日美军军事基地，基地的美国大兵经常与当地的业余棒球团体一起打交流赛，对于当地业余棒球水平提高有很大助益。据说太田幸司这一届的三泽棒球部球员很多从小学就开始打硬式棒球。

◇ 传统强校主投的“不可承受之重”

另一支决赛队伍是甲子园传统强校爱媛县的松山商。爱媛县素有“棒球王国”美称，松山市还是首创日文中“野球”一词的日本文学家正冈子规的故乡。松山商是历史悠久的高校棒球“名门”，自 1919 年创部以来，截至 2024 年，在春季甲子园 16 次出场，2 次夺冠，夏季甲子园 26 次出场，共计 5 次夺冠，尤其是夏季大赛累计获胜 60 次，享有“夏将军”的美名。

1969 年松山商已经连续第二年打入夏季甲子园，在当年甲子园大赛前几轮比赛中，松山商均以明显优势胜出，三泽则每场均一分险胜。论江湖地位，论当年赛绩，松山商显然更占优势。

相比太田幸司，松山商的主投井上明没有太多耀眼光环，是个低调谦逊的实力派人物。

高中二年级的井上明在 1968 年夏天当上了松山商主投，因为感觉压力太大，他向教练一色俊作申请转向游击手。到了 1969 年春天，松山商主投中村哲身体抱恙，这次一色教练不由分说，又把井上明推上了投手板。

井上自言，自己的球威往往随对手实力强弱而波动，敌强则强，敌弱则弱。于是迎来了 1969 年甲子园夏天的巅峰——井上明和当年人气第一的太田幸司相遇了。

◇ 波澜壮阔的延长 18 局 0 ： 0

1969 年 8 月 18 日决赛日，甲子园球场观赛人数达到 5.5 万人次，接近满员。

松山商先攻，井上明首发上场，另一边三泽唯一的“王牌”太田幸司已经连续数日投完整场比赛，不过球威依旧不见减弱。随着局数推进，只见甲子园记分牌上两排齐刷刷的“0”不断交替增长。九局结束，两队比分仍然定格在 0 ： 0，谁都无法攻下哪怕一分。

比赛进入延长局，最经典的一幕出现在了延长第 15 局下半——

三泽一人出局场上满垒。打者轮到了三泽高校的第九棒立花五雄。松山商投球数累积到了三坏球零好球。只要井上再投出一颗坏球，三泽就可以拿下制胜的一分！随后井上明冷静地投出了两颗正中好球，场面到达了两好三坏满球数的临界点，下一球很可能就是决定两队胜负的一球。

当时，东北地区距离甲子园冠军零的突破仅仅差一支安打，或者一个坏球。

据媒体报道，很多现场以及日本各地在电视前观看直播的人们都站着默念：再见安打、再见安打……

井上后来回忆起当时的情景——

“背后一片鸦雀无声，休息区也没有给出指示，我记得很清楚，三泽一侧的观众席占了半数以上的女粉丝尖叫不停，另一边的松山商的观众席却一片寂静。但是当时我完全不考虑什么满球数，捕手大森接到球把球扔还给我，我就再投出去，尽可能让自己的呼吸不要崩……”

井上投出了第6球，打者立花击出一记三垒方向的地滚球，井上飞扑过去，手套有触及但球仍继续向三垒游击方向飞去，松山商的游击手樋野和寿上前没收滚球，并急速回传本垒。同一时刻原本在三垒上的三泽跑者菊池正拼尽全力扑向本垒……

三泽的跑者和用手套捧着球的松山商捕手大森在本垒板上交叠的瞬间，无数现场以及电视机前的观众都忍不住大喊“SAFE！SAFE！”❶

可是比赛主审乡司裕不为所动，大声喊出——“出局！”

三泽高校最接近胜利的机遇被刺杀在了本垒板前。

随后的延长16局下半，三泽再度创造了一出局满垒的绝佳得分机会，遗憾也未能下分；延长第18局下半，三泽冲击胜利的最后机会出现了：二人出局的情况下，投手太田幸司站上打击区，击出安打后站上一垒，接着已经连投18局的太田竟然向二垒发动冲刺盗垒。松山商捕手眼疾手快，球传二垒，将太田刺杀在垒包前。

三人出局！双方0：0战平！首日比赛在耗时4小时16分的决

❶ SAFE，意为安全上垒，跑者安全跑回本垒意味着三泽高中再得一分胜出。

赛中结束了，广播宣布比赛将在翌日上午重新举行!

这是1958年第40届夏季甲子园大赛出台限制比赛局数以来第一次出现双方战平翌日再战的决赛！全场响起经久不息的掌声。

整场比赛两队投手势均力敌：松山商的井上明共投出232球，10夺三振，三泽的太田幸司投出262球，13夺三振。赛后井上明接受媒体采访时展示了如棍子一般僵硬的手臂，极度疲惫的两人几乎已经连思考的力气也没有了。

◇ 次日的胜负

8月19日上午，两队再次踏上甲子园球场。松山商采取井上明和中村哲交替投球的策略，三泽高校则别无他选，仍由太田幸司主投。

井上明在第二日的比赛中仅投不到两局，而太田幸司仍坚持投完全场，但体能透支明显。第一局上半，松山商的樋野就从太田手中击出一记两分全垒打，松山商又在6局上半追加两分。三泽高校也组织起顽强反攻，先后在第一局、第七局下半进账2分，不过最终遗憾未能反超，4 ：2的比分坚持到了最后。松山商夺得了第51届夏季甲子园大赛冠军，这也是松山商史上第四个夏季甲子园大赛冠军。

◇ 战后日本体育史的“奇迹”

1969年诞生在甲子园球场的这场传奇比赛，以其紧张又跌宕起伏的剧情和耐人寻味的时代意义，被誉为甲子园“传说中的决赛”，有人称之为战后日本体育史上的一个“奇迹”。

朝日新闻评价松山商 VS 三泽战“让人感受到‘棒球的恐怖’以及能让投手哭泣的紧张感”。

无论球队实力还是比赛经验，松山商都远胜于三泽高校，但是 1969 年松山商这个夏季甲子园冠军拿得并不轻松，甚至有很多侥幸因素。

假使首日比赛延长第 15 局时三泽打者击出的地滚球没有被井上的手套挡到，假使三泽在三垒上的跑者启动再迅速一点，比赛极可能就此就画上句号，“东北零优胜”的百年魔咒也可能早在半个世纪前就被破解。

◇ “阿幸热潮”

虽然三泽输掉了比赛，但顽强拼搏的精神征服了所有的观众，也收获了比冠军松山商更多的支持和掌声。赛后有不少人建议应当同时授予两校冠军旗。

三泽主投太田幸司更是俘获粉丝无数，整场比赛独自投完全部 27 局，投球数达到 384 球，轮到进攻时还能积极承包盗垒，明明可以靠脸吃饭，实力和勤奋却无人能敌。

早年关注高校棒球的几乎都是男性。因为太田幸司的出现，女性观众比例惊人地大幅提升。女高中生们高喊着“阿幸”涌向棒球场，NHK 专门报道了这一甲子园现象，称之为“阿幸热潮”。

后来，太田凭借超高人气先后进入职棒以及娱乐圈，此后还积极投身日本女子棒球运动推广工作。

松山商的井上明则在大学毕业后选择进入朝日新闻社。作为一名专业体育记者，见证和记录了此后一代又一代高校球儿在甲子园球场上奋勇拼搏的英姿。

近40年后的2006年，井上明作为记者在甲子园球场见证了史上第二场延长15局平局、翌日再战的决赛——驹大苫小牧高校（南北海道代表）VS早稻田实业高校（西东京代表）之战。他在自己的笔记本上这样写道：

“在甲子园记者席，目睹了比我和太田选手高出数段的投手战。”

2018年8月21日，年近七旬的太田幸司和井上明再一次并肩站上甲子园球场投手丘。

全场掌声鼓荡，久久不绝。

安排松山商和三泽两队投手为第100届纪念大赛决赛开球，可以理解为是大赛主办方对这场史上最传奇决赛的致敬，也无声地回应了“同时向两队授予优胜大旗”的呼声。

无独有偶，两人主持开球仪式的第100届纪念大赛决赛恰好又是一场冲击“东北初优胜”的比赛：来自东北地区的秋田县金足农高校（全称“秋田县立金足农业高等学校”）对战“21世纪甲子园王者”大阪桐荫高校（全称“大阪桐荫高等学校”）。

金足农和三泽有很多相似点：同样来自东北，同样是“一人投手”型球队（球队只有一名实力突出的投手可供调配），同样一路爆冷杀入决赛成为当年话题球队，又同样在决赛中遭遇超一线的强敌，最后惜败屈居亚军。不过赛后金足农也像当年的三泽一样收获了大量粉丝，赢得了比冠军更多的掌声和赞誉。

距离 1969 年松山商和三泽对战的夏天，正好过去了半个世纪。冥冥之中，甲子园又完成了一次世代的传承轮回。

第八话
元祖『怪物』

太田幸司在甲子园掀起元祖偶像热潮四年后的1973年，甲子园再度被一个名叫江川卓的“怪物”点燃。

○

江川卓的球速之谜

江川卓来自福岛县，高中进入棒球名校栃木县作新学院。江川擅长快速直球和角度极大的曲球。由于那个时代测速机还没有发明，江川的球速究竟有多快，缺乏具体数据。被记者问到时，江川说：“大概145km/h吧。”

再过几年，又被问到同样的问题，他说：“如果寺原隼人[1]的球

[1] 寺原隼人，日本职业棒球选手，出身九州宫崎县日南学园，2001年打入第83届夏季甲子园大赛，录得当时高中棒球投手最高球速157km/h，引发热议。

▷ 高中时代的“怪物”江川卓

速有 150km/h，那我的球速也上 150 了。”

还有见证者表示，“说江川的球速接近 160 都不夸张”。

我们可以从当年各种见证者的回忆中感受到江川的球威——

“第一次亮相甲子园的江川，一个球投出去，甲子园观众席瞬间鸦雀无声，此后大部分江川的比赛，原本应援声热闹聒噪的观众席都异常安静”，棒球评论家小关顺二回忆，“当时电视机前的我，被从没见过的豪速球完全镇住了，超高校级投手这次可真的出现了。”[1]

因为江川在高中时代的正式比赛极少被击出安打，以至于打者从江川手上讨到一支界外球都能引发观众席一阵沸腾。

9 场无安打无失分比赛、4 场无安打无四死球比赛、2 场完全比赛、

---

[1] 『「怪物」たちの甲子園物語（廣済堂文庫）』。

20 场比赛完封、连续 36 局无安打无失分，防御率 0.41，地区大赛期间仅被击出 2 支安打，春季甲子园最多 60 夺三振纪录，连续三振 8 人，连续 145 局无失分（含练习赛）……

江川卓在高中时代创下了一连串个人纪录，很多至今未破。

○

“怪物”的由来

日本大众娱乐蓬勃发展的 20 世纪 70 年代，高校棒球精英球员成了媒体追逐报道的焦点，各种标签纷纷贴到了江川身上——“百年一出的奇才”“超高校级投手”……其中最响亮的名号就是——“怪物”。

如今经常可以在日本媒体的高校棒球报道中看到“怪物”一词，通常用来形容某个出类拔萃的投手，这个称呼最初始于江川卓。

此“怪物”不是哥斯拉，也不是浦泽直树笔下的“怪物”约翰[1]，而出典自藤子不二雄的漫画《怪物君》。

江川卓一对招风大耳，戴着棒球帽的造型酷似当时热门动漫人物“怪物君”，再加上鬼神般的出众球技，“怪物江川”的名号就此叫开了。

“怪物”的起源还有另一说法，1973 年 1 月，日本赛马运动报纸率先在报道中使用“怪物”一词称呼当时一匹名为“ハイセイコー”（HAISEKO）的热门赛马，连带着不少媒体也跟风用“怪物”一词来形容各行各业中的鬼才，后来沿用到了江川卓身上。

---

[1] 浦泽直树作品《MONSTER》中的男主角。

◁《怪物君》海报

江川卓、田中角荣[1]以及赛马“ハイセイコー”此后被称为“昭和三大怪物”。

○

艰辛的甲子园之路

不过球技“妖怪”之如江川卓，却也是甲子园史上数一数二不走运的人。一言以蔽之，江川被棒球之神授予出众的能力，却得不到甲子园之神的恩宠。

1971 年第 53 届夏季甲子园栃木县地区大赛，才高中一年级的江川卓率领作新学院在八强赛战胜鸟山高校，并且创下栃木县高校棒球

❶ 田中角荣（1918—1993），日本政治家、建筑师，日本第 64 任、第 65 任首相，任内促成中日邦交正常化。

△ 北海道火车站边赛马“ハイセイコー”的雕像

史上首次完全比赛的纪录。

不过此后半决赛对战宇都宫商，江川卓一直投到延长第 11 局，场上无人出局的情况下，江川投出四坏球后被替换下场，作新学院随后也输掉了比赛。

1971 年作新学院夺得秋季关东地区大赛栃木县预选赛冠军，挺进关东大赛后首轮对战群马县冠军前桥工（全称“群马县立前桥工业高等学校”），在这场比赛上，江川卓自言投出“高中以来最佳球感”并且一人击出两支安打，然而 5 局上半江川卓上场打击时被死球击中头部，耳朵出血失去意识，中途退场送治。作新学院也因此一战败退。

1972 年第 54 届夏季甲子园大赛栃木县预选赛，高中二年级的江川卓前三轮连续达成无安打无失分，半决赛对战小山高校，江川卓的无安打无失分纪录一直保持到了延长第 10 局。延长第 11 局被击出再见牺牲打，0 ： 1 憾负。虽然江川卓创下连续 36 局无安打无失分的高校棒球纪录，名扬全国，却依旧无缘甲子园。

1973年，江川卓高中三年级，作新学院终于时隔十年再度实现春、夏连续出场甲子园的梦想，那一年的第45届春季甲子园后来被称为“江川的大赛”。

顶着“1972年栃木县大赛和关东大赛七战七胜未失1分”的光环，江川卓终于首次亮相甲子园球场。他用实绩证明了自己的货真价实——创下春季甲子园大赛最高的60夺三振纪录且至今未破，前三轮比赛一分未失。此前大部分日本人都只在报纸杂志上听闻江川卓球威过人，地方比赛还没有电视直播，后来只要有江川的比赛，甲子园几乎场场爆满，但这一切仍然无法保证江川登上甲子园的巅峰。

作新学院在半决赛遭遇广岛商，对面是同样球技过人的投手佃正树，广岛商针对已连投三场的江川卓果断采取了消耗战术，迫田穆成教练指示球员“每人至少要消耗江川5个球”。江川卓在第五局终于出现了甲子园大赛上的首次失分。此时投球数已过百，第8局作新捕手传球失误，广岛商拿下了制胜的1分，最终作新学院1：2止步四强。

1973年是江川卓高中时代最后的夏天，再度拿到甲子园门票的作新学院在第二轮比赛中就败退了。对手是同为关东名校的铫子商。此前江川所在的作新学院在各类比赛中与铫子商有过近10次交战经历，每次皆以作新胜利告终，可偏偏是在甲子园，幸运之神偏向了铫子商。

当日比赛中途下起大雨，但比赛并未中止，雨势影响了江川的控球，到了延长第12局双方比分仍为0：0。铫子商一人出局满垒，江川卓的球数累积到三坏球，下一球将可能是决定胜负的一球。作新学院喊了暂停，队员们聚集到投手丘上的江川卓身边，对他说：“我们能够走到今天全是你的功劳，你就按自己的心意投吧。”

大雨中，江川卓用尽浑身之力投出最后一球，角度略外偏，被判四坏球，铫子商因为这一球最终以 1 ： 0 胜出。“怪物江川”的甲子园之旅以充满悲剧色彩的“雨中四坏球”谢幕。

日本诗人佐藤八郎[1]在生前最后三个月专门创作了诗歌《消散雨中的江川投手》，纪念作新学院与铫子商的这场雨战。

○

江川事件

高中毕业后，江川卓成了日本职棒各球队竞相争夺的对象。看着《巨人之星》长大的江川卓，童年梦想就是加入读卖巨人军打球。不过江川卓通往职棒读卖巨人军的道路比去甲子园更折腾。为此他先后在 1973 年和 1977 年两届职棒选秀会议上拒绝了其他球团抛来的橄榄枝，还闹出了一场差点动摇日本职棒联盟的风波，史称“江川事件”。

1973 年江川卓拒绝了职棒选秀大赛阪急勇士队[2]的指名，进入法政大学，在东京六大学棒球联盟赛上亦有不俗表现。

1977 年的日本职业棒球选秀会议上，王冠打火机狮队[3]获得与江川卓的交涉权，但一心想加入巨人的江川卓百般推脱，甚至前往美国短期留学，迟迟不愿与王冠球团签约。

---

[1] 佐藤八郎（1903—1973），日本诗人、作词家、作家，著名作品有《长崎之钟》（词作者）等，以酷爱棒球运动闻名。

[2] 即如今的欧力士野牛队。球队成立于 1936 年，隶属于日本职棒太平洋联盟。

[3] 即如今的埼玉西武狮队。球队创立于 1950 年，最早名为西铁快艇，后多次更名，隶属于日本职棒太平洋联盟。

读卖巨人军同样求贤若渴。一年后的 1978 年 11 月 21 日，读卖巨人军钻了《日本职业棒球协约》漏洞，依据“如果球队在次年选秀会开始前三日仍未与去年选秀会指名选手签约且登录到可支配选手名簿中，则球队丧失与球员的独占交涉权”一条，巨人军声称当时已更名的“西武狮队”不再具有和江川卓的交涉权，遂与江川卓闪电签约。不料此举引起轩然大波，舆论纷纷指责巨人藐视法律，愤慨的群众发起拒买《读卖新闻》的运动。日本职业棒球联盟裁定巨人军与江川的签约无效，但随即巨人军予以回击，拒绝参与当年的职棒选秀会议。

江川卓“被迫”第三次参与职棒选秀会议，在这次会议上阪神等四支职棒球队第一指名江川卓，这次轮到阪神虎队抽中和江川的交涉权。

然而无论是江川卓还是读卖巨人军都坚决拒绝妥协。事件上升到了动摇日本职业棒球联盟的程度。最终日本职业棒球联盟不得不做出让步，理事长金子锐裁定，江川卓先加入阪神虎队，随后通过交易转入读卖巨人军。

江川于 1979 年 1 月 31 日与阪神虎队签约，八小时后，读卖巨人军以投手小林繁与阪神虎队交换了江川卓。事件余震仍在继续，因为在“江川事件”上朝令夕改，引发舆论不满，日本职业棒球联盟理事长金子锐于 2 月 8 日提出辞呈、黯然下台，江川卓本人也因参与非法交易被禁赛 2 个月。

虽然一番周折终于如愿加入巨人，但江川卓的职棒表现并不算理想，第一年的投手成绩还不及被交换的小林繁。此后因早年过度消耗导致严重的肩膀伤痛问题，1987 年，江川卓以“无法投出江川的球”为由退役，职业棒球生涯不足十年。其间累积 135 胜 72 败、防御率 3.02，

1980 年到 84 年连续五年胜战超过 15 胜。其间获得一次最优秀球员、一次防御率王、两次胜投王、两次胜率王、两次三振王等纪录。

○

“怪物”与大众流行文化

抛开后来的纷纷扰扰，高中时代的“怪物江川卓”是 20 世纪 70 年代甲子园当仁不让的“流行符号”，当时涌现出大量和江川卓相关的文艺作品。和江川卓相关的漫画有本宫广志的《实录江川卓》，森高夕之的《江川和西本》等。

水岛新司的《大饭桶》中“江川学院”投手中二美夫，出自江川卓弟弟和父亲的名字；江口寿史的棒球漫画《前进！！海盗队》中的

◁ 《实录江川卓》

◁ 《前进！！海盗队》

千叶海盗棒球队投手江原卓德，名字取自江川卓和原辰德两位 70 年代甲子园明星球员，人物造型则神似江川卓。自“元祖怪物”江川卓开始，“怪物”之名开始在高校棒球界代代相传，冠上年号的通常更厉害一点，比如后来的“平成怪物”松坂大辅。

日本高校棒球文化也自 70 年代开始“出圈”，突破原来专业体育运动圈层，朝着更多元的娱乐化审美悄然转型，融入同样高速发展的日本大众娱乐文化中。

第九话 变革的 70 年代

从太田幸司到江川卓，日本高校棒球高度依赖投手的战术风格在 20 世纪 60 年代末 70 年代初发展到了顶点。此后的日本高校棒球开始迎来新的变革时代。

○

1968：第 50 届甲子园大赛

夏季甲子园大赛在 1968 年迎来第 50 届纪念大赛。

当时的明仁皇太子，后来的平成天皇出席了这届大赛的开幕式并致辞。一同参加这届大赛的还有如今的令和天皇德仁。50 年后的 2018 年，如今的令和天皇，当时的皇太子德仁出席第 100 届夏季甲子园纪念大赛开幕式，在致辞环节专门回忆了第 50 届大赛随父亲观赛的经历。

最终第一次打入甲子园的兴国高校夺得了这一届纪念大赛冠军。

日本著名电影导演市川崑为这一届大赛摄制了纪实电影《青春》。

该片为当时走过半个世纪的甲子园大赛留下了宝贵的影像记录，市川导演曾在 4 年前执导拍摄了 1964 年东京奥运会纪录电影，由此可见高校棒球在日本社会有着不输于奥运会的影响力。

○

明治神宫大赛与国体大赛

1968 年在东京明治神宫外苑球场召开了“明治维新百年纪念明治神宫棒球大赛”，该赛事由明治神宫（宗教法人）和日本学生棒球协会共同主办，分设成人棒球、大学棒球、高中棒球。后来发展成了日

◁ 《青春》

本高校棒球“年度三大赛”之一的“明治神宫棒球大赛”。

这场大赛和战前的明治神宫竞技大赛有一定的渊源。明治神宫竞技大赛同样自 1943 年受时局影响停办。日本战败后，因为有国家神道背景，明治神宫大赛并没有像甲子园大赛那样获得 GHQ 特批快速恢复。1968 年适逢夏季甲子园大赛创办 50 周年纪念，东京奥运余热尚存，明治神宫棒球大赛再度唤醒大正时代体育热潮的国民记忆。于是两年后的 1970 年，明治神宫棒球大赛创立。

起初大赛仅设有大学棒球项目，1973 年再增设高中棒球。大赛定于每年秋天在明治神宫外苑棒球场举办，选取秋季大赛各赛区 10 所冠军校参赛，即所谓的“十代表制”。

明治神宫棒球大赛与春、夏甲子园大赛合称为“春之选拔，夏之选手权，秋之神宫”，现代日本高校棒球年度三大赛事的格局在 20 世纪 70 年代确立。

除了以上三项赛事外，还有一项日本全国性高中棒球年度赛事——日本国民体育大赛（简称“国体大赛”）的高校硬式棒球项目。国民体育大赛一般在每年 9、10 月举行，参赛队伍名额共 12 名。当年夏季甲子园大赛八强队伍将自动获得国民体育大赛的“门票”，剩余 4 个名额由专门的选拔委员会依据地域分布等因素选出。

国体大赛是一个学年中最后一项全国性赛事。因此大部分参赛校会优先或者只派高中三年级学生参加，为了让即将毕业的棒球少年留下最后的青春纪念。

国体大赛的高中棒球项目和其他三项高中棒球年度赛事也有“高校棒球年度四大赛”或者“高校四冠”之称。

截至2022年，历史上共有八所学校夺得过高校四大赛全部冠军，分别是中京大中京、帝京高校、日大三、早稻田实业、大阪桐荫、高松商、横滨高校和报德学园。其中横滨高校连续夺得1997年明治神宫大赛冠军以及1998年春、夏甲子园和国体大赛冠军，是唯一在一年内达成“高校四冠大满贯”纪录的学校。

○

变革的70年代

1970年3月15日，继东京奥运会之后，日本又迎来了战后昭和时代一项重要的国际性活动——大阪世博会。

1970年大阪世博会是首次在亚洲国家举办的综合类世博会。在历时近7个月的会展期间，大赛参观人次达到6421万，创下当时历届世博会参观人数最高纪录（后来被2010年的上海世博会超越）。据统计，当年约有一半以上的日本人参观过此次世博会，“大阪万博”成为战后一代日本人的集体记忆。

另一方面，自1965年申博成功，日本经济全面进入高速发展轨道，到1970年，日本GNP已位列世界第二，仅次于美国。

三波春夫[1]演唱的世博会主题曲《来自世界各国的朋友，你们好！》是当时脍炙人口的流行歌曲，并先后在1967年和1970年两度入选当年春季甲子园大赛入场进行曲，成为一代日本人的童年记忆。

---

[1] 三波春夫（1923—2001），日本昭和时代著名歌手，本名北诘文司。大阪世博会主题曲《来自世界各国的朋友，你们好！》《东京五轮音头》等歌曲演唱者。曾被授予紫绶褒章、勲四等旭日小绶章以及新潟县公民荣誉赏。

“万博景气”之中，日本走向消费主义时代，高校棒球运动也跨入了一个变革的时代。

高校棒球的地域发展差异在电视广泛普及后逐渐缩小。1973 年山形县的日大山形高校（全称“日本大学山形高等学校”）入选春季甲子园大赛，标志着日本所有行政区（都道府县）均有学校入选春季甲子园大赛。

此外，70 年代甲子园大赛进行了数次重要变革。

（1）赛区的沿革

从 1974 年到 1976 年，夏季甲子园连续三年调整地区划分格局：

1974 年起，东京都设为东西两赛区，北、西奥羽、东关东、北越、京滋地区（即京都府与滋贺县）大赛废止，改为福岛、岩手、茨城、千叶、新潟、京都“一县一代表”；东北、北陆地区大赛分别改为山形和宫城、石川和富山、奥羽。另复活奥羽大赛（青森和秋田），新设福滋大赛（即福井县和滋贺县）。

1975 年废止西关东、三岐、东中国[1]、西中国、南九州地区大赛，确立埼玉、栃木、岐阜、三重、冈山、山口、宫崎、冲绳“一县一代表”，北关东大赛改为群马和山梨大赛，另新设山阴大赛（鸟取和岛根）；

1976 年废止东北、北四国、中九州地区大赛，确立山形、宫城、香川、爱媛、大分、熊本“一县一代表”。

---

[1] 东中国，即日本的中国地区，或称山阴山阳地区，一般指如今的鸟取县、岛根县、冈山县、广岛县、山口县等 5 个县所在地区。

1978 年第 60 届夏季甲子园纪念大赛，日本 47 个都道府县共 49 所代表校出场。1979 年第 61 届大赛正式确立“49 代表校制”并且沿袭至今。

（2）器械的变革

1972 年夏季甲子园大赛规定打击选手（打者）必须戴护耳的打击头盔，1974 年夏季甲子园大赛开始采用铝制金属棒。

此前甲子园高校棒球比赛和职业棒球赛一样，均使用木制球棒。每年的全国大赛全垒打寥寥无几，鲜少突破两位数。采用金属棒之后的 1975 年，第 57 届夏季甲子园大赛的全垒打数就上升到日本战后以来最高的 15 支。

甲子园的“全垒打量产时代”开始了。各种全垒打纪录不断被刷新，再见全垒打、逆转再见全垒打、完全打击[1]……卡拉 OK 开始风靡全日本的 1977 年，兵库县代表东洋大姬路（全称“东洋大学姬路高等学校”）第一次在夏季甲子园大赛决赛中击出再见全垒打夺得冠军。甲子园的比赛节奏大大加快，场面也变得更加精彩，更具戏剧性。

---

❶ 完全打击，棒球术语，hits for cycle，指一个球员在整场比赛中击出所有类型的安打，包括一垒、二垒、三垒安打及全垒打。

○

原氏“父子鹰”

20 世纪 70 年代的甲子园时代印象中，还必须提到东海大相模高校的“原氏父子鹰”——原贡与原辰德父子。

原贡正是当年三井三池煤矿子弟学校三池工的棒球部教练，当年他率队第一次打入甲子园便夺得冠军，让走向衰微的煤矿小镇扬眉吐气。赛后东海大学的创始人松前重义[1]找到原贡，极力邀请其出任刚创建不久的附属高中东海大相模（全称“东海大学相模高等学校”）棒球部教练。

原贡教练倒是真有两把刷子，才花了短短 3 年时间，就带着“菜鸟”东海大相模打进了 1969 年第 61 届夏季甲子园大赛，第二年更是一口气拿下了第 62 届夏季甲子园大赛冠军。

1974 年，东海大相模时隔 4 年再度打入夏季甲子园，这一次原贡教练带着儿子原辰德[2]一同亮相。

原辰德随父亲转学到神奈川，1974 年升入东海大相模高中棒球部。原贡对待儿子原辰德，就像《巨人之星》里魔鬼老爸星一彻对待儿子星飞雄马，赛场下是父子，上了球场就六亲不认，平时训练球队严格，对儿子就更加严格，动不动饱以老拳。

不过棍棒底下出孝子。原辰德一亮相，不俗实力再加上俊俏面容，迅速跻身甲子园新一代偶像。这一年东海大相模的夏天止步八强，但

---

[1] 松前重义（1901—1991），1967 年任日本东海大学校长，战前曾任递信省工务局长，大政翼赞会总务部长。

[2] 原辰德（1958—）：日本前职业棒球选手，现任读卖巨人军教练。

此后连续四年都打入夏季甲子园，1975 年还打入春季甲子园决赛，创下 70 年代辉煌战绩。

40 余年后的 2021 年，东海大相模春季甲子园再度夺冠，教练门马敬治和次子门马功的新一代“父子鹰”组合让很多人再度回忆起当年“元祖父子鹰”原贡父子的英姿。

○

“进攻，进攻，再进攻！”

赛制与器械的更新，驱动日本高校棒球技战术发生了革命性变化。

直到 20 世纪 70 年代，日本高校棒球战术风格整体偏重防守技，强调“不失分即胜利”。“怪物江川卓”正是这一战术思想的典型，他曾总结——“压制对手不得分的最好方法是不让跑者出垒，如果出垒了就不能让他跑回本垒，一言以蔽之，完封才是最佳制胜方案。”

这种战术最大的缺点是，如果球队的打线不能得分，那么投手创造再多个人纪录，也无法赢得比赛。

到了 70 年代，甲子园偏重防御的战术传统意外地因为一支乡下高校棒球队而改变。

1974 年来自四国德岛县深山里的池田高校第一次打入春季甲子园大赛。整支队伍只有 11 人，作战风格却令所有人眼前一亮——

不同于其他偏重防御的棒球队，池田高的作战风格“大开大合”——打得远，跑得快，快节奏进攻，积极进取赚分，常常打得对手措手不及，凌厉的进攻场面也令观众直呼过瘾。当时日本媒体称池

△ 池田高校蔦文也教练纪念碑

田高校的打击阵容是“山彦打线”[1]。

池田高第一次打进春季甲子园大赛就一口气打到了亚军，一战成名。而打造出池田高传奇的灵魂人物，是有着“进攻达摩”之称的教练蔦文也。他的信条就一句话——“进攻，进攻，再进攻！”

蔦文也教练指出池田高校的制胜关键，就是充分发挥金属棒特性——把球打远。池田高校格外重视队员腰部和上身力量训练。当年池田高校棒球部的队员站出来，一个个满身的腱子肉，令媒体叹服。这一成功经验迅速被全国的学校吸收借鉴，成了如今日本高校棒球日常训练的“金科玉律”。甲子园此后历代以打击著称的学校如大阪桐荫、智辩和歌山、帝京都继承了池田高校的理念。

池田高校在甲子园的成功，其实是顺应了 20 世纪 70 年代甲子园赛制和器械改革的大势。“力量棒球”更紧凑、更具戏剧性和画面感

[1] 山彦，是日本传说中山里发出回声的妖怪。

的比赛观感，吸引到更多人关注高校棒球。

来自深山里的池田高校在日本高校棒球史上留下了浓重的一笔，也将高校棒球带入了全新的时代。2010年日本年度畅销小说第一名《如果高中棒球队女子经理读了彼得·德鲁克》专门提到30多年前的池田高校。

在池田高校门前，至今立有一块“茑文也教练”纪念碑，上面刻着他的名言——

“带着深山小镇的孩子们，好好地看了一回大海（甲子园）。”［山あいの子供たちに一度でいいから大海（甲子園）を見せてやりたかったんじゃ］

○

不灭的名战（二）1979 箕岛 VS 星稜

2018年朝日新闻社高校棒球官网发起名为“甲子园最佳比赛47”的公开投票活动，面向全网投票选出高校棒球史上最精彩的47场比赛。其中箕岛VS星稜战位居第二。朝日新闻社官方评价此役是“史上最强的比赛，奇迹背后的投球缠斗”。有不少人坚持认为此役当属高校棒球史上的最佳比赛。

这场比赛究竟有着怎样的魅力，至今在日本社会还有怎样的影响力，对于今天的日本还有哪些新的启示？不妨来回顾下甲子园20世纪70年代最后的传奇之战。

1979年，第二次石油危机爆发，美苏冷战格局下世界局势动荡，但是日本国内经济和大众娱乐一派蓬勃繁荣景象。划时代的日本电视动画《机动战士高达》也在这一年播出，掀起日本第一波二次元宅热潮。流行的街机游戏是《太空侵略者》（*SPACE INVADER*），索尼刚刚推出了新发明——随身听 WALKMAN[1]。

这一年的第 61 届夏季甲子园大赛正式确立 49 代表校制并沿袭至今。甲子园进入了现代。

安达充的棒球漫画《H2》中曾说过，8 月 16 日是每年甲子园最热的一天，这一年的大赛也不例外。当天，比赛进行到了第三轮，下午最后的第四场比赛是和歌山县代表箕岛高校和石川县代表星稜高校之战。

箕岛高校是高校棒球界著名“古豪（老牌强校）”，硬式棒球部创建于 1928 年，截至 2025 年，春季甲子园出场 9 次，夏季甲子园出场 8 次。

在尾藤公任教练期间，箕岛高校进入黄金发展期：1968 年箕岛首次打入春季甲子园大赛四强，1970 年夺得春季甲子园大赛冠军。此后又在 1977 年和 1979 年春季甲子园两度夺冠。1979 年夏天，箕岛高校背负着冲击“春夏连霸”的使命一路高歌猛进，打进了第三轮。

另一边是如今知名度也许更高的星稜高校。

星稜是日本高校棒球史上经典战役最多、话题事件最多的学校，远有 1979 年的箕岛 VS 星稜战、1992 年星稜 VS 明德义塾“松井秀喜五打席敬远事件”，近有 2018 年的星稜 VS 济美战。星稜同时也是甲子园最不走运的学校。1962 年创建的星稜高校野球部 1972 年第一次

---

[1] 日本索尼（Sony）公司生产的个人随身音乐播放器，又名“随身听”。

打入夏季甲子园大赛，截至 2022 年春夏，总计已 34 次出场（春 14，夏 20），两度夺得夏季甲子园大赛亚军，但一次甲子园冠军都没有拿到过。

◇ 奇迹的两支全垒打

正值日本盂兰盆节假期，当天甲子园现场观赛人数超过了 3.4 万。下午 4 点 06 分，比赛开始。

来自近畿本地的箕岛高校多少占据主场优势。现场支持箕岛的加油声势更盛，后来的比赛过程则出乎了所有人的意料。

星稜先发，第四局星稜投手坚田外司昭击出适时安打，率先得分，下半局箕岛立即还以颜色，一人出局三垒有人的情况下，箕岛的六棒打者森川康弘也击出适时安打扳回 1 分，1 ： 1。

随后两队陷入胶着状态，互有攻势但均无得分，1 ： 1 的比分一直持续到了延长局。

僵持在延长第 12 局终于松动。此时天色已黑，场内亮灯。星稜第八棒打者石黑丰击出二垒安打，洞穿箕岛内野中间方向的防线，2 ： 1！星稜再度领先。

第 12 局下半，箕岛两人出局，只要再一个出局数，星稜就将获得胜利。

箕岛方面轮到捕手兼一棒打者岛田宗彦上场。据说他上场前对教练尾藤公说：“教练，我要去打一发全垒打。”尾藤教练回应他：“好啊，去打！”

未曾想岛田真的如有神助地击出一记阳春全垒打[1]，2 ： 2，比赛再度被拉回平局，全场观众沸腾了！

场上继续僵持了四局，到了延长第 16 局上半，星稜七棒山下靖击出适时安打，3 ： 2，星稜再度领先。

第 16 局下半，箕岛又是二人出局，星稜胜利的曙光第二次降临了。此时打击轮到了森川康弘。

箕岛教练尾藤公 10 岁的儿子尾藤强当时也在休息区观赛，后来他回忆当时自己的心情时，表示自己意外地笃定：

“当时想得很轻巧，觉得既然春季甲子园能赢，夏季大赛夺冠自然是理所当然的，既然岛田刚刚能打出全垒打，那么森川也一定能！”

星稜投手坚田投出第一球，森川大棒一挥打成了一垒观众席方向的高飞球，局面差不多等于箕岛直接被宣判了死刑。

只要高飞球被星稜的一垒手接住，森川就成了最后的出局打者，星稜就能胜出。

然后戏剧性的一幕出现了。

奔向飞球的星稜一垒手加藤直树突然摔了个大跟头，赛后据分析，原来是那年甲子园球场外圈刚刚铺设了人工草皮致使加藤直树脚底打滑，没能接住本应属于星稜的“胜利之球”。

“大难不死”的森川继续打击，球数累积到两好一坏后，竟然又击出一支阳春全垒打！ 3 ： 3，星稜与箕岛的激战仍未终结！

[1] 阳春全垒打，Solo Homerun，垒上无人的情况，打击选手击出全垒打，可得 1 分。

△　星稜一垒手加藤直树致命的漏接（照片出处『夏の甲子園 100 回名勝負・名選手の真相 !! 』）

据说这也是森川高中棒球生涯中第一次在正式比赛中打出全垒打，现场观众完全陷入狂热，朝日电视台的主播大喊：“奇迹降临甲子园！”

◊　延长 18 局再见逆转胜出

比赛进入延长第 18 局时，已经过了晚上 7 点。NHK 电视台综合频道的直播在晚上 6 点早已结束，全日本都在关注着箕岛 VS 星稜战，观众们屏息守着仍然继续直播的 NHK 教育等频道。

18 局上半，星稜一人出局后一度制造了满垒的好机会，但遗憾最终没能再得分。两队当日最后一次攻防互换。

按大赛规则，两队如果在延长第 18 局仍未分胜负将结束比赛，翌日再战。当时甲子园现场的广播已经开始播报将于翌日 8 点半第一场重赛的通知。

场下的箕岛不知不觉已有两人上垒，跑者登上了得分圈的二垒垒包，第三名打击者上野敬三上场，一记再见安打将二垒上的箕岛跑者送回了本垒！

夜空中的甲子园比分板缓缓转动，亮出最终的比赛得分是 4 ∶ 3！

长达 3 小时 50 分的比赛在宣布延长 18 局平局前的最后一刻结束，三度落后又追平比分的箕岛最终 4 ∶ 3 再次逆转胜出。

◇　列岛轰动

NHK 教育电视台直播箕岛 VS 星稜战收视率录得 29.4%，创下了高校棒球史上最高直播收视纪录。

各大电视报纸媒体争相报道，日本三大报刊巨头齐齐盛赞——《朝日新闻》称“比赛进展磅礴大气，前所未见”，《每日新闻》评价这场比赛“凌厉而迫力满点”，《读卖新闻》赞扬其为“紧张感十足的一场好戏”。《朝日新闻》更是腾出次日的社会新闻版面，加码报道这场高中棒球比赛。

两队所在当地报纸报道更加卖力，石川县的《北国新闻》次日的版面几乎成了箕岛 VS 星稜战的专刊。不仅头版头条报道刊登比赛结果，内页大量版面也用来报道详细赛况、应援现场情况，刊载当地各行各业发来的贺电和星稜球队家属感言等。

日本各界名人也纷纷加入讨论，一时间涌现出大量“箕岛 VS 星稜战”为主题的文艺作品——

著名剧作家阿久悠[1]刊发了诗歌《最佳比赛》，盛赞两队坚忍不拔的拼搏精神；作家山际淳司创作了短篇小说《八月的夜光灯》纪念两队的夜战，此外还有作家山冈淳一郎创作的短篇小说《一辈子的夏天 永远的甲子园》。“箕岛 VS 星稜战”为 70 年代末期日本大众文化贡献了热门话题。

◇ 唯一达成“春夏连霸”的公立校

箕岛 VS 星稜战的传奇和荣光一直延续到 1979 年夏天的尽头。

力战 18 局胜出的箕岛，此后打入了当年的决赛。挡在“春夏连霸”目标前方最后的敌人，正是 70 年代金属棒改制后崛起的“强打传奇”池田高校。

决赛的场面依稀和星稜一战有几分相似：

依旧是后攻，依旧是开场落后，到第 8 局上半，箕岛 2 ∶ 3 落后，第 8 局下半，箕岛连取 2 分逆转，并将领先优势保持到了最后。

比分同样是 4 ∶ 3，箕岛再一次逆转胜出，如愿以偿实现了“春夏连霸”！由是，箕岛成为高校棒球史上第三所达成“春夏连霸”的学校，也是迄今为止唯一达成这项纪录的公立学校。

不过事后看来，第 61 届夏季甲子园大赛最深刻的时代印象，还是箕岛 VS 星稜一战，箕岛“春夏连霸”的伟业，反倒被视作“箕岛 VS 星稜战”最后的“点睛”之笔。

---

[1] 阿久悠（1937—2007），日本著名剧作家、小说家、作词者，本名深田公之。

◇ 羁绊与回响

40 余年过去，箕岛 VS 星稜一战仍然为人们津津乐道，频繁见诸各类高校棒球相关专栏，媒体对于星稜箕岛两校经常给予特别的关注，NHK 多年来拍摄多部纪录片，跟踪当年两校教练和球员们后来的人生轨迹和两校此后的战绩，但凡两校同时打入甲子园，媒体必定重提当年的战役。

两校最近一次同时打入全国大赛是在 2013 年，不过均在第一轮被淘汰，未能相逢。不过有趣的是，2013 年星稜棒球部的教练正是尾藤公的儿子尾藤强，队上还有被视作当年星稜导致败战的“头号战犯”加藤直树的儿子加藤峻平。

箕岛星稜两校此后始终保持着非同寻常的友谊。多年以来，两队多次举行友谊赛，纪念 1979 年那场经典比赛——

1994 年 11 月，两校在和歌山县纪三井寺棒球场首次进行了纪念交流赛，此后每隔十年，两校都会举行纪念交流比赛；

2007 年 11 月 18 日，箕岛高校建校百年纪念日也邀请星稜高校，举行了特别纪念比赛；

2010 年 9 月 23 日，“甲子园历史馆”落成，甲子园球场专门邀请箕岛、星稜两校在甲子园球场举行了历史馆开幕纪念比赛。

时隔 31 年后，两队再度同时站上甲子园球场，虽然当天下起瓢泼大雨，纪念比赛仍然热火朝天地举行了。67 岁的尾藤公坐着轮椅在休息区含泪观看了整场比赛，“从休息区眺望甲子园球场上的比赛，如同故乡的风景”。

2011 年 3 月，尾藤公因膀胱癌病逝，享年 68 岁。星稜前教练山下智茂出席葬仪，热泪致悼词并为其抬棺送行。

2018 年第 100 届夏季甲子园纪念大赛上，第二日的开球仪式嘉宾邀请到当年星稜投手石井毅，而当天第一场比赛的现场球审恰是当初星稜的主投坚田外司昭。两位投手 40 年后竟然以如此独特的方式在甲子园再度相逢。

◇　箕岛 VS 星稜战的魅力

对比之前 20 世纪 30 年代明石中 VS 中京商战以及 50 年代德岛商 VS 鱼津战，箕岛 VS 星稜战的媒体报道数量明显更多，在日本大众文化中的热度也更高。

从话题热点持续时长、媒体关注度和年代跨度来看，高校棒球史上目前鲜有比赛能够超越箕岛 VS 星稜战。

这场 40 年前的球赛到底有何等魅力，能让日本人如此念念不忘？

首先，很少有高中棒球比赛像箕岛 VS 星稜战集合了如此众多的戏剧性元素：总时长 3 小时 50 分，延长 18 局的缠斗，比分三度平局，箕岛两支奇迹般的阳春全垒打以及最后的再见安打，而且这还是迄今为止甲子园唯一一场双方战至延长第 18 局，最后以再见安打逆转收官的比赛。

70 年代甲子园赛制和器械改革也发挥了作用。引入金属棒显著地提高了高校棒球比赛中全垒打的数量，箕岛在比赛延长局击出的两支全垒打要归功于此，甲子园球场新铺设的人工草皮则为“剧情推进”做出重要贡献。

当时日本日益成熟的广电传媒网络保证了能够持续至晚间黄金收视时段的电视直播，让更多普通观众感受到了高校棒球的魅力，也突破了传统收视人群，成就了甲子园史上最高赛事直播收视率。

对于很多日本人来说，箕岛 VS 星稜战还是日本战后经济发展巅峰时期的“时代印象”之一。

不过，箕岛 VS 星稜战被誉为日本高校棒球最佳比赛的核心原因，笔者认为在于其充分诠释了日本高校棒球的“精髓”：精神 + 奇迹。

在甲子园的语境中，比赛的输赢不是最重要的，球员们展现出的精神面貌才是最重要的。

箕岛 VS 星稜战中，两队当家投手均一人完投整场比赛，星稜的坚田外司昭投球数达 208 球，4 夺三振，箕岛的投手石井毅投球数达 257 球，16 夺三振，个人还拿下了当年夏季甲子园最多的 48 夺三振纪录。

石井毅说：“（高中）二年级夏天在甲子园输了之后，我一直下功夫苦练，比别人下更多的苦功，因此才有自信能做得更好，箕岛的球员们都是这么做的。正因为星稜的球员也下了和我们同样的苦功，才有了那场比赛的诞生。”

丢一分，就想方设法追一分，死死咬住，纠缠不放，不到最后一刻绝不服输。“缠斗到底（粘り）”几乎是高校棒球比赛中对一支球队的最高评价。

星稜和箕岛近 4 个小时的缠斗，很好地诠释了这种日本特色价值观，切中了当时日本社会的集体审美。

而如果只有“精神”，没有奇迹，箕岛 VS 星稜战充其量只能是

◁ 加藤直树因漏接在日本棒球史上留名

甲子园历代精彩比赛之一。

比赛延长第 12 局和第 16 局，箕岛两度陷于绝境后击出阳春炮，媒体称之为“两度降临的奇迹”，也是箕岛 VS 星稜战超越此前历代经典比赛的关键因素。

赛场之外，两校四十年来的密切互动也淋漓尽致地展现了日本高校棒球尊重传统、强调社群传承的价值观特色。两校通过持续的纪念比赛，不断更新与增强了日本社会对箕岛 VS 星稜战的记忆。因此即使过去四十余年，这场 70 年代甲子园最后的传奇之战仍然鲜活如昨，仿佛从未走远。

第十话 泡沫经济与 TOUCH

○

最后的狂欢

日本战后经济在 20 世纪 80 年代到达全盛巅峰。

1980 年，英国《泰晤士报》称日本已崛起成为“世界第一流的工业化国家”。1985 年日本成为纯债权国，对外净资产达到 1298 亿美元，跃居世界第一。同年 9 月 22 日，日本与美国、联邦德国、法国以及英国签署了著名的《广场协议》。根据协议约定，五国政府将联合干预外汇市场，诱导美元对主要货币的汇率有秩序地贬值，以解决美国巨额贸易赤字问题。

当时几乎没有人预料到，这份协议很可能是日后引发日本十余年经济萧条的罪魁祸首。《广场协议》一经签署，昭和时代最后的狂欢旋即开始了。

日元迅速升值，美元日元兑换比率从签署时的 1 ： 240 涨至 1985 年底的 1 ： 200，再到 20 世纪 80 年代末的 1 ： 120，升值幅度近四倍。

日元升值刺激日资企业海外扩张，1986 年至 1990 年间，日本企业对外直接投资总额达到 572 亿美元，是 80 年代初的近五倍。日本在美国的直接投资在 1980 年至 1988 年间增长了 10 倍以上。

同时，日本企业还在海外市场大量收购各类资产，胃口不输前几年进军海外的中资企业。日本人大量收购美国知名企业及地标性建筑，包括克莱斯勒大厦、纽约洛克菲勒中心、美国哥伦比亚影业公司和环球影城等，这让不少日本人倍感扬眉吐气，自诩在战场上输给美国，总算在经济上赢了回来。

日本国内也是一派异常景气，股市房市双双高速增长，日经指数从 1986 年 1 月的 13000 点飙升至 1989 年末的 39000 点。1989 年东京银座的土地拍卖价格一度拍出了全球最贵地价——97 万美元 / 平方米，据说当时光东京一地的地价就超过了美国全境总和。

昭和最后的繁华醉人，高度发达的消费主义社会使得大众娱乐文化成几何倍数蓬勃增长。就连历来保守传统的高校棒球，也不由自主一同被卷入泡沫经济时代最后的狂欢浪潮之中。

○

量产的“大辅”

说到 20 世纪 80 年代的甲子园印象，就不得不提“荒木大辅热潮”。

荒木大辅出身东京棒球名校早稻田实业，高中一年级就当上正式球员，担任三垒手。1980 年夏季甲子园大赛的东东京地方大赛开始前，当家投手突然抱恙无法出赛，荒木临时替补上场，岂料竟然一路带领早稻田实业击败当年春季甲子园亚军帝京高校和劲敌二松学舍大附（全称“二松学舍大学附属高校”），打入甲子园。在全国大赛上，荒木大辅更是一鸣惊人，全部五轮比赛四场完封胜出，连续四十四又三分之一局无失分挺进决赛。决赛遭遇棒球名校横滨高校，当时冠军横滨的主投爱甲猛是个有点“不良少年”气质的天才型投手，相比之下，面容俊俏乖巧大方的荒木大辅人气更高。虽然最终早稻田实业 4 ： 6 不敌横滨屈居亚军，荒木大辅却征服了全日本女性粉丝的心。

也许是受到 80 年代偶像流行风潮影响，高校棒球场上的女粉丝比起 60 年代“元祖偶像”太田幸司那会儿的前辈们更加热情奔放，战斗力也更强。

她们围堵早稻田实业棒球队乘坐的巴士，给荒木递送大大小小的礼物，每逢早稻田实业比赛，甲子园警署不得不出动警力拉起人墙，抵挡住尖叫着涌来的粉丝。只要荒木大辅上场投球，观众席就尖叫不停。即便到甲子园比赛结束后，女性粉丝也会从四面八方络绎不绝赶到东京早稻田实业学校的训练场，围观荒木的日常练习，令校方和荒木本人直呼“实在吃不消”。

要说女粉丝的热情究竟还能高到什么程度，她们甚至给自己的孩子也起名叫“大辅”。

荒木大辅连续五季打入甲子园的 1980 年代初期，恰好也是日本乃至全世界人口增长高峰期。大量适龄的女粉丝当了妈，第一件事就是给孩子起名叫“大辅”，冀望儿子能像荒木大辅一样聪明帅气。据统计，1980—1986年，“大辅”连续七年蝉联日本新生儿男孩命名榜首。

到了20世纪90年代后期，各种“大辅”开始走进公众视线。棒球界无疑是各种“大辅”出现最多的舞台，光是职棒球员里就有一大堆“大辅”——加藤大辅（欧力士）、草野大辅（乐天）、三浦大辅（横滨）、田中大辅（中日）、祖父江大辅（中日）等等，其中最有名的，还要数人称“平成怪物”的松坂大辅，我们在稍后的篇章再做详细介绍。

○

甲子园的“TOUCH”时代

1981年夏天，荒木大辅率领早稻田实业打入十六强，和兵库县代表报德学园（全称“报德学园高等学校”）打到延长第10局，被击出“再见安打”，4：5憾负。报德学园此后一路挺进决赛，和京都代表京都商展开“近畿同士决战”[1]并且最终以2：0夺冠。

同年8月，安达充的经典棒球漫画《TOUCH》（又译为《棒球英豪》）开始连载。《TOUCH》不强调热血“根性”或棒球专业技能，而是以棒球运动为媒，描绘少年少女青春日常。清新时尚的风格和80年代的青春时尚元素让当时的读者眼前一亮，也吸引了大量不懂棒球规则的普通读者，因而跃居80年代最流行的棒球动漫代表作品之列，此后《TOUCH》持续推出同名电视电影动画系列，影响力也照进了

[1] 指决赛出现两所学校都来自近畿地区的情况。甲子园下一次出现“近畿同士决战”是在2021年夏天，智辩和歌山与智辩学院的兄弟学校对决。

△《TOUCH》

现实中的甲子园。

1986年，《TOUCH》电视动画的片尾曲《青春》（芹泽广明作词曲、岩崎良美演唱）入选第58届春季甲子园大赛入场行进曲。动画同名主题曲（岩崎良美演唱）直到今日仍是甲子园赛场上最受欢迎的应援乐曲之一。

漫画主人公的名字“达也”“和也”也跻身“日本男孩最热门的命名榜”前十位，动画完结的1987年，“达也”荣登“日本男孩最爱用名榜”第一名。十余年后，很多名为“达也”的少年背负着父母的“甲子园之梦”踏上了投手丘。2016年夏季甲子园冠军作新学院的当家投手今井达也就是一例。漫画中主人公上杉达也背负着“带浅仓南去甲子园”的诺言踏上投手丘，现实中踏上甲子园球场的“达也”们也背负着两代人的甲子园之梦。

与此同时，高校棒球的新闻报道也开始越来越多地引用棒球动漫典故。70 年代末期活跃在甲子园的浪商捕手香川伸行[1]，因为体型肥硕酷似水岛新司笔下的人气主角山田太郎，被媒体称作“大饭桶（ドカベン）”，这个昵称后来伴随了香川一生。

○

JVC 甲子园海报女郎

虽然战后高校棒球坚持非商业化运作，一些商家还是想方设法与之挂钩，分享甲子园体量可观的“流量池”。1980 年日本电器巨头 JVC（当时名为“日本胜利株式会社”）推出“胜利者 · 甲子园海报（ビクター・甲子園ポスター）”推广活动，每年夏季甲子园大赛赛程期间，JVC 会推出年度夏季甲子园主题推广海报模板，将大赛讯息和 JVC 推广产品并列，张贴者可根据个人喜好，在模板海报的空格中填写希望为之加油的学校。这种品牌宣传模式非常契合夏季甲子园大赛赛制，又未触及甲子园商用营利红线，有助于商家的影响力迅速且持续下沉日本全国三、四、五线城市。

海报的主题最初采用甲子园球场或比赛照片，1984 到 1986 年又连续使用《大饭桶》和《TOUCH》动漫人物作为主题。受 80 年代昭和偶像流行文化影响，1987 年起，主办方开始采用女性偶像新人出任年度海报女郎，取得不俗市场反响。此后就成了一项传统活动。如今

❶ 香川伸行（1961—2014），日本职业棒球选手，出身浪商高等学校，毕业后加入南海鹰队（福冈软银鹰队前身），后担任社会人棒球教练。

不少家喻户晓的日本女明星当年都曾入选“甲子园海报女郎”，包括酒井法子、菅野美穗、酒井美纪、上户彩、户田惠梨香等。

1980—2008 年 JVC 甲子园海报年度主题

年代	海报主题
1980—1983 年	实景照片
1984 年	《大饭桶》
1985—1986 年	《TOUCH》
1987—1988 年	酒井法子
1989 年	高冈早纪
1990 年	高桥由美子
1991 年	大路惠美
1992 年	持田真树
1993 年	酒井美纪
1994—1995 年	菅野美穗
1996 年	村田和美
1997 年	松本惠（现名：松本莉绪）
1998 年	清水千贺
1999 年	吹石一惠
2000 年	向山爱里
2001 年	上户彩
2002 年	渡边杏（现名：杏）
2003 年	石原里美
2004 年	铃木杏
2005 年	户田惠梨香
2006 年	藤井美菜
2007 年	南泽奈央
2008 年	石桥杏奈

进入 21 世纪，JVC 公司受互联网浪潮冲击、业绩下滑，于 2009 年中止了 JVC 甲子园海报活动。这项延续近 30 年的活动为很多日本演艺女明星留下了“青春的档案”，如今当人们看到当年的海报，还是会被少女们纯真青涩的面容深深打动。

○

“逆转的 PL”

70 年代异军突起的池田高校在 1982—1983 年迎来高光时刻：1982 年池田高夺得夏季甲子园冠军，六场比赛全队共击出 85 支安打，刷新大赛纪录；1983 年春天池田高再度夺冠，夏天的第 65 届大赛，怀着“夏春夏三连霸”梦想的池田高，以所向披靡之势横扫前三轮对手，却意外在半决赛上被一支高一学生担纲的球队打了个 0 ： 7，完封败退。这支击败池田高的球队正是日后声名赫赫的 PL 学院。

长江后浪推前浪，池田高的时代悄然落下帷幕，接力棒交到了 PL 学院手上。

PL 学院在甲子园历史上留下了各种骄人战绩：春夏通算七夺冠军、史上第二所“春连霸”学校、史上第四所“春夏连霸”学校、甲子园 20 连胜、输出职棒选手最多的学校（1977 年到 2001 年每年至少一到两名）等，但这些都不及一个名号来得响亮——“逆转的 PL”。

PL 学院棒球部创立于 1956 年，1962 年首次打进甲子园，70 年代开始崭露头角，1978 年春夏连续出场甲子园，在第 60 届夏季甲子园大赛上，PL 学院在半决赛延长 12 局以 5 ： 4 逆转，击败豪门中京高（即如今的中京大中京），继而决赛第 9 局以 3 ： 2 再度逆转，击败高知商夺得冠军，由此得名“逆转的 PL”。此后 PL 学院也屡有比赛逆转胜出的情况，扬名甲子园。

1980 年，PL 学院 OB（毕业生）中村顺司出任棒球部教练，开启 PL 学院近 20 年的“黄金时代”。1983 年夏天 PL 对池田高 7 ： 0 大胜是公众记忆最深的一战，当年 PL 学院顺势拿下夏季甲子园冠军，新王登基。而当时球队的当家投手和最强的第四棒打者竟是两个高中一年级“小朋友”——桑田真澄和清原和博。

一年级学生就能站稳甲子园出场校棒球队当家投手和第四棒打击选手位置的，在日本高校棒球界实属罕见。两人用实际成绩证明了自己的实力：两人高中三年助力 PL 学院连续五次打入甲子园，两次夺得夏季甲子园冠军，两次夺得亚军，还有一次打入春季甲子园四强。清原和博在 1983 年还刷新了甲子园个人全垒打最多的纪录（13 支全垒打）。

因为两人姓氏均以“K”打头[1]，“KK 组合（KK コンビ）”成了 80 年代甲子园球场上最响当当的名号。

——“KK 组合”时代 PL 学院的甲子园赛绩——

1983 年夏：冠军

1984 年春：亚军　　夏：亚军

1985 年春：四强　　夏：冠军

“KK 组合”毕业两年后，PL 学院在 1987 年达成甲子园史上第四个“春夏连霸”纪录，甲子园的“PL 传奇”达到历史巅峰。

关于 PL 学院，还需要了解另一件事。

PL 学院是一家新兴宗教团体背景的学校，背靠名为“PL 教团（パ

---

❶ 桑田真澄的姓氏日文念作 KURATA；清原和博的姓氏念作 KIYOHARA。

ーフェクト リバティー教団）”的新兴宗教团体，“PL”即“PERFECT LIBERTY”的缩写，中文名“完美自由教团”。

该教团创设于大正年间，教义脱胎自日本神道信仰。PL 棒球部 80 年代出色的战绩被教团拿来大做文章，在 PL 棒球部官网上随处可见宗教色彩浓郁的宣传语——“棒球依靠神（神に依る野球）”，“致力于世界和平的棒球（世界平和のための野球）”等。

可是美好的口号和光鲜的成绩背后，PL 学院棒球部长期存在严重的管理问题，以至于达成“春夏连霸”20 多年后竟然被裁撤收场。这个故事在下一话再详细展开。

1989 年 1 月 7 日，昭和天皇去世，日本改元平成。

荣光退潮，阴暗渐渐浮出水面。一个退潮的时代悄无声息地来临了。

○

| 番外 |

虚实之间的青春：日本动漫与甲子园

尽管甲子园大赛只是日本国内高中体育赛事，却也是日本最具国际知名度的学生体育赛事。每年都有中国大陆及港澳台地区和韩国等地的海外爱好者持续关注。欧美等国也曾拍摄过关于日本甲子园高校棒球的纪录片。究其原因，日本动漫文化在其中起到了关键作用。

日本是举世闻名的动漫文化大国，在浩如烟海的动漫作品中，棒球题材动漫画是生命力极其旺盛、产量巨大的一脉。据粗略统计，自 20 世纪 50 年代起，以棒球为主题的日本漫画作品超过 240 部，其中

70 年代以后出产作品超过 140 部，出现过棒球相关情节的作品更是不计其数。

更奇特的是，棒球动漫似乎还是“日本特产”。棒球运动和动漫文化同样发达的美国、韩国以及中国台湾等地区，棒球动漫却并不多见，遑论如日本棒球动漫那样高产而世界闻名。日本人还为棒球漫画发明了一个专有名词：球漫。

我们暂时从现实中抽离，来看看日本棒球动漫时空中的甲子园大赛。

◇ 战前时代的棒球与漫画

棒球运动自明治时期传入日本，在 20 世纪上半叶迅速普及兴盛，成为日本近现代最受欢迎的国民级体育运动。早在 20 世纪 20 年代的大正时期，报纸上就出现了描绘棒球运动的单格或四格漫画。最早可溯及的棒球漫画是大正十一年出版的《如何画漫画》一书，其中收录有 3 幅和棒球相关的单幅漫画。

战前时代的著名漫画如田河水泡的《野狗黑吉》、岛田启三的《冒险丹吉》等也有展现棒球运动的剧情。

此后日本全面发动对外侵略战争，棒球被视作源自西方国家的“敌方运动”遭到打压，1941 至 1945 年间，棒球几乎从公众视野中消失，漫画传承也自然中断。

◇ “球漫”诞生

1945 年日本战败，GHQ 接管日本后第一时间恢复了职业棒球联赛和甲子园大赛，期望通过这项“最能体现民主精神的体育运动”推动战后日本民主化改造。

日本现代动漫也在同一时期萌芽。很多草创期的动漫作品纷纷将视线投向了既有人气又政治正确的棒球运动。

1947 年，手冢治虫发表了日本第一部现代漫画《新宝岛》，10 月，川津书店的《儿童漫画》推出“少年棒球”特集，收录了四部棒球主题漫画作品——《20 年前的日本第一少年队》(单格漫画)、《早庆战》(单格漫画)、《阿藏的本垒打》(11 格漫画)、《阿山的本垒打王》(4 页漫画)，被视作日本最早的现代棒球漫画。

同年 12 月，井上一雄在《漫画少年》创刊号上发表了《击球君》，这部作品被视为“日本棒球漫画真正意义上的起点”。

漫画讲述了一个名叫长井拔十的高中棒球少年参加棒球部训练的故事，通过平凡小人物的视角，展现了当时日本高中棒球社团文化以及普通日本高中生的日常生活。

《击球君》同时开创了日本棒球漫画和日常系漫画的先河。“体育 + 日常”的叙事风格被后来的日本棒球漫画广泛采用。另外漫画中还出现了读卖巨人军、川上哲治等现实中的职业棒球队和棒球明星，这种现实与虚构联动的表现手法也被《巨人之星》等棒球漫画所继承，对于日本棒球漫画可谓有着不可磨灭的影响。

可惜天妒英才，《击球君》的作者井上一雄 1949 年因病去世，享年仅34岁。杂志社请另一位漫画家福井英一继续画到1950年夏天才停刊，前后连载周期不满三年。

《击球君》虽然仓促中断，却已产生启蒙效应。此后涌现出大量风格与题材各异的棒球漫画——寺田博雄的《背号0》、《运动员佐助》，贝塚广志、长谷邦夫、大石次郎、福井英一、田中正雄等漫画家创作有《死球的陷阱》《黑色秘密兵器》《豪快豆选手》等早期棒球漫画名作。

其中《背号0》继承了《击球君》的棒球少年日常叙事，而《运动员佐助》则是一个讲述忍者加入职棒用忍术打棒球的幻想故事，这部作品被认为是日本棒球漫画最初的“魔球流”漫画。

◇ 《巨人之星》：魔球与根性

1964年东京奥运成功举办，日本开始进入经济高速发展期。战后复兴的时代主题和“更高、更快、更强”的奥林匹克精神交叠在一起，再加上电视的普及以及出版业的兴盛，日本棒球动漫迎来了战后第一个高潮，一代经典《巨人之星》应运而生。

《巨人之星》由梶原一骑[1]原创剧本，川崎伸绘制，故事讲述了少年星飞雄马在父亲星一彻的严苛教导下，为了加入读卖巨人军从小不懈奋斗的成长历程。漫画自1966年起在《周刊少年Magazine》连载，1968年推出同名电视动画，而现实中的读卖巨人军从1965年至1973

---

[1] 梶原一骑（1936—1987），本名高森朝树，是日本作家、漫画家与动画制作人。代表作有《巨人之星》《明日之丈》等。

△ 《巨人之星》

年则创下了日本职棒央联史无前例的“九连冠”。在日本社会轰动一时。晚上回家打开电视看巨人棒球比赛，成了日本60年代大部分城市工薪族的娱乐方式。以读卖巨人军为背景的《巨人之星》蹭上这波流量迅速火了起来。

其实梶原一骑和川崎伸并不熟悉棒球运动，他们索性扬长避短，大走“热血魔球”路线：故事中的棒球技能描写极尽夸张之所能，各种威力奇幻的“魔球必杀技”层出不穷，还有星一彻自主研发让星飞雄马天天穿戴促进肌肉增长的黑科技“筋肉服”。读者们非但不反感这些毫无科学依据的设定，反而大呼过瘾，大大拓宽了棒球漫画的受众面。

此外，《巨人之星》还大力鼓吹日本的“精神棒球”和“体育根性”精神主义传统，歌颂忍耐克己、奋发上进的美德，正呼应了60年代日本社会昂扬上进的时代主旋律，深深影响了当时日本社会的体育伦理，1970年朝日新闻社发起调研：“‘根性（苦练）’对于高校棒球是否必要？”1250份高校棒球选手问卷中95%持赞成态度。

《巨人之星》还继承了《击球君》现实联动虚拟剧情的特色并将其进一步发扬光大，故事背景和时代几乎保持同步，真实还原了连载期间日本急速变迁的社会风貌，现实中读卖巨人军以及职棒选手也出现在故事中，与主人公展开互动，仿佛星飞雄马是真实存在的巨人球员。此外还有阿波罗11号登月等时代大事件也出现在漫画中，更增强了读者的代入感。

《巨人之星》真正确立了日本棒球漫画的风格和漫画地位。此后很长一段时间内很多日本动漫作品的叙事、创作风格乃至经营模式都带有《巨人之星》的烙印。

◇　“棒球漫画第一人”

70年代，日本漫画新浪潮运动兴起，日本动漫画艺术朝着表现形式更多元化、个性更鲜明的方向高歌猛进，一时间百花齐放，佳作迭出。

继“热血根性”的《巨人之星》之后，水岛新司独力将棒球漫画推向了全新高度。

水岛新司的漫画作品大多是棒球漫画，被誉为日本“棒球漫画第一人”，代表作有《热血男儿甲子园》（1970—1975）、《大饭桶》

△ 《大饭桶》

系列[1]（1972—2018）、《棒球狂之诗》系列[2]（1972—1977）、《大甲子园》（1982—1988）、《安武》（1973—2014）等。

水岛一反《巨人之星》夸张的“魔球”风格，坚持走写实专业主义路线，对棒球比赛技战术的描绘、职棒联盟运作的描写专业性极强，细节扎实，展现出深厚的棒球运动知识功底。没有接受过专业绘画培训的水岛新司为了画好棒球漫画，先花了十年工夫磨炼画技，创作了多种题材的漫画之后才涉足棒球漫画题材，严谨执着的创作态度令人肃然起敬。

联动现实的“球漫”传统也被水岛新司继承。水岛新司和王贞治

---

[1] 《大饭桶》系列包括《**ドカベン**》（1972—1981）、《**ドカベン プロ野球篇**》（1995—2003）、《**ドカベン スーパースターズ篇**》（2004—2012）和《**ドカベン ドリームトーナメント篇**》（2012—2018）。

[2] 《棒球狂之诗》系列包括《野球狂**の**詩》（1972—1976）、《野球狂**の**詩平成篇》（1997）和《野球狂**の**詩 2000》《新・野球狂**の**詩》（1998—2000）。

等日本职业棒球界各路名流私交甚笃，水岛的棒球漫画经常会联动到同时期的棒球明星或偶像人物。漫画中关于日本职棒八卦内幕、比赛场面及日常球队经营等细节的描绘细腻真实，受到职棒界认可。读者通过漫画了解到很多日本职业棒球业的现状信息。

对比60年代《巨人之星》的单一主角成长叙事，水岛新司“球漫”叙事风格更善于描绘球队群像，对后世《王牌投手 振臂高呼》《钻石王牌》等棒球漫画影响很大，深入人心。

2007年，水岛新司漫画创作生涯50周年纪念，安达充和高桥留美子等同僚纷纷作画致敬，王贞治等职棒界名人也发来贺电。

2022年1月10日，水岛新司罹患肺炎在东京去世，享年82岁。

◇ “恋爱＋棒球”的青春

日本经济在20世纪80年代到达战后时代巅峰，大众娱乐文化蓬勃发展，安达充贡献了这十年中最具代表性的棒球漫画。

自1978年推出第一部原创棒球漫画《NINE》（《最后的冠军》）之后，安达充1981年推出个人最经典的长篇棒球漫画《TOUCH》。

不同于梶原一骑的“魔球流”或者水岛新司的“专业流”，安达充的棒球漫画注重“借棒球讲故事”——以“棒球”为媒介助推剧情发展，着重描绘少男少女平凡却不平淡的青春日常，独特的绘画笔触，轻松而余韵绵长的故事剧情，在热血硬汉扎堆的体育漫画中突然吹起一阵清风。

《TOUCH》连载同期，80年代的甲子园赛场上也是风潮迭起。“荒

△ 《TOUCH》

木大辅”热潮、“KK 组合”、池田高“进攻棒球”……大众娱乐文化潜移默化地改变着高校棒球曾经苦行僧般的面貌，吸引到越来越多普通人加入观赛队伍。

“青春恋爱 + 棒球”的《TOUCH》生逢其时，与现实中转型期的甲子园高校棒球运动相映成趣。日本 80 年代的社会风景、昭和大众娱乐时尚、流行偶像风潮也被收入漫画中，女主角浅仓南也顶着一头当年最流行的“圣子头”[1]。

《TOUCH》于 1985 年至 1987 年推出同名电视动画，此后又多次推出系列动画剧场版，是 80 年代当之无愧的日本棒球动漫画“霸权番”。有评论说，80 年代安达充式“球漫”的流行，标志着日本真

[1] 1980 年代日本人气偶像明星松田圣子的发型一度被广泛效仿，风靡日本，被称为“圣子头”。

正告别了“战后时代”。

安达充的漫画创作不仅限于棒球漫画，但笔下的棒球漫画几乎皆以高校棒球为背景，是当之无愧的“甲子园高校棒球漫画第一人”。从 20 世纪 70 年代至今（2022 年），安达充几乎每十年都会创作一部长篇棒球漫画。跨越半个世纪的漫画连载中记录下了各时代日本棒球少年们相似又迥异的青春身影和社会风情变迁。年代跨度之长，持续时间之久，在日本棒球漫画界独此一家，形成了安达式“球漫”独有的魅力。

年代	安达充长篇棒球漫画
1970 年代	《NINE》（《最后的冠军》，1978—1980）
1980 年代	《TOUCH》（《棒球英豪》，1981—1986）
1990 年代	《H2》（《好逑双物语》，1992—1999）
2000 年代	《CROSS GAME》（《四叶游戏》，2005—2010）
2010 年代	《MIX》（2012—2018）

◇ 进化的“球漫”

80 年代以降，日本棒球动漫作品面貌更趋多元化，没有特别突出的个人创作者，但新颖的题材和视角层出不穷。其中既有继承《巨人之星》等球漫传统，讲述天才棒球少年成长史的《棒球大联盟》（*MAJOR*，1994—2010），也有描绘平凡高中棒球少年群像的《王牌投手 振臂高挥》（2003—）；寺岛裕二 2006 年开始连载的《钻石王牌》是 21 世纪后高校棒球漫画的代表作。以现实主义描写见长的《钻石王牌》真实反映了 21 世纪日本高校球儿日常生活训练面貌以及当下棒球主流

△ 《钻石王牌》

△ 《如果高中棒球队女子经理读了彼得·德鲁克》

技战术，作品深受棒球运动员喜爱，大谷翔平等 MLB 职棒明星也坦言是该作品的粉丝。

还有一些独辟蹊径的棒球题材：

甲斐谷忍的《超智游戏》（1998—2006）抛开“球漫”讴歌友谊、团结、奋进的传统主题，以棒球赌博游戏为切入点，探讨如何运用棒球规则斗智斗勇，是一个另类故事。

2010 年出版的轻小说《如果高中棒球队女子经理读了彼得 · 德鲁克》（简称《如果杜拉》，岩崎夏海著）大胆尝试将彼得 · 德鲁克管理学和高校棒球管理相结合，讲述了一名高校棒球女经理运用管理学知识帮助球队挺进甲子园的故事。奇妙的跨界联动收获绝佳口碑，此后荣登 2010 年日本年度畅销小说榜单冠军，还被改编为动漫和电影。

同年还有讲述日本职业棒球运营潜规则的漫画《钱进球场》（森高夕次原著，足立金太郎绘）开始连载，之后被改编为电视动画。

虽然日本高校女子棒球发展长期备受压制，女子棒球运动相关动画却不少，基本出现在 90 年代以后，和现实中女子高校棒球运动发展基本同轨。21 世纪第一个十年，安达充接连创作有《四叶游戏》《偶像 A》，探讨了女生参与棒球运动的社会关注议题。2009 年播出的电视动画《大正野球娘》以大正年间（1926 年）日本昙花一现的女子学生棒球运动为背景，讲述了大正时期一群女学生争取打棒球权利的故事。《女棒甲子园》（1998）和《球咏》（2020）则在虚拟的动画时空中打破了现实中“女生无法进入甲子园打球”的禁忌，为当代女子棒球运动发展加油助威。

◇ 甲子园的“动漫财富”

众多球漫作品中，高校棒球（甲子园）题材占据了绝对优势。截至 2021 年，维基百科可检索到的高校棒球（甲子园）题材动漫画作品超过 103 部，其次是日本职业棒球题材（70 部）、大学棒球（7 部）以及 MLB 题材（6 部）。

除了棒球动漫游戏，“甲子园”的元素还广泛出现在各种动漫作品中，是一个充满青春荷尔蒙和夏日回忆的独特存在。

比如青山刚昌的长篇漫画《名侦探柯南》专门绘有《甲子园的奇迹》一集，讲述柯南和同伴化解甲子园球场炸弹危机的故事；细田守的动画电影《穿越时空的少女》（2006）中，少男少女放学后的投接球传递着微妙心思；《夏日大作战》（2009）中，甲子园是阵内家拯救世界大作战的另一个“平行战场”，电视直播赛况实时反映着阵内家大作战的局势变化；奇幻类动漫作品《咒术回战》21 话加入了全员打棒球比赛的架空剧情，借棒球运动展现角色的个性和感情纠葛，也需要观众具备一定的棒球常识才能理解；富坚义博的中短篇科幻漫画《LEVEL E》中也专门描绘有“梦境甲子园”一篇，讲述一群打入地方大赛决赛的高校球儿在前往赛场的途中连人带车跌入异次元的甲子园球场，虽然错过现实中打入甲子园的机会，但球儿们索性在异次元空无一人的甲子园球场尽情享受了最后的夏天。

日本的棒球漫画为何如此偏爱高中棒球？首先是两者的受众人群高度重合——都以青少年为主。其次是高校棒球在日本社会中的巨大影响力。高校棒球比起其他棒球赛事也更贴近普通日本人的生活。此外甲子园大赛背靠两大传媒巨头——朝日新闻社和每日新闻社，辐射日本全国且经久不衰的传媒影响力对于相关动漫作品也是天然的“流量红利”。

反过来，甲子园也分享了日本亚文化的“红利”。

乘着 20 世纪 80—90 年代日本 ACG（即动画 / 漫画 / 游戏）文化强势输出热潮，“甲子园”成为日本在海外知名度最高的球场。很多海外观众通过各种动漫和游戏知道“甲子园”一词并且不断反复强化记忆。不仅在美韩等国家以及中国台湾地区，即便是棒球长期沙漠化的中国大陆，“甲子园”同样享有一定的知名度。

动漫也为高校棒球运动提供了一个探讨现实问题的虚拟时空。漫画家们围绕着棒球部内暴力事件、训练过劳问题、棒球留学、女子棒球运动发展等现实中高校棒球存在的争议提出不同角度的观点和建议，比如在长篇棒球漫画《四叶游戏》中，安达充对当时高校棒球热议的棒球留学问题持反对态度，而《钻石王牌》的作者寺岛裕二则积极支持棒球留学，认为棒球特长生理应拥有更多选择机会，这些动漫时空中的探讨与想象潜移默化地推动着现实问题的改变。

日本动漫从“甲子园”源源不断地汲取灵感，也记录着甲子园一年又一年相似不相同的风景，一代又一代的“球漫”也不断丰富着甲子园大赛的文化内涵，组成甲子园独特的魅力和财富。

如今的甲子园大赛也越来越重视这笔“动漫财富”。2022 年，朝日新闻社和阪神甲子园球场联合策划推出了“阪神甲子园球场 100 周年纪念漫画系列电影（阪神甲子園球場 100 周年記念マンガコラボムービー）”主题活动，作为 2024 年甲子园球场建成百年纪念活动的一部分，主办方集合了九部甲子园相关棒球漫画制成系列短片，并推出棒球漫画相关主题列车，在虚实的两界间，串联起不同世代关于“甲子园”的漫画记忆和不老的青春风景线。

“阪神甲子园球场 100 周年纪念漫画系列电影”中的 9 部动漫作品是：

· 《大饭桶》 水岛新司 / 水岛 PRODUCTION

· 《巨人之星》 梶原一骑、川崎伸 / 讲谈社

· 《钻石王牌》《钻石王牌 act Ⅱ》寺岛裕二 / 讲谈社

· 《TOUCH》《H2》《MIX》安达充 / 小学馆

· 《PLAYBALL 》千叶亚喜生[1] / 集英社

· 《ROOKIES》森田真法 / 集英社

---

❶ 千叶亚喜生（1943—1984），漫画家，著名漫画家千叶彻弥的三弟。笔名ちば あきお 。1984 年患抑郁症后辞世，年仅 41 岁。

第十一话 世纪末的崩塌

1989 年 1 月 25 日，昭和天皇病逝，长达 60 多年激荡的昭和时代落下帷幕。日本改元“平成”。

昭和时代日本三大符号级人物——动漫巨匠手冢治虫、实业家松下幸之助❶和“昭和歌姬”美空云雀❷在 1989 年相继逝世，“仿佛是为‘昭和’殉葬”。

全世界同样在震荡。东欧剧变，柏林墙倒塌，1991 年 12 月，红旗从克里姆林宫上黯然降下，苏联在一夜间消亡，持续 40 余年的冷战格局终结。

出于“自肃”考虑，这一年很多日本文化娱乐活动被取消或

---

❶ 松下幸之助（1894—1989），日本实业家、发明家。“松下电器”创始人，创立了“终身雇佣制”“年功序列”等日本企业管理制度，有“经营之神”之称。

❷ 美空云雀（美空 ひばり）（1937—1989），日本著名歌唱家、演员。首位获得日本国民荣誉奖的女性。

推迟，但春、夏甲子园大赛仍照常举办。爱知代表东邦高校和东东京代表帝京高校分别拿下 1989 年春、夏甲子园冠军。

○

泡沫破裂

日本东京证券交易所指数在 1989 年冲到 38915 的历史最高点后慢慢回落，泡沫破灭的时代悄然开始。

仅仅一年之后的 1990 年，东证指数跌破 20000 点大关。1992 年，日本大藏省公布不良债权 12 万亿日元。经济泡沫破裂引发连锁倒闭效应，1997 年山一证券倒闭，此后北海道拓殖银行、日本长期信用银行，各种家电制造商相继破产倒闭。日本媒体感慨“牛顿终于来到了日本”。

越来越多的青少年开始转向被认为更时髦的足球运动，有人感慨棒球的时代已经过去，然而 90 年代的甲子园背靠新闻传媒业最后的高速增长期，依然保持着高度的人气。1990 年日本全国参加夏季甲子园大赛的学校首次超过 4000 所（总计约 4027 所）。

更多强打型队伍出现在甲子园的舞台上——东东京代表帝京高校，和歌山县代表智辩和歌山（全称“智辩学园和歌山高等学校”），还有打击能力特别突出的个人选手，如“哥斯拉”松井秀喜。

高校棒球的地域差距进一步缩小，传统弱势地区开始崛起。1991 年夏季甲子园大赛，两支来自东北地区的队伍——宫城的仙台育英（全称“仙台育英高等学校”）和秋田经法大附（全称“秋田经济法科大学附属高等学校”，现明樱高校）历史性地同时打入四强，仙台育英冲入决赛但不敌帝京高校，冲击“东北初优胜”再一次功败垂成。另一方面，同样甲子园冠军空白的南部冲绳也吹响冲锋号角，冲绳名教练栽弘义率领冲绳水产先后于1990和1991年两度闯入夏季甲子园决赛并夺得亚军，一扫冲绳高校棒球积贫积弱形象。

○

甲子园的“暗面”

昭和远去，冷战结束，泡沫经济骤然破裂。战后日本社会乐观向上的情绪消散，整个90年代的日本社会沉浸在集体焦虑迷茫中。这一时期人们也越来越多地关注到甲子园光鲜亮丽背后的“另一面”。

◇ 大野伦事件

首当其冲的是高校棒球长期存在的超负荷运动问题。受“精神棒球”传统影响，日本高校棒球运动历来推崇斯巴达式高强度训练，强调“根性和努力”。要想打进甲子园，一个高中投手必须具备可以在烈日下连日连投数场比赛、连投数百球的身体素质。媒体和舆论也热衷于鼓吹青少年用意志力不断突破肉体极限的事迹。由此导致大量优秀的棒球运动员过早落下伤病，危及运动员生涯。

1991年冲绳水产高校夺得第73届夏季甲子园亚军，其间曝出教练栽弘义逼迫球队主投大野伦带伤连续投球的丑闻：大野伦赛前右手肘已出现劳损，却被栽弘义逼迫在全国大赛期间投满了全部五场比赛，总投球数高达 775 球。最终因为过度疲劳，决赛中无法压制对手攻势，8 ： 13 不敌首次打入甲子园的大阪桐荫。

赛后大野伦被检查出右手手肘“剥离式骨折”（或称“疲劳性骨折”），不得不动手术取出碎骨。这次伤病也影响了大野此后的职业生涯，大学毕业后的大野伦先后加盟读卖巨人军和福冈鹰队，但受伤病困扰，战绩始终平平无奇，短短 6 年后便离开了职业棒球界。

该事件曝光后遭到日本社会舆论强烈抨击，各界指责栽弘义不应牺牲球员健康换取胜利。“大野伦事件”促使日本高野连出台新规，要求甲子园大赛所有参赛投手赛前都必须进行手肘及关节健康检查，健康状态不佳的选手将不得参加比赛。

◇　松井秀喜五打席敬远事件

1992 年第 74 届夏季甲子园大赛进行到第二轮，石川县代表星稜高校对上高知县代表明德义塾高校。当时星稜拥有被媒体称为“哥斯拉”的明星选手松井秀喜。长着一张大叔脸的松井打击实力超群，在 1992 年春季甲子园上刚刚刷新个人连续击出全垒打的纪录。为了不让松井有机会轰出全垒打得分，明德义塾决定对其采取“敬远战术”，即投手故意投出四坏球保送打者上一垒。整场比赛松井秀喜五次上场打击，均被明德义塾投手故意投四坏球保送一垒，最终由于“战术得当”，明德义塾一分险胜。

“敬远战术”在棒球比赛中并不少见，也在规则允许范围之内，但是现场观众却被激怒，向来注重礼仪的日本观众少见的朝场内投掷

▷《甲子园割裂之日 松井秀喜五打席连续敬远的真实》

饮料瓶等杂物以示不齿，高声怒骂明德义塾逃避正面对决的“卑劣行径”。即使比赛结束后，舆论仍激烈争论不止。

从棒球运动的规则和比赛结果来说，明德义塾的敬远战术并无不妥，但是违背了日本高校棒球“教育第一”的宗旨。比赢得比赛更重要的，是“礼仪端正”地赢得比赛。时至今日，围绕“松井秀喜五打席敬远事件”的是非争议仍未有定论，背后也折射出日本高校棒球文化独特的体育伦理价值观。

不过这一事件使得松井秀喜“不战而屈人之兵”的印象深入人心，2018 年松井秀喜在电视节目《高校棒球总选举》中高票当选历代高校棒球明星选手第一名，投票观众给出的理由，还是因为 1992 年的“五打席敬远”。

○

阪神大地震

1995 年 1 月 17 日，日本阪神淡路地区发生里氏 7.3 级大地震。这是日本自 1923 年关东大地震以来规模最大的一次都市直下型地震。据官方统计结果，共有 6434 人死亡，43792 人受伤，25 万栋房屋倒塌或严重损坏，房屋受损迁移居住约 32 万人。

兵库县西宫市的甲子园球场正好处于阪神地震受灾圈内，球场周边道路等设施有不同程度的损坏，道路交通受到影响。

▽ 阪神大地震后受损的街道

尽管震灾影响还未散去，主办方考虑再三还是决定如期召开当年的第 67 届春季甲子园大赛。

3 月 25 日大赛开幕式上，主办方首次邀请了四对来自西宫市的小学生棒球投捕搭档出席。球场内打出“复兴 · 勇气 · 希望”等标语，声援灾区民众。因为球场周边道路受损，这一届参赛校被要求乘坐电车等公共交通前往甲子园。尽管大赛取消了现场吹奏应援，相比前两年冷清不少，阪神地区民众还是从如期举办的春季甲子园大赛中看到了回归正常生活的希望。

随后夏天的第 77 届夏季甲子园大赛同样如期举行。“东道主”兵库县出场代表是首次打入甲子园的公立学校尼崎北（全称“尼崎北高等学校”）。球员全部是兵库县本地亲历震灾的孩子。比赛现场尼崎北应援看台席上打出“不死鸟（凤凰）”的巨型应援海报以及“展翅高飞阪神淡路（はばたけ阪神淡路）”的加油横幅。

△ 第 77 届夏季甲子园大赛看台席上打出“不死鸟”的海报以及“展翅高飞阪神淡路”的加油横幅

○

奥姆真理教事件与 PL 学院暴力事件

1955 年春季甲子园大赛开幕前一周的 3 月 20 日还发生了一起震惊世界的恶性事件。新兴宗教组织奥姆真理教成员先后在东京都的三条地铁线路共五列列车上投放沙林毒气，造成 13 人死亡，5510 余人受伤，史称“奥姆真理教东京地铁沙林毒气事件”。

这一事件与同年的阪神大地震并列为平成时代日本最严重的“天灾人祸”。日本战后社会治安良好的泡沫被戳破，人们将视线投向了各种新兴宗教组织。

日本社会的宗教宽容度总体较高。民间遍布各类新兴宗教团体，其中很多创建于 20 世纪 20 年代。

在甲子园球场上也有不少新兴宗教团体背景的学校，比如著名的智辩学园“兄弟校”（智辩学园高等学校 / 智辩学园和歌山高等学校）由名为“辩天宗”的佛教新兴派系创立；PL 学院如前所述，出自神道体系新兴宗教“完美自由教团”（简称“PL 教团”）。

1989 年泡沫经济破裂，大量企业破产倒闭，失业率猛增，颓丧不安的情绪弥漫于日本社会，宣扬末世论等极端主义的新兴宗教团体乘机大肆扩张，吸纳信众，最终酿成惨剧。

受“奥姆真理教沙林毒气事件”影响，当年的第 74 届春季甲子园大赛临时调高了进出场安检级别，进入甲子园球场的人员的大件行李都需要进行开箱检查。

不乏宗教背景的学校看中“甲子园”社会影响力，专门组建棒球部参与其中，为了传教而打棒球。80 年代异军突起的 PL 学院棒球部就是 PL 教团高层因为酷爱棒球而专门组建的，而 PL 教团又依托球队赫赫战绩广传教义。

在 PL 学院棒球部最辉煌的年代，PL 学校官网充斥着各类宗教气息浓郁的宣传标语。

然而光鲜的标语和成绩背后，PL 学院棒球部却屡屡传出学生暴力丑闻。早在 1986 年 PL 学院就曾有球员被虐待致死，最后事件竟不了了之。1997 年，媒体再度曝光 PL 学院棒球部高年级学生虐待低年级学生致人重伤，引发社会高度关切。

PL 学院“KK 组合”中的清原和博后来曾在电视综艺节目中透露——“暴力是 PL 棒球部传统之一”。他自言当年为了躲避高年级学生扔过来的饭碗，练就了一身躲避触身球[1]的好功夫。

PL 棒球部暴力事件屡禁不止，与其独特的管理制度不无关系。PL 学院棒球部施行全员合宿封闭式管理，球员被禁止自由外出或使用手机与外界联络，个人娱乐也一律禁绝。此外球队还有一种名为“随从制度”的学生自治管理传统，即高年级学生与低年级学生一对一结对生活。一年级学生除了日常训练之外，还需贴身“服侍”学长，承担洗衣、添饭、按摩等种种杂务，同时必须无条件服从学长指示。这种奇葩的管理模式几乎等同于公开鼓励部内霸凌。

面对外界的批评，PL 学院校方不仅始终拒绝修正，还坚持认为这是 PL 棒球的“光荣传统”和“制胜法宝”。正所谓“梅花香自苦寒来”，球队就该这么管才能出成绩。

---

❶ 触身球，投手投出击中打击选手身体部位的球，被击中身体部位的打者可直接保送上一垒。

随着时间推移，棒球部的管理弊病愈发凸显，成绩反而一年不如一年。2009 年后，PL 学院再未打入过甲子园。2013 年 PL 棒球部再次曝出四名高年级学生体罚一年级学生的暴力丑闻。校方不得不宣布取消棒球部的封闭住宿制和“随从制度”。

可惜为时已晚。频繁的暴力丑闻加上球队成绩长年不振，PL 学院已是臭名远扬，越来越难招募到足够的生源。三年后的 2016 年，PL 学院棒球部宣布停止运营，一代传奇甲子园强校不得不吞下自己种下的苦果，黯然退出甲子园舞台。

○

122 ∶ 0 与“少子化问题”[1]

1998 年迎来第 80 届夏季甲子园纪念大赛。在青森的地方大赛上，有一场比赛创下甲子园百余年历史上最高分差纪录——122 ∶ 0。

比赛的一方东奥义塾是曾经打入过甲子园全国大赛的地方名门，另一方深浦高校则是一支由多所学校学生混合组成的棒球队。

深浦高校位于青森县深浦地区，人口持续多年负增长。当地就业岗位稀少，大量青壮年外出务工。当地学校生源不足，只能与周边地区的学校不断兼并混成。深浦棒球队的球员不少都是“留守儿童”，父母只有过年和盂兰盆节才回家。所以无论从参赛经验还是队伍磨合程度来说，深浦高校都无法和东奥义塾相提并论。比赛中东奥义塾表示“如果比赛放水是对深浦高校不敬”，而深浦高校被打到 0 ∶ 93

---

[1] 即低生育率问题。

◁《122 对 0 的青春 深浦高校棒球故事》

时也拒绝了中途弃权的建议，最终成就了这场史上最高分差比赛。

弹眼落睛的比分将日本社会的少子化问题和城乡社会发展差异问题的严峻程度直观地摆到了台面上。

舆论激烈争议比赛是否有必要进行下去，深浦高校因为堂堂正正面对强敌坚持作战到底赢得了不绝的赞誉。“弱小而不屈”的形象反而令很多日本人受到鼓舞。川井龙介的纪实小说《122 对 0 的青春》追踪了这场比赛全过程以及深浦高校此后多年的地区大赛战绩。2011 年日本音乐组合 JAY'ED× 若旦那创作《TOY BOX》一曲纪念深浦高校 0 ：122 历史性的大败，音乐 PV 邀请到当年参与比赛的六名深浦高校棒球队员一同参与制作。

事实上 122 ：0 比赛的次年，深浦高校并入青森县木造高校，更名“青森县木造高校深浦校舍”，此后仍独立参与甲子园地区大赛，但依旧屡战屡败，直到 2004 年才第一次在地区大赛上有了获胜记录，令很多长期关注深浦的日本人欣喜不已，深受鼓舞。平成时代的日本从一所偏远地区濒临裁撤的高中学校找寻到了另一种前行的力量。

○

“平成怪物”

1997 年日本报纸发行量达到巅峰值，总发行量为 5377 万份。

这一时期的高校棒球新闻报道除了赛况播报之外，越来越注重与社会文化经济新闻融合，比如顺带报道甲子园代表学校所在地的地方土特产、文旅景点以及支柱产业，挖掘创新的报道视点同时，不断延展高校棒球文化的边界。

1998 年的甲子园令人印象最深的还数“平成怪物”松坂大辅的传奇战绩。

松坂大辅隶属横滨高校棒球部，1980 年生人，和很多同龄人一样，在“荒木大辅热潮”中被妈妈赋予“大辅”之名。1998 年松坂以狮子般的迅猛之势，带领母校横滨高校一气达成“春夏连霸”的伟业。

在第 80 届夏季甲子园大赛上，松坂大辅第二轮比赛对战九州名门鹿儿岛实业，6 ：0 达成无安打无失分比赛，接着力投 250 球延长 17 局，以 9 ：7 击败 PL 学院，半决赛最后局数出场助力横滨，以 7 ：6 逆转击杀明德义塾，决赛对战京都成章高校，松坂大辅一人完投整场比赛，再次达成无安打无失分壮举，最终 3 ：0 获胜。这是夏季甲子园大赛时隔 59 年后再度达成决赛无安打无失分的战绩。[1]

[1] 前一次记录由岛清一于 1939 年第 24 届夏季甲子园大赛决赛海草中 5:0 下关商一战中达成。

这还不够，松坂大辅此后又率领横滨夺得 1998 年国体大赛冠军。加上横滨高校夺得的 1997 年秋季明治神宫大赛冠军，横滨高校在一年内连续夺得日本高校棒球全部四项全国年度赛事的冠军。

尽管泡沫经济破裂的不景气远未结束，“平成怪物”松坂大辅奇迹般的战绩一扫世纪末日本社会将近十年的窒息。少年咬紧牙关坚持到最后的身姿让很多日本成人观众深受感动。人们重拾前行的希望与勇气，向着即将到来的新千年出发。

○

| 番外 |

甲子园影视作品

高校棒球文化深深扎根日本社会，与甲子园相关的影视作品繁多，海外观众要想快速了解日本高校棒球文化，影视作品会是一个很好的窗口。透过不同时代的镜头，我们得以从各种视角一窥那片球场上演的青春热剧以及球场外的日本社会百态。

◇　《一百零八》（2008）

棒球名门京浜高校棒球部两名普通球员——青木雅人和小林伸广在忍受了两年前辈的颐指气使之后，终于升上高三。本以为从此扬眉吐气，现实是两人还得为了挤入有限的正选名额拼命练习，绞尽脑汁在教练面前赚取印象分。这一切随着一名“超级一年级”强棒的突然加入再生变数。正选名额又减少一个，竞争在两名好友间展开……

电影《一百零八》将视线投向普通高中球员，曝光了甲子园光芒四射的表面之下长期存在的种种弊病：棒球部内霸凌问题，高校棒球比赛功利化，唯胜利论，斯巴达式训练，保守且压抑学生个性的管理方式。高校棒球种种现实阴暗面令初出茅庐的新闻女记者倍感幻灭。片名“一百零八”寓意硬式棒球一百零八道缝线，同时呼应佛教中人间一百零八种苦难。

不过最终影片选择呈现但不激化矛盾。即使存在种种阴暗面，青春终究掩饰不住美好和闪耀，在光与影之中，日本高校棒球展现出更本真的面貌。

◇ 《甲子园：日本的梦想之地》（2019）

英日混血女导演山崎爱玛（山崎エマ）于2018年拍摄的纪录片《甲子园：日本的梦想之地》是一部难得的面向海外观众介绍甲子园历史文化的影片。

导演尝试从国际化视角系统性地介绍日本高校棒球文化，回顾高校棒球百年历史上的里程碑事件和各种高光时刻，铃木一朗、松井秀喜、松坂大辅、大谷翔平等海外观众熟悉的MLB日籍明星球员昔日的青春身姿也出现其中，拉近了甲子园和海外观众的距离。

除了高校棒球历史影像，影片还近距离跟拍了神奈川县横滨隼人高校和岩手县花卷东高校2018年备战第100届甲子园大赛的历程，展现出当下高校棒球细腻而真实的日常面貌，以及传统保守和自我革新矛盾统一的文化内涵。

◁《TOUCH》真人版海报

◇ 《TOUCH》真人版（2005）

上杉达也、和也兄弟自幼与邻家女孩浅仓南一同长大，哥哥达也好吃懒做，弟弟则勤奋上进，是棒球部主力。进入高中后上杉和也带领明青学院棒球部向甲子园进军，却被突然的车祸夺走了生命，哥哥上杉达也穿上球衣，继承和也遗志，继续追寻甲子园之梦……

安达充经典漫画作品2000年后首次改编为真人版电影。当年还是新人女演员的长泽雅美担纲主演浅仓南，清新的形象深入人心。

◇ 《求婚大作战》（2007）

岩濑健出席青梅竹马吉田礼的婚礼，内心感到悲痛，追悔莫及，强烈的情感波动引来了妖精施展魔法帮助健一次又一次穿越回到过去，改写历史。第一话的标题是“去甲子园就能结婚吗?!”，岩濑健重回高中时代地方大赛比赛现场，当年球队输球后吉田礼满怀遗憾退出棒球部，但是穿越回去打进甲子园就能改变历史吗?

因为主创人员酷爱安达充漫画，剧中多处出现甲子园和棒球的元素，还有不少致敬安达充作品的剧情桥段，充满浓浓的青春怀旧气息。

◇　《应援少女》(2008)

腼腆的文学少女意外被一颗飞出球场的棒球砸晕，继而对棒球队投手萌生爱意。为了接近心爱的男生，她误打误撞加入了学校濒临倒闭的应援团，竟然还当上了应援团团长。经过应援团前辈们的特训后，起初毫无干劲和实力的应援团迅速成长起来，并且帮助学校棒球队奇迹般晋级甲子园……

这部洋溢着欢乐气息的青春喜剧，是了解日本高中应援文化的最佳作品。

◇　《AGAIN 第 28 年的甲子园》（2015）

电影改编自重松清的同名小说。昔日川越学院棒球部队友松川典夫的女儿美枝前来拜访坂町晴彦，松川早在“‘3·11’东日本大地震”中去世。美枝从父亲遗物中发现成扎从未寄出给高校棒球队友的贺年明信片。她恳请坂町代表川越学院参加自己正在筹备的“MASTER 甲子园”活动，同时希望了解更多关于父亲生前的故事。怀着复杂情感的坂町重访其他队友，高中时代的痛苦回忆再度苏醒……

电影上映于甲子园大赛召开百年纪念的 2015 年，以高校棒球为经纬串联起两代人亲情和友情的话题恰好紧扣时代主题。

◇　《应援》（2020）

2020 年 NHK 晨间剧，讲述日本国民作曲家，夏季甲子园大赛主题曲曲作者古关裕而及其夫人的生平事迹，剧中细腻地还原了夏季甲子园大赛主题曲《荣冠因你闪耀》的诞生过程，是难得展现战后高校棒球复兴期面貌的一部影视作品。另外，古关裕而战前为早稻田大学棒球部谱写著名应援曲《绀碧之空》的事迹在 *Yell* 中亦被还原。

◇　《两人的背号 4》（2022）

影片由真人真事改编，还原了枥木县鹿沼高校棒球部女子球员木村百伽的事迹。

酷爱棒球的木村升入高中后加入学校棒球部，尽管受限于日本高中棒球管理规定无法参与正式比赛，木村三年来耐住寂寞始终坚持与男生共同训练。2020 年夏天，甲子园大赛因为新冠疫情停办，在枥木县高野连举办的独立地区大赛上，高中三年级的木村百伽被邀请作为开球式嘉宾身份上场投球，高野连和鹿沼高校向她赠予了象征球队主力的背号“4”。身穿“4 号”球服的木村百伽终于登上正式比赛的投手丘，为高中棒球生涯画上独特的句点，也推动日本女子高校棒球往前再进一步。一年后的 2021 年，日本高野连宣布当年的女子高校棒球选手权大赛决赛将首次进入甲子园球场举行。高中女生也终于能够堂堂正正踏入甲子园球场进行棒球比赛了。

著名前职业棒球明星古田敦也在本片中友情出演了木村百伽的父亲。

◁ 《下克上棒球少年》海报

◇ **《下克上棒球少年》（2023）**

2023 年秋季日剧《下克上棒球少年》改编自 2018 年第 100 届夏季甲子园纪念大赛上三重县代表校白山高校的事迹。

地处偏远的白山高校棒球部十年来未打赢一场正式比赛。球队最困难时仅剩一名球员，濒临解散。在东拓司和川本牧子等教师长期努力下，白山高校终于在 2017 年三重县地区大赛上首次赢得胜利。2018 年夏天又出人意料地连续击败海星、松阪商等强校，夺得三重县地区大赛冠军，打入甲子园。被当时的日本媒体称为“日本第一的下克上”。

电视剧在菊地高弘 2019 年出版的纪实小说《下克上棒球少年》基础上进一步改编，除了介绍白山高校（剧中为“越山高校”）的传奇事迹，还融入当下日本高校棒球种种热点话题，充分展现日本高校棒球文化风貌。历史渊源、赛事机制、社团经营、应援助威、性别歧视等议题在电视剧《下克上棒球少年》中均有呈现，可谓近年来讲述高校棒球文化的最佳电视剧。

第十二话 高校棒球新世纪

指针划过2000年1月1日零点零分零秒，没有传说中的世界末日，历史也没有终结，一切仍在继续。混杂着希望、不安与迷茫，21世纪平静地开始了。

进入新世纪，甲子园的赛制未再有大手笔的变革，不过各种改革措施不断推出。如何与时代同行，是摆在高校棒球运动面前的核心命题。

○

“21世纪组”和防过劳改革

春季甲子园大赛的选拔标准在新时代进一步拓宽。2001年，大赛增设了名为“21 世纪组（21 世纪枠）”[1]的新名额，优先推选品德素养方面有突出表现的学校参加春季甲子园。2003 年再增设“明治神宫组（明治神宫枠）”，规定明治神宫棒球竞技大赛（高中部）冠军可直接晋级次年的春季甲子园大赛。更多元化的选拔标准体现了春季甲子园大赛有别于夏季甲子园大赛“胜利至上”的经营理念。

被广为诟病的球员过劳损伤问题依旧存在，为此高野连持续推出改进策略：2000 年，高野连将单场比赛的最长延长局数从 18 局缩短至 15 局；2013 年起，甲子园大赛赛程在八强赛和半决赛之间增设 1 天休息日，2019 年和 2021 年又在第三轮比赛到决赛之间增设 2 天休息日。2019 年高野连还出台了投手投球数限制，规定每个投手在全国大赛期间每周投球数不得超过 500 球，防止手臂过劳损伤。

○

“棒球留学”和佐贺北的奇迹

有人质疑高野连的投球数限制新规只会利好那些财力雄厚、球员众多的私立学校，加剧了高校棒球两极分化。因为相比之下，球员有限的普通学校显然更容易触发投球数限制。

高校棒球地区发展不均衡的问题在 2000 年后集中反映在“棒球留学（野球留学）问题”上，或者称“棒球特招生制度（野球特待生制度）问题”。

---

[1] “21 世纪枠 (21 世紀枠)”，此处枠 (huà) 的释义为“框、范围”，中日文中的释义基本相同。春季甲子园中的“21 世纪枠”和“明治神宫枠”中的“枠”在语境中实际指“名额”的意思。

由于日本允许学生自由迁徙转校，一些学校会专门招揽棒球运动特长学生来校就读，以期快速提升棒球部战斗力。每年也有不少学生球员从竞争过于激烈的近畿关西地区转学去棒球发展相对落后的地区就学，谋求更多个人发展空间和甲子园出场机会，类似中国的“高考移民”现象。

高野连针对1996年至2005年甲子园出场校的调查显示，有棒球留学记录的共916人。实力最强的大阪府、兵库县、神奈川县是主要生源流出地，最热门的棒球留学“目的地”则依次为香川县、高知县、山形县[1]。

人员流动本无可厚非，但却由此滋生出腐败问题和行业潜规则。不乏高校棒球教学人员利用人脉关系，进行学生球员交易和有偿推介。2007年西武狮队被曝暗中向业余球员及从业指导者提供资金，介绍学生球员跨地区棒球留学。

高野连曾多次出台政策限制和整治“棒球留学”，实际执行效果并不理想，反而激化了争议。虽然棒球留学的产业链与高校棒球“国民教育”和“去商业化”的价值观相悖，挤压了本地普通学生正常参加体育社团活动和比赛的机会，但也有不少从业者公开支持“棒球留学”，认为有棒球特长的学生理应获得更多机会，人员流动也有助于缩小高校棒球地区发展差异。

安达充2005年开始连载的棒球漫画《四叶游戏》也触及棒球特招生问题，主人公所在的学校棒球队一度被代理校长招募来的教练和

---

[1] 香川县和高知县位于四国岛，距离近畿地区较近，山形县位于本州岛北部，日本东北地区西南部。历史上还未诞生过甲子园冠军。

棒球特招生鸠占鹊巢，老队员沦为了特招生的陪练“工具人”，无法出场比赛。最后球队依靠老校长的支持才“拨乱反正”，将教练和棒球特招生驱逐出校。

寺岛裕二的棒球漫画《钻石王牌》则对“棒球留学”持支持态度。主角泽村荣纯本身就是一名“棒球留学生”，因为球艺过人被招募到青道高校。

就在“棒球留学”存废争论不下的 2007 年，一支公立高校的队伍出其不意地闯入了当年夏季甲子园大赛决赛。

由于生源和运营资源方面占据优势，打入甲子园的学校大多数是日本的私立学校。2007 年打进夏季甲子园决赛的一方是来自佐贺县的公立校佐贺北（全称“佐贺北高等学校”），对手则是甲子园的名门广陵高校。

随后的决赛成就了 21 世纪后甲子园的经典一幕——广陵 4 ∶ 0 领先的八局下半，轮到佐贺北进攻。广陵当家投手野村祐辅两粒接近正中的投球被判为四坏球，情绪产生波动的野村控球不稳，被佐贺北的打者连续击出安打，场上形成一人出局满垒的得分局面。佐贺北先依靠进垒拿下一分，4 ∶ 1。随后上场的三棒打者副岛浩史突然击出满垒全垒打，一口气追加 4 分实现惊天逆转。九局上半广陵未能扳回比分，佐贺北最终 5 ∶ 4 逆转夺冠，这也是时隔 11 年后公立学校在甲子园再次夺得冠军。

尽管过程充满诸多偶然因素，但“佐贺北奇迹”仿佛甲子园之神冥冥之中为当年沸沸扬扬的“棒球留学问题”降下启示。2007 年 11 月，高野连正式承认“棒球特待生制度”，允许各地学校在符合条件的前提下招收有棒球特长的学生。

○

北海道和冲绳的逆袭

2000 年后第一个十年，甲子园最值得铭记的大事，莫过于北海道和冲绳的崛起。两个传统落后地区不仅扫除多年来的冠军空白，还创下了不起的“连霸”纪录。

日本高校棒球界素有“大深红旗南不渡海[1]，北不过白河之关[2]”之说。地处日本南北两端的北海道和冲绳再加上东北地区，是日本高校棒球传统弱势地区，直到 2000 年前三地仍未有学校夺得过甲子园大赛冠军。

2004 年，来自南北海道赛区苫小牧市的驹大苫小牧（全称“驹泽大学苫小牧高校”）爆冷打入第 86 届夏季甲子园大赛决赛，和爱媛县代表济美高校壮烈对轰 39 支安打，创下史上决赛最多安打纪录，最终驹大苫小牧以 13 ： 10 胜出，为北海道拿下历史性的首个甲子园冠军。

2005 年夏，以本间笃史和田中将大为轴心的驹大苫小牧再次打入第 87 届夏季甲子园决赛，9 ： 7 击败京都代表京都外大西（全称“京都外国语大学西高等学校”），再度问鼎甲子园，时隔 57 年后成为史上第二所达成“夏连霸”的学校。

2006 年第 88 届夏季甲子园大赛，驹大苫小牧奇迹般地第三度打

[1] 指九州岛到琉球群岛之间的太平洋。

[2] 白河之关，日本古代重要关所之一，位于现福岛县白河市，是古代日本东山道的重要关卡。白河关以北一般指代日本的东北地区及北海道地区。

入决赛，挑战73年来无人能及的“夏三连霸”纪录。而挡在驹大苫小牧面前最后的对手正是东京棒球名门早稻田实业，投手则是当年人称“手帕王子”的斋藤佑树。

两队激战至延长15局1 ： 1。根据大赛规定双方第一天比赛结束，翌日再战，最终驹大苫小牧以3 ： 4一分之差与“夏三连霸”失之交臂。早稻田实业则拿下近百年来的首个甲子园冠军。

早稻田实业VS驹大苫小牧一役是继1969松山商VS三泽战后甲子园决赛再一次出现首日延长局战平翌日再战的激烈赛况，此役也被公认为21世纪甲子园最经典战役。

4年后，风从最南端的冲绳吹起。

战后长年在美军直接管辖之下的冲绳于1972年“回归”日本，夏季甲子园大赛设立了冲绳独立赛区。然而因为孤悬海外多年，冲绳学校的实力与日本本土学校相差悬殊，早年往往是甲子园一日游便打道回府。

1991年、1992年栽弘义率领冲绳水产连续两年夺得夏季甲子园亚军，一扫冲绳棒球积贫积弱印象。8年后的1999年，冲绳尚学高校夺得了冲绳历史上第一个春季甲子园冠军。

十余年后的2010年，以岛袋洋奖、我如古盛次等选手为轴心的冲绳县代表兴南高校春夏两季连续打入甲子园并且两度打入决赛。两场决赛上，兴南分别以10 ： 5、13 ： 1的大比分战胜甲子园第一梯队强校日大三和东海大相模，一气达成甲子园史上第五个“春夏连霸”。

兴南高校曾在1968年第50届夏季甲子园纪念大赛上打入八强，是很长一段时间内冲绳高中在甲子园的最佳成绩。最终，又是兴南高校，达成了冲绳高校棒球问鼎甲子园的历史使命。兴南胜利后，整个冲绳化作一片欢腾的海洋，那霸机场挤满了前来迎接兴南棒球部和“大深红旗”的人群。街头到处张贴着庆祝冲绳夏季甲子园初优胜和春夏连霸的标语，那霸市中心的国际通[1]上，店铺纷纷推出各种庆祝促销活动。冲绳高校棒球漫长的“战后”终于画上堪称圆满的句号。

○

错峰 2008 北京奥运

2008 年夏，为了错峰 8 月 8 日开幕的北京奥运会，第 90 届夏季甲子园纪念大赛压缩了抽选赛等环节，将开幕时间提前到了史上最早的 8 月 2 日。

这一年的大赛冠军花落大阪代表大阪桐荫高校。大阪桐荫在决赛中以 17 ： 0 碾压式战胜对手静冈代表常叶菊川高校（全称“常叶大学附属菊川高等学校”），从此开启大阪桐荫 21 世纪的黄金时代。截至 2024 年，这所创立于 1988 年的私立高中已经拿下 4 次春季甲子园冠军，5 次夏季甲子园冠军，是 21 世纪日本高校棒球界的头号“王牌”。

○

日本文理的九局上半两出局后

2009 年，中京大中京高校在甲子园第七次夺冠，再度刷新了自己

[1] 国际通，那霸市中心一条著名商业街，冲绳知名旅游景点之一。

保持的夏季甲子园最多冠军纪录，中京大中京与日本文理（全称“日本文理高等学校”）的决赛是这一年甲子园令人印象最深刻的一战。

决赛一开始中京大中京就一路遥遥领先，到八局下半双方比分差拉开至6分，10 ∶ 4。九局上半是日本文理最后的进攻局，中京大中京当家投手堂林翔太重新上场，并且轻松解决了前两名日本文理打者。

九局上半两人出局，垒上无人，只要日本文理再有一人出局，比赛就将结束。

正当所有人都以为比赛胜负已定，中京的选手已经准备庆祝胜利的时候，场上的气氛开始变得微妙——

日本文理的打者开始持续击出安打，垒上跑者连续盗垒成功，两队之间的分差不停缩小：10 ∶ 5，10 ∶ 6，10 ∶ 7……日本文理在最后一个出局数前竟然硬是把比分追成了10 ∶ 9！

本以为胜券在握的中京大中京此时已方寸大乱，接连换了两轮投手也没能再增加一个出局数。眼看着日本文理的跑者又站上了一、三垒，只要再有一支安打，比分就将逆转。

异常紧张的气氛中，中京的当家投手堂林翔太第三次被替换上场，满头大汗的堂林再度投出一球，被日本文理第八棒打者若林击中飞出，直扑进中京大中京三垒手的手套！日本文理最后惊心动魄的攻势戛然而止，10 ∶ 9，中京大中京终于将冠军收入囊中。

队伍	1	2	3	4	5	6	7	8	9	R	H	E
日本文理	0	1	1	0	0	0	1	1	5	9	14	1
中京大中京	2	0	0	0	0	6	2	0	×	10	17	1

日本文理VS中京大中京各局比分

全场响起热烈的掌声，两队投手紧紧相拥。

虽然未能逆转比分，日本文理最后顽强的进攻成为 2009 年甲子园最经典的印象，正应了那句广为流传的名言——“高校棒球是从九局下半两出局后才开始的”。

〇

甲子园重修

80 余年历史的阪神甲子园球场在 2007 年启动了大型翻修，工程一直持续到 2010 年才全面竣工。

翻新后的球场保留了标志性的大比分墙，只是原本机械式的比分牌更换成了大型 LED 电子显示屏，俗称“大银伞”的观众席遮阳棚顶板加装了太阳能电池。球场一侧增建了“甲子园历史馆”，陈列有甲子园球场、阪神虎队及日本高中棒球运动历史相关的各类纪念文物。曾经毁于战火的“棒球塔”纪念碑也在这次大修中被重建。

球场外墙标志性的爬山虎在翻修期间被全部铲除，这些爬山虎栽种于球场落成的 1924 年，和甲子园“同寿”。郁郁葱葱的“绿墙”承载了几代人的热切情怀和青春记忆。在各方的呼吁下，阪神甲子园球场运营方于 2008 年从日本全国 233 所学校募集到数百株爬山虎幼苗，重新栽种在球场墙角四处，经过十余年光阴，如今甲子园球场又重现昔日浓郁厚实的“绿墙”。

△ 2007 年大修中的甲子园球场

▽ 2008 年甲子园外墙重新种植爬山虎的采集来源地纪念铭牌

○

迈向互联网时代

1996 年日本首家门户网站“雅虎日本（YAHOO 日本）”诞生。一年后的 1997 年，朝日放送官方网站首次通过互联网视频直播了第 79 届夏季甲子园大赛，甲子园悄然进入“互联网时代”。

早期受限于网络传输技术，甲子园赛事在线视频直播图像卡顿严重，现场音源缺失，体验也乏善可陈。更好用的在线观球服务是“一球速极”，这个工具近似于战前“棒球实战速报机”，用户可通过电脑或移动终端手动或自动刷新网页“比分板”，查看各项比赛进展数据。

移动互联网兴起的 2010 年，《朝日新闻》和《每日新闻》陆续推出多款智能手机终端的高校棒球资讯服务产品，比如 2010 年《朝日新闻》率先推出的名为“夏之高校棒球”的 ios APP 应用，2012 年又推出“高校棒球”Web APP 等服务。

2017 年朝日新闻官方网站创立高校棒球门户子网站“虚拟高校棒球”，将高校棒球从体育版块中独立出来，定位朝日系高校棒球 PC 互联网门户网站。2018 年再推出独立体育平台“SPORTSBULL”，同时推出 PC 版网站和移动应用终端，精细运营全媒体平台。

随着视频流媒体技术日益成熟，用户可在电脑和手机等设备上随时随地方便地观看甲子园比赛视频的时代来临了。

Twitter、Facebook 等社交媒体平台空前丰富了高校棒球互动。人们通过社交平台关注喜爱的球队和高中球员们，为他们送出加油祝福。过往比赛第五局中场休息的应援来信朗读环节如今增加了来自社交平台的加油留言，用户在比赛期间关注《朝日 ABC》等甲子园主办方社交平台账号并发送祝福讯息，留言有机会在甲子园现场的大屏幕上滚动播出。

《朝日新闻》还在 2018 年第 100 届夏季甲子园纪念大赛期间研发推出 AI 新闻写作服务：AI 记者“OOTORI（おーとりぃ）”经过人工智能自动学习以往《朝日新闻》体育版及高校棒球报道数据库，习得比赛报道写作风格，可结合比赛实况数据组合形成实时比赛评论报道。这项数字化服务自大赛第三轮比赛起投入使用，其间共计发布报道 15 篇，此后持续沿用。[1]

基于各种互联网新科技，“甲子园”的文化影响力前所未有地扩张，海外观众也能够实时关注这项日本国内的学生赛事。据不完全统计，2018 年，中国在线视频直播网站观看第 100 届夏季甲子园大赛决赛的观众人数超过 10 万人。ESPN 等欧美媒体近年来也专门制作有介绍甲子园高校棒球的纪录片。

不过高校棒球界接受网络新科技的步伐则相对较慢。因为担心互联网耽误球员练习和学业，日本大部分学校棒球部都对球员使用手机或社交平台做出不同程度的限制，有的学校干脆禁止球员上网。

但另一方面，越来越多的高校棒球部将数据分析和人工智能等新技术引入棒球部比赛数据分析和社团的日常管理中。2022 年春季甲子园大赛期间，明秀日立高校棒球部专门设立大数据团队负责分析每场比赛对手的投手球路及应对策略，并因此攻克当届热门投手大野稼头

---

❶「朝日新聞デジタル . AI が高校野球の戦評記事を即時作成朝日新聞社が開発」，2020 年 10 月 5 日，日本朝日新闻官网，https ：//www.asahi.com/articles/ASL890GLKL88ULZU011.html。

央（来自大岛高校），一时传为佳话。

三十年河东，三十年河西。互联网兴起的同时，日本的传统媒体逐渐衰落。日本新闻报纸发行量在 1997 年到达巅峰后逐年下滑。广电报纸等传统媒体的影响力渐渐被互联网内容平台超越。面对业界巨变，春夏甲子园大赛的主办方每日新闻社和朝日新闻社从竞争开始转向抱团合作。2010 年起，每日新闻社和朝日新闻社宣布互为春、夏甲子园大赛后援支持，共同开展甲子园大赛的运营宣传。

诞生于日本近现代传媒竞争浪潮中的高校棒球运动，见证和记录了日本传媒业百年兴衰变迁，乘着时代的风，继续前行。

○

不灭的名战（三）2006 驹大苫小牧 VS 早稻田实业

2006 年夏天，南北海道代表驹大苫小牧连续第三年打入夏季甲子园决赛圈。

◇“落后地区”北海道的逆袭

日本高校棒球界素有“大深红旗南不渡海，北不过白河之关”之说。因为北海道连同日本东北地区的学校直到 2004 年还没有夺得过一个甲子园冠军。

渡边淳一在 1993 年出版的《母亲来信了》一书中提到母校北海

道札幌南高校时隔 40 年后重新参加南北海道地区大赛，他回忆当时自己的心声——

“好像每年都有人打赌，哪个高中能在甲子园比赛中获第一名。可我从没参赌。因为我知道北海道代表参加比赛一定会输，所以打赌从一开始就是扔钱。后来，大家不赌输赢，只赌分数。有人说差三分，有人说差五分，而说差十分者居然发了大财。”❶由此可见当时北海道高校棒球水平非常落后。

北海道地广人稀，年中多雪，再加上高中球队在甲子园的战绩长年疲弱，被认为不适宜打棒球。这一常识在 2004 年被一支来自南北海道赛区的学校击破。

“驹大苫小牧”，这个又长又拗口的校名如今在日本几乎人尽皆知。这所来自北海道苫小牧市的高中在香田誉士史教练带领下，历史性地打入 2004 年第 84 届夏季甲子园决赛，对手是当年的春季甲子园大赛冠军——来自“棒球王国”爱媛县的济美高校。决赛打成了两队互轰的“炮战”，留下了史上决赛最多的 39 安打、总比分 23 分的记录，这场在甲子园高校棒球史上留名的经典战役最终以驹大苫小牧 13 ：10爆冷胜出画上句号,北海道终于夺得历史性的“甲子园初优胜”。

于是大深红旗跳过白河之关，直接飞渡津轻海峡，来到日本最北的北海道。当年札幌市政府厅前广场挤满了欢庆驹大苫小牧胜利的市民，人们欢呼着“道产子最高”❷的口号，见证大深红旗第一次降临北方大地。

---

❶ 渡边淳一：《母亲来信了》，时卫国译，青岛出版社，2019，第 60 页。

❷ 道产子最高（どうさんこさいこう），道产子指来自北海道本地的孩子，意译为“北海道的孩子最棒”。

第二年，2005 年夏天，以本间笃史为主将、田中将大为当家投手的驹大苫小牧新阵容再度杀入决赛，9 ∶ 7 击败京都外大西夺冠，成为时隔 57 年后甲子园史上第六次达成“夏连霸”的学校❶。

2006 年第 88 届夏季甲子园大赛，驹大苫小牧第三次踏入夏季甲子园决赛圈，日本举国轰动。

甲子园历史上已经诞生过各种连霸纪录：夏连霸、夏春连霸、春夏连霸、春连霸等等，然而“夏三连霸（夏季甲子园大赛三连冠）”的纪录仅仅只有过一次，由中京商，也就是如今的中京大中京高校于 1933 年创造。直到 73 年后，一支来自落后地区北海道的球队距离“夏三连霸”仅仅一步之遥。

◇ 手帕王子

阻挡在驹大苫小牧“夏三连霸”伟业前最后的对手，是西东京赛区代表，有着百余年历史的甲子园传统强校早稻田实业高校。早稻田实业是参加过 1915 年第一届夏季甲子园大赛的“元祖名校”。棒球名人辈出，包括日本棒球全垒打王王贞治、1980 年掀起甲子园空前偶像热潮的荒木大辅等。不过这所百年名校直到 2006 年前，还没有拿过一个甲子园冠军。距离上一次荒木大辅那一届打入夏季甲子园大赛决赛也已 20 年有余。2006 年与驹大苫小牧的决战，是早稻田实业挑战本校夏季甲子园冠军零的突破关键一战，早稻田实业绝不会轻易成全驹大苫小牧达成“夏三连霸”的目标。

---

❶ 上一次夏连霸（二连冠）纪录在 1947—1948 年由福冈县小仓中创造。

不过普通观众并不太在乎早稻田实业能否夺得第一个甲子园冠军，他们更在乎的是那个夏天最闪耀的甲子园明星——斋藤佑树。

早稻田实业的当家投手斋藤佑树控球沉稳，外表俊俏、礼仪端正，比赛时裤袋里常备一块手帕随时取出擦汗，动作优雅至极，迷倒了大批观众。透过新闻媒体和电视镜头，在日本全国圈粉无数，被媒体亲昵地称为“手帕王子”。

起初媒体的关注焦点主要集中在驹大苫小牧的王牌投手——田中将大身上，田中将大高中二年级当上甲子园冠军校的当家投手，并且助力球队2005年达成“夏连霸”壮举，是个名副其实的实力派。2006年夏天大赛伊始，田中就被各方寄予“夏三连霸”厚望。而斋藤佑树在2006年之前并没有引起太多关注。媒体介绍到早稻田实业，多半用“名门复活”“文武两道”两句话打发。

事实上，驹大苫小牧与早稻田实业在2006年决赛前曾有过对战经验，在2005年秋天的明治神宫大赛半决赛上，田中将大和斋藤佑树第一次相遇，结果刚刚夺得“夏连霸”的驹大苫小牧顺风顺水地以5 ： 3胜出，并在后来的决赛中以5 ： 0战胜关西高校拿下当年明治神宫大赛的冠军。

而斋藤佑树崭露头角则是在2006年春季甲子园大赛。当时早稻田实业与冈山县代表关西高校打成延长15局7 ： 7战平，翌日再战，早稻田实业以4 ： 3险胜，斋藤佑树独当一面连续投满两天比赛，让很多人第一次见识到其惊人的耐力。

2006年夏天，早稻田实业首战对垒大阪桐荫。被寄予厚望的大阪桐荫“巨炮”中田翔[1]面对斋藤佑树完全“熄火”，四次上场打击，未击出一支安打，而且其中三次被三振出局[2]。早稻田实业因此以11 ：2击败劲敌大阪桐荫胜出。半决赛早稻田实业VS鹿儿岛工（全称“鹿儿岛县立鹿儿岛工业高等学校”），斋藤投满9局，13夺三振无四坏球3安打完封，威震全场。

一年之后，早稻田实业和驹大苫小牧在甲子园的巅峰重逢。

◇ 延长15局战平、翌日再战的决赛

决赛当天，甲子园球场现场观战人数达到满员，约5万人。大多数人都翘首期盼时隔73年后甲子园第二个“夏三连霸”诞生。

驹大苫小牧先发投手菊地翔太投满前三局后由田中将大接替。早稻田实业则由斋藤佑树先发并一人完投全场。

两队均势僵持到八局上半，驹大苫小牧二棒打者三木悠也击出阳春全垒打，1 ：0率先打破场上僵局。但好景不长，八局下半早稻田实业利用驹大苫小牧守备失误迅速还以颜色。1 ：1。

延长第11局上半，驹大苫小牧盗垒失败，错失一人出局满垒的得分佳机。

延长第13局，早稻田实业一度二人出局场上满垒，后续打者却未能再击出安打改写比分。

最终1 ：1的比分一直胶着到延长第15局结束，按照大赛规则，

---

❶ 中田翔，日本职棒选手，1989年生人，出身大阪桐荫高校。高中期间以擅打击著称。

❷ 三振出局，棒垒球术语，指打者（击球员）三次击球不中而出局。

两队翌日再战！

这是自 1969 年松山商 VS 三泽战以来，30 余年后夏季甲子园大赛首次重现决赛延长局战平翌日再战的情况，全场掌声雷鸣。

翌日上午，早稻田实业依旧派出斋藤佑树先发，驹大苫小牧则由菊地翔太先发投球，但一局下半便被早稻田实业击出安打先驰得点，1 ： 0。

驹大苫小牧随即换上田中将大，二局下半，早稻田实业依靠安打再追加 1 分；第六、第七局下半，早稻田实业再下两分，4 ： 0 领先。

另一边驹大苫小牧的火力面对已经连续多日投球的斋藤佑树，始终难以发挥攻势。

第六局上半，驹大苫小牧一棒打者三谷忠央终于轰出一支阳春全垒打，扳回一分，但是接下来连续三位打者又被斋藤三振出局。

最后的九局上半，驹大苫小牧朝着“夏三连霸”的目标发起最后的攻势，二棒打者三木悠击出安打，紧接着三棒打者中泽龙也轰出一发 2 分全垒打，瞬间将比分差缩小到了 3 ： 4！

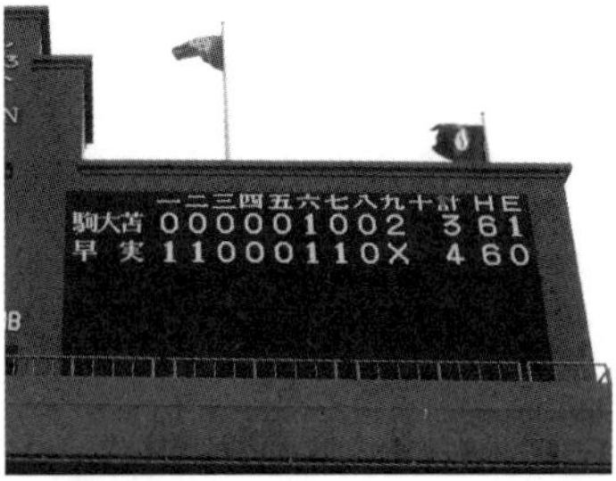

△　驹大苫小牧 VS 早稻田实业次日的比赛比分牌

眼看打席轮到了驹大苫小牧的强棒区间。驹大苫小牧是否能在最后时刻追平比分甚至逆转，在最后夺取夏三连霸？现场为之沸腾。

斋藤佑树似乎丝毫没有被击出的全垒打所动摇，随后上场的驹大苫小牧第四棒兼主将本间笃史被结结实实三振出局。之后上场的第五棒冈川直树击出二垒方向的高飞球，也有惊无险地被外野手接住，直接出局，也叫“接杀出局”。

九局上半两人出局场上无人，驹大苫小牧的第六棒打者，当家投手田中将大站上了打击区。

这场持续了两日的对决，最后的一幕，很神奇地定格在了两队当家投手之间的一对一较量。

两好球后，斋藤投出的球被田中挥棒一一击出界外，斋藤佑树一直投到第七球，田中终于挥棒落空。

“三振！比赛结束！”

4：3！北海道代表驹大苫小牧与“夏三连霸”失之交臂，斋藤佑树则为早稻田实业夺得首个甲子园冠军，达成母校百年夙愿。

早稻田实业的球员们飞奔上投手丘，拥抱张开双臂的斋藤佑树，一同庆祝胜利。此时走出打击区的田中将大并没有像大部分高校球儿那样输球后号啕大哭，反而露出了似乎如释重负又有点遗憾的笑容。

◇ 赛后的影响

虽然驹大苫小牧遗憾未能实现“夏三连霸”，但是连续三年打入夏季甲子园大赛决赛也已是73年不遇之壮举。此役是北海道高校棒

△ “手帕世代”（88 年会）相关书籍

球 21 世纪在甲子园异军突起的最高潮。自此再也无人敢小看北海道的高校棒球。

另一边，“手帕王子”斋藤佑树一跃成为 2006 年日本国民级偶像。在全国大赛期间，斋藤佑树完投 6 场比赛共 69 局，总投球数 948，刷新甲子园史上最多投球数纪录，78 夺三振纪录仅次于板东英二的 83 夺三振，位列夏季甲子园大赛最多夺三振纪录排行榜第二名。“手帕王子”一词也入选 2006 年日本流行语大赏前十名。和斋藤佑树同世代的棒球运动员后来被日本媒体称为“手帕世代”。

斋藤佑树高中毕业后并未急于加入职棒，而是考入早稻田大学继续学业。在早大棒球部时期，斋藤同样斩获无数荣誉。

2007 年还是一年级新生的斋藤佑树就助力早稻田大学夺得当年东京六大学春季联盟赛冠军。2009 年斋藤佑树当选早稻田大学棒球部第 100 代主将，背号“10”。次年的 2010 年，早稻田大学和庆应大学时隔 50 年在东京六大学秋季联盟赛决赛相遇，巅峰级“早庆战”吸引了 3.6 万余观众，挤爆明治神宫棒球场。斋藤佑树比赛中投出八局内无安打无失分的好成绩，最终以 10 ： 5 为母校拿下宝贵的一胜，也为大学棒球生涯画上圆满的句号。四年中斋藤共拿下 31 胜 323 夺三振，是东京六大学联盟史上达成 30 胜 300 夺三振纪录的第六人。

2011 年职棒选秀大赛，从早稻田大学毕业的斋藤佑树以第一指名加盟北海道火腿斗士队。

可是进入职棒世界的斋藤佑树仿佛完全丧失了学生时代的“超能力”，多年来表现乏善可陈。斋藤职业棒球生涯总计出场 89 场比赛，其中 63 场先发，却仅有 15 场胜投。多年表现不振被降级火腿斗士队二军[1]，2021 年 10 月，斋藤佑树正式宣布退役，结束十年职棒生涯。

另一边，驹大苫小牧的田中将大虽然错失“夏三连霸”，职业棒球事业发展却一路顺风顺水，人生轨迹与斋藤佑树截然相反。

田中将大高中毕业后加入东北乐天金鹰队，2013 年作为主力投手助力东北乐天金鹰队首次拿下了日本职棒总冠军。2014 年田中将大进军美国大联盟，签约加盟纽约洋基队后又创下跨季跨联盟 34 连胜纪录；2021 年新冠疫情大流行，田中重返日本东北乐天金鹰队，并加入日本棒球国家队参加了当年延期举办的 2020 东京奥运会，再一次“助力”日本拿下宝贵的棒球项目奥运金牌。

如有神助的运气加上一路辉煌的战绩，田中将大在职棒界得名“神之子”。

有时只能慨叹，风水轮流转，上帝对于每个人还满公平的。

---

[1] 二军，源自英语名词“farm team”，指美日等国职业棒球队中实力相对薄弱，未获正式联盟赛出场资格的球员分组，与之对应的是有资格参加正式联盟赛的球员分组“一军”。“二军”球员通常承担球队内年轻球员培训、外部非正式交流赛等职责，如球员实力提升，也有机会从二军提拔至一军参加正式比赛。

○ “手帕王子”的遗产

尽管斋藤佑树的职棒生涯乏善可陈，但是在学生棒球领域，“手帕王子”仍然是不可撼动的传奇。

只要稍加留意，就可以在如今的高校棒球界看到“手帕王子”的身影：甲子园历史博物馆门票上，高校棒球报纸杂志上，纪录片影像中。2018 年第 100 届夏季甲子园纪念大赛官方 MV 一开场便是当年白衣白帽投球的斋藤佑树。

当年第 100 届纪念大赛的“甲子园 LEGEND 开球式”专门邀请了历代著名球员担任开球嘉宾。“手帕王子”斋藤佑树未在嘉宾之列，同期的驹大苫小牧主将本间笃史受邀出席，他投完球后拿出手帕拭汗，向“手帕王子”默默致敬。

2021 年从职棒退役的斋藤佑树迅速接到了大量学生棒球节目以及综艺嘉宾主持邀约。

2022 年第 104 届夏季甲子园大赛是新冠疫情暴发以来第一届全面开放观赛的大赛，斋藤佑树受邀担任大赛的开球式嘉宾。

十六年后再度站上甲子园投手板的斋藤，用少年时同样的姿势稳稳投出一颗正中直球。此情此景不禁令人感慨，2006 年那个梦幻般的夏天仿佛仍未远离。

第十三话 百年世代传承

○

“3·11”东日本大地震

日本列岛在巨大的震荡中开启了新世纪第二个十年。

2011年3月11日，日本东北部太平洋海域发生里氏9级的强烈地震。地震引发巨大海啸，日本东北地区的岩手县、宫城县、福岛县遭遇毁灭性破坏。海啸浪潮涌上陆地，冲毁市镇的现场画面让全世界观众倒吸一口冷气。

这场日后被称为“东日本大地震”的震灾导致东京电力福岛第一核电站炉心冷却系统停运，继而引发核泄漏事故。而当时执政的日本民主党政府未能及时阻断核泄漏，救灾工作频频曝出官僚机构相互扯皮、执行力低下的问题，导致次生灾害影响持续扩大。

东日本大地震的受灾范围和破坏程度远超16年前的阪神大地

△ 东日本大地震航拍画面

震，福岛核电站泄漏问题悬而未决，东北地区灾后重建进展缓慢。和1923年关东大地震以及1955年阪神大地震一样，东日本大地震改变了此后日本的走向。

民主党政府因为救灾不力在2022年众议院大选中惨败，自民党总裁安倍晋三[1]第二次组阁上台并出任首相。

○

震灾中的甲子园

东日本大地震恰好发生在第83届春季甲子园大赛开幕前不久。

[1] 安倍晋三（1954—2022），日本政治家，第90代、第96—98代日本首相，日本战后最年轻且任期最长的首相，2022年在奈良市街头演讲时遭枪击身亡。

余震不断，核泄漏事态持续恶化，地处东北灾区的出场校——光星学院（青森县）、水城高校（茨城县）和东北高校（宫城县）都受到不同程度影响，东北高校球员宿舍灾后断电多日，饮用水和食物紧缺，很多球员家中房屋倒塌，只能留宿集体避难所。

尽管如此，2011 年的春季甲子园大赛还是坚持如期召开。

大赛的筹办工作看起来远比政府的救灾工作更有效率。比如来不及赶来参加对战抽选会的宫城县代表东北高校，被直接安排在第一轮小组赛的最后一日（第 6 日）首场比赛，为东北高校留出充足的行程准备时间。

3 月 23 日的开幕式上，球场中央打出本届大赛特别宣传口号“加油！！日本（がんばろう!!日本）”的横幅，为所有生活在巨大不确定性和不安之中的日本人加油鼓气。

赛场外，东北高校棒球部的球员们训练之余还前往当地的避难所帮助运输水源，贯彻了日本高校棒球运动的德育传统。

最终 2011 年第 83 届春季甲子园大赛冠军花落东海大相模高校。后来东海大相模在东日本大地震十周年之际的 2021 年神奇地再度夺得春季甲子园大赛冠军。

为了响应政府的节电号召，2011 年第 93 届夏季甲子园大赛将每天首场比赛开始时间提前至上午 8 点（开幕式除外），决赛开始时间提前至上午 9 点。

来自东北灾区的学校依旧是夏季甲子园大赛关注的焦点。这一年打入甲子园的宫城县代表是名不见经传的公立高中古川工（全称“古川工业学校”）。古川工所在的宫城县大崎市在地震中共有 1.2 万余栋住宅楼不同程度受损，球员们不得不在地面开裂的球场上坚持练习。第一次打进甲子园的古川工带来了宫城县各高中棒球队一同编织的千纸鹤串亮相甲子园，受到民众热烈欢迎。重灾区的气仙沼市，民众们守着避难所的公共电视关注古川工棒球队动向。尽管球队首战4 ：9不敌佐贺县代表唐津商（全称“唐津商业学校”）遗憾败退，顽强拼搏的姿态仍然赢得热烈掌声。球队教练间桥康生说：“遭受震灾还能继续棒球非常幸福，（我们）不怕失败，就算发生失误，被三振也能处变不惊。”

○

光星学院“三连击”

即便在东日本大地震前，来自东北地区的学校在甲子园也总是受到格外关注，因为东北地区是日本最后一个“甲子园冠军空白地区”。

东北地区的高校棒球运动起步不晚，实力也不弱。早在1915年日本第一届全国中等学校优胜棒球大赛上，秋田县秋田中学就打入决赛并夺得亚军。此后百余年，东北地区学校多次夺得春、夏甲子园亚军和日本国民体育大赛冠军，也不断涌现出优秀人才如菊池雄星、大谷翔平、佐佐木朗希等，可是不知为何，就是迟迟拿不下一个甲子园冠军。

尤其是进入21世纪后，同样长年“冠军空白”的北海道和冲绳地区先后实现零的突破，还相继交出“夏连霸”和“春夏连霸”的优秀答卷，这使得“东北初优胜”的历史使命变得更加迫切，此后的东日本大地震则更加增了这份历史使命背后的悲情色彩。

△ 2011 年光星学院获得明治神宫冠军，但分量还是不及甲子园冠军。

截至 2021 年，东北地区学校共计 12 次打入春、夏甲子园决赛，其中 2000 年后就占了 8 次。东日本大震灾后的 2011 至 2012 年，来自青森县的光星学院（全名“光星学院高等学校”，现名“八户学院光星高等学校”）在 2011 年、2012 年间夏、春、夏连续三次打入甲子园并打进大赛决赛。

可惜光星冲击甲子园冠军的“三连击”均以失败告终。

2011 年夏，光星学院决赛中以 0 ： 11 负于西东京代表日大三；随后的 2012 年春、夏两届甲子园大赛上，光星学院与大阪桐荫神奇地两度会师决赛。这是日本高校棒球史上迄今唯一一次在同一年春、夏甲子园大赛决赛出现同一对战组合的情况。

时任大阪桐荫主投的藤浪晋太郎[1]被公认为 21 世纪甲子园最强投手之一。他在与光星学院的两次对决中均成功压制了对手火力，助力大阪桐荫先后以 3 ： 0、7 ： 3 获胜，达成甲子园史上第七次“春夏连霸”。

[1] 藤浪晋太郎（1994—），日本职业棒球选手，大阪桐荫高校时期担当球队主投，现属阪神虎队。

光星学院则夏、春、夏连续三季夺得甲子园亚军，“东北初优胜”的接力棒再次传递给未来的世代。

○

百年世代传承

甲子园在21世纪第二个十年走向“世纪交汇点”——

2015年，甲子园大赛迎来了创办100周年纪念；2018年夏季甲子园召开第100届纪念大赛（第100届全国高校棒球选手权大赛），同期的春季甲子园则迎来第90届纪念大赛（第90届选拔高校棒球大赛）。[1]

不知不觉间，每年两季的甲子园大赛竟然已经走过整整100年！

这一时期日本市面上推出众多高校棒球专题报道及书刊影视作品，日本社会各界名流纷纷发表感言与祝福，回顾甲子园百年风云，人们不禁要问，究竟是什么驱动着这项学生运动持续长达百年之久？高校棒球对于日本又意味着什么？

棒球名宿王贞治2015年在夏季甲子园大赛开幕式上致辞时有过这样的总结：“高校棒球运动何以能经营百年之久，首先是棒球运动的魅力。团结一致、齐心协力的精神与日本人的气质相合。（其次是）学校和学生个人的智慧在100年中不断积淀。单靠一人绝对无法获胜，必须众人一心，团结一致才能晋级，才有可能打入甲子园。接受严酷练习，与同伴建立信任，共同努力，此乃高校棒球之精髓。正因为包

---

❶ 由于春夏甲子园大赛在第二次世界大战时期一度停办，大赛的届数比创办年限少了三年。

括球员和高校棒球爱好者们在内的人们都享受着这一纯粹的过程，才使得高校棒球能延续百年之久。”

日本皇太子，后来的令和天皇德仁亲临 2018 年百届夏季甲子园开幕式现场并致辞，他回忆了 1968 年随父亲明仁观看第 50 届夏季甲子园纪念大赛的经历，此后还出席了第 70 届和第 91 届大赛开幕式。德仁在致辞中说：“长达一个世纪以来，通过体育锻炼培养有社会担当意识的年轻世代，正是高校棒球的意义所在。”

朝日新闻社于 2018 年推出专栏连载“白球的世纪”，切入甲子园百年历史中的不同方面挖掘高校棒球与近现代日本共行的历史深意。2019 年出版纪念专刊《白球的世纪 高校棒球 100 届秘史》，扉页上的四行字高度概括了这项学生体育赛事的重要意义——

国民级活动，时代的投影，不绝的欢声，和平的见证（国民的行事、時代を投影、途切れぬ歓声、平和の証し）

2015、2018 两届“百年大赛”都加入了特别纪念环节，追忆高校棒球百年悠久历史。

2015 年夏季甲子园大赛邀请百年前第一届大赛参赛学校代表出席开幕式。各校学生代表身着当年的棒球队服入场。前身是首届大赛冠军京都二中的鸟羽高校（全称“京都府立鸟羽高等学校”）不但出席了开幕式，还依靠实力再度打入甲子园并跻身十六强，久违的佳绩仿佛是冥冥之中受到甲子园的召唤。

2018 年第 100 届纪念大赛增设“甲子园 LEGEND 开球式”环节，邀请历史上做出过杰出贡献的球员作为每日首场比赛的开球嘉宾，1958 年夏天的“英雄”板东英二、“五打席敬远事件”主角松井秀喜、

△ 甲子园历史馆藏的第一届大赛参赛校复制校服

冲绳高校棒球先驱安仁屋宗八、驹大苫小牧前主将本间笃史等均在受邀之列。决赛则邀请了 1969 年决赛三泽 VS 松山商战的两队主投井上明和太田幸司共同主持仪式。

2018 年甲子园 LEGEND 开球式受邀嘉宾名单

比赛日	投手	原所在高中	出场大赛
8 月 5 日	松井秀喜	星稜	第 72—74 届大赛
8 月 6 日	石井毅	箕岛	第 60—61 届大赛
8 月 7 日	定冈正二	鹿儿岛实业	第 55—56 届大赛
8 月 8 日	牛岛和彦	浪商	第 61 届大赛
8 月 9 日	平松政次	冈山东商	第 45—47 届大赛
8 月 10 日	谷繁元信	江之川	第 69—70 届大赛
8 月 11 日	水野雄仁	池田	第 64—65 届大赛
8 月 12 日	本间笃史	驹大苫小牧	第 87—88 届大赛
8 月 13 日	坂本佳一	东邦	第 59 届大赛
8 月 14 日	中西清起	高知商	第 60—62 届大赛
8 月 15 日	安仁屋宗八	冲绳高校	第 44 届大赛
8 月 16 日	板东英二	德岛商	第 38—40 届大赛
8 月 17 日	金村义明	报德学园	第 63 届大赛
8 月 18 日	中西太	高松一	第 31—33 届大赛
半决赛	桑田真澄	PL 学院	第 65—67 届大赛
半决赛	佐佐木主浩	东北	第 66—67 届大赛
决赛	井上明	松山商	第 50—51 届大赛
	太田幸司	三泽	第 50—51 届大赛

2018 年第 100 届纪念大赛首次开通在线购票，原本免费的球场外野席位从此开始收费。但大赛总观赛人数还是突破了历史纪录，达到史上最高的 101.5 万人次。甲子园球场也刷新了最早挂出“满员预警”通知的纪录。

大赛冠军旗“大深红旗”在 100 届大赛时再度更新，第三代大深红旗造价 1200 万日元。大赛的代表校名额增至史上最多的 56 校。

大赛还首次引入了“突破僵局制”[1]，规定进入延长第 13 局后攻击方跑者直接踏上一二垒，以此加快延长局比赛节奏。当年的星稜 VS 济美高校一战即上演精彩好戏，双方陷入僵局后进入“突破僵局制”的延长 13 局，济美打者轰出甲子园史上首支“再见逆转满垒全垒打”获胜，画面震撼全日本。百年名门龙谷大平安高校则在这届大赛上夺得了在甲子园的第 100 场胜利。

大赛最经典的一幕出现在八强赛的金足农（全称“秋田县金足农业学校”）VS 近江一战。双方 1 ： 1 平局进入金足农九局下半最后的进攻局，场上已两人出局，在应援团山呼海啸般的歌声中，金足农依靠强迫盗本垒战术在最后关头 2 ： 1 逆转绝杀近江。比赛决出胜负的一瞬间，秋田县朝日新闻官方推特账号（@AAB 秋田朝日放送）发出一条内容仅有“啊啊啊啊啊啊……”字样的推文，转发过万。

最终两届“百年大赛”的决赛主题都指向了“东北初优胜”。

东北的仙台育英高校（宫城县）和金足农业高校（秋田县）分别

---

[1] 突破僵局制，一种延长赛的制度，主要作用是加快比赛进展节奏。在棒球中实施突破僵局制时，每个进攻局一开始就将两名跑者置于一、二垒。球队可自由指定二垒跑者的棒次，而一垒跑者即为下一棒，打者则是再下一棒。

于 2015 年、2018 年打入夏季甲子园大赛决赛，对手分别是甲子园两大豪强——东海大相模（神奈川县）和大阪桐荫（西大阪府）。

最终两支东北学校由于投手阵容过于单一，连战多日后无力压制对手火线而双双败北（仙台育英 6 ∶ 10 不敌东海大相模、金足农 2 ∶ 13 不敌大阪桐荫）。尽管未能完成“东北初优胜”的百年夙愿，东北棒球少年们前赴后继的拼搏精神仍赢得了所有人的称赞。

百届夏季甲子园冠军大阪桐荫已是第六次甲子园夺冠，加上 2018 年春季甲子园冠军，大阪桐荫六年后再度达成“春夏连霸”，也成为高校棒球史上第一所两度达成“春夏连霸”的学校。

2018 年第 100 届甲子园大赛闭幕式临近尾声之时，一道巨大的彩虹突然横跨球场上空。现场和电视前所有目睹这一幕的人们都惊叹不已。

当时横跨天际的彩虹正好正对金足农应援席所在的三垒看台席方向，因此有日本网友说，彩虹是甲子园之神赐予金足农的“奖赏”，也有人说这是上天对百年甲子园的祝福，奇妙的景象为高校棒球百年庆典画上了圆满的句号。

2018 年，日本平成天皇宣布于 2019 年“生前退位”，将皇位传给皇太子德仁。于是第 100 届纪念大赛同时成了平成日本最后的夏季甲子园。

时代的更替，世代的传承，厚重的历史与现实交织在甲子园上空，跨过奇迹的彩虹，甲子园走进下一个百年。

○

甲子园吹响上低音号

平成最后的甲子园大赛是2019年3月召开的第91届春季甲子园大赛，曾在平成初年（1989）夺得春季甲子园冠军的东邦高校再度夺冠。在甲子园的时空中，“平成”不可思议地开启与终结于同一所学校。

2019年5月1日，日本改元“令和”。

“令和”二字出自日本古代诗集《万叶集·梅花歌卅二首并序》的“于时初春令月，气淑风和”一句，寓意“美丽和谐”。这是日本历史上第248个年号，也是首次引用自日本典籍而非汉文典籍的年号。

随后的2019年夏天，夏季甲子园地区大赛激战正酣，京都发生了震惊世界的纵火案。

一个名叫青叶真司的男子怀疑京都动画工作室剽窃了自己的创意，潜入京都伏见区的工作室蓄意纵火。大火导致京都动画36名工作人员罹难，35人受伤，工作室建筑一至三层完全焚毁，大量原画资料被毁。京都动画新锐导演武本康弘[1]、西屋太志[2]亦在死难者之列。这是日本战后时代最严重的纵火案，让刚刚开始的令和新时代蒙上一层阴影。这一年打入夏季甲子园的京都代表立命馆宇治高校专门排练了京都动画《吹响！上低音号》吹奏乐曲目《DREAM SOLISTER》作为比赛应援曲，以此纪念京都动画纵火惨案罹难者。

中间还发生了一个小插曲，立命馆宇治吹奏部因为专业比赛时间

[1] 武本康弘（1972—2019），动画导演，演出家，执导代表作品有《冰果》《幸运星》等。

[2] 西屋太志（1982—2019），动画师、角色设计，代表作品有《凉宫春日的忧郁》《冰果》《莉兹与青鸟》等。

△ 京都动画工作室被焚毁的大门前人们悼念的花束

和棒球队的首轮比赛时间“撞车”，无法到场应援。为了实现在甲子园奏响“京阿尼”[1]应援曲的梦想，立命馆宇治棒球队在没有母校吹奏应援的情况下，齐心协力赢下了第一场比赛成功晋级。

第二轮比赛立命馆宇治对战星稜高校，《吹响！上低音号》熟悉的旋律终于在甲子园响起，令场内外观众动容。虽然立命馆宇治最终以3 ：6惜败，回响在甲子园球场上空的《吹响！上低音号》给很多人带去了安慰和鼓舞。

○

令和最初的夏天

第101届夏季甲子园大赛于2019年3月开幕，高校棒球跨入第二个百年，同时拉开了令和时代甲子园的序幕。回过头看，这届大赛更像是2018年第100届纪念大赛的续集。

[1] 京阿尼，京都动画（全称“株式会社京都了ニメーション”）的昵称，日文为“京アニ”。

不少上一年百届大赛闯入甲子园的学校卷土重来，如大阪桐荫、星稜、近江、智辩和歌山等；上一年亮相甲子园的人气二年级球员，奥川恭伸[1]、黑川史阳[2]，近江高校的林优树和有马谅再度聚首甲子园，身材变得更高大，面容更成熟。

明德义塾和智辩和歌山时隔 17 年相逢于甲子园的第二轮比赛，曾经，在 2002 年的夏天，明德义塾终结过智辩和歌山千禧年前后称霸甲子园的黄金时代。风水轮流转，这次轮到智辩和歌山以 7 ： 1 一雪前仇。

晋级到下一轮的智辩和歌山与星稜高校贡献了当届最精彩一战：两队战至延长 14 局 1 ： 1 平局，最后关头星稜击出一支三分再见全垒打，4 ： 1 完成绝杀。场面仿佛 2018 年夏天星稜 VS 济美一战的再现，只是这次轮到星稜笑到了最后。

连续两届大赛贡献最佳比赛的星稜，时隔 24 年打入夏季甲子园决赛，冲击校史上第一个甲子园冠军，对手则是大阪府的劲旅履正社高校。

两队曾在这一年春天的甲子园大赛第一轮比赛遭逢，结果是星稜胜出晋级，然而此前大阪府与石川县代表校在夏季甲子园历史上有过四次交战记录，均以大阪代表获胜告终。2019 年的决赛也未能逃离“历史规律”。

最终履正社以 5 ： 3 击败星稜夺得令和年第一个甲子园冠军，这

[1] 2019 年加盟日本养乐多燕子队。

[2] 2019 年加盟日本东北乐天金鹰队。

同样也是履正社校史上第一个甲子园冠军，但无论是赛前还是赛后，星稜高校仍然收获了更多的人气和掌声。

这也是新冠疫情大流行时代来临前最后一届正常举办的甲子园大赛。

○

| 番外 |

甲子园的应援风景线

世界各地体育赛事的加油方式数不胜数，从最简单的个人拍手呐喊，到集体大合唱、人浪、图案组合、乐器吹奏，组成看台上万千风情。日本的应援文化则可谓更加登峰造极，独树一帜。

日语中“応援（应援）”一词，即“加油助威”的意思。广义上的“应援”泛指各种为他人加油鼓劲的方式，不光体育比赛，还可应用于考试、应聘乃至相亲等各种需要加油鼓舞的场景。狭义上的“应援”专指有组织的应援。

从 1915 年第一届大赛开始，看台席的加油应援活动就是甲子园高校棒球文化中一道不可或缺的亮丽风景线，与球场上精彩火热的赛事相映成趣。

每年高校棒球赛季，甲子园看台上的吹奏乐震耳欲聋，歌声口号声不绝于耳，精神饱满的啦啦队女生们手执彩球起舞，应援团的男生们头戴钵卷[1]，身穿黑色学生制服，一脸严肃地站在看台最前方，全

[1] 钵卷，是戴在头部的细长布条，常见白色或红色棉布制成，类似中国古代的抹额，源自古代武士装束，如今通常用于需要统一精神和鼓舞士气的场合。

神贯注地用近似军体拳的夸张动作指挥观众们加油助威，各家学校的应援创意层出不穷，场面气势恢宏，热烈而充满青春气息。

◇ 日本应援文化起源和分类

日本的学生棒球应援文化最早可以追溯到20世纪初，黎明期的日本学生棒球比赛时常出现观众情绪过于激动大闹赛场的情况，最著名的学生棒球比赛“早庆战”在创办第三年的1906年就闹出乱子：双方应援团赛后相互前往对方学校创始人福泽谕吉和大隈重信的宅邸挑衅，结果双方棒球队被禁止共同比赛19年。之后球队好不容易恢复了比赛，1933年又曝出“苹果事件（リンゴ事件）”[1]。为了维护应援活动秩序，同时兼顾应援声势，强力推行国民化（皇民化）教育的战前日本社会逐渐形成了高度组织化的学生棒球应援文化。

高校棒球应援文化同样秉承“教育先行”的原则。基于“高中棒球是教育的一环”的理念，比赛不只是场上球员的事情，看台上的观众同样是参与者，因此绝不能像看职业棒球那样悠闲地边吃爆米花边看比赛，而必须与球员同心协力，为获得胜利加油鼓劲，台上台下，一体同心，这才是“精神道场”甲子园的观赛之道。

---

[1] 苹果事件（リンゴ事件），日本学生棒球史上著名的冲突事件。1933年东京六大学秋季联盟早庆战进行到（第三轮比赛），早大8：7领先的第九局，庆应义塾三垒手水原茂不满垒审判罚强烈抗议，从一旁的早大观众席陆续丢下杂物，其中包括一颗硕大的苹果，水原将苹果扔回观众席激化矛盾。最终比赛以庆应义塾9：8逆转胜利结束，但两校应援团情绪激动继而引发群殴，庆应义塾应援团指挥棒在混乱中被折断。当地警署出动240名警察才平息骚动。早大应援部指挥棒也在混乱中丢失，据说直到战后才在中国东北找到。事后早大棒球部长被迫辞职，早大应援部被勒令临时解散。“早庆战”的观众席自此固定按“早大一垒侧，庆大三垒侧”划分并且延续至今。（『「野球」の誕生 球場・球跡でたどる日本野球の歴史』P892）

△ 日本旧制高校时代“一高”（第一高等学校）与“三高”（第三高等学校）比赛时的应援团

高度组织化的应援文化又催生分工精细的应援组织，常见的应援组织主要有三种——啦啦队、应援团和吹奏部。

啦啦队自美国传入日本，保留了鲜明的美式风格。队员基本由女生组成，队员身穿色彩亮眼的短裙制服，手持花球等道具，配合应援歌曲或者口令精神抖擞地起舞，组合各种团体艺术造型。各学校的啦啦队组成每年甲子园看台上最靓丽的风景线。

“应援团”则可以算是“日本特产”，日本最早的应援团出现在19世纪末日本旧制高等学校时代。起初只是各类学生体育竞赛期间组织观众加油助威的临时小团体，后来逐渐形成固定的学生社团，并且衍生出复杂精细的组织结构和运营规章。

有趣的是，应援团基本由男生组成，和啦啦队正好相反，社团强调组织纪律和等级秩序，崇尚硬汉风格。管理风格往往充满昭和气息。

吹奏部通常被称为“ブラスバンド”或“ブラバン”[1]，相当于中国学校的鼓号管乐队。吹奏乐最早由欧美军队的行军乐演变而来，19世纪末开始运用到学校教育活动中。日本明治维新后引入吹奏军乐，20世纪20年代在民间开始流传，直到日本的战后时代才在高校棒球比赛中流行起来。

日本高校棒球应援活动通常会包含以上三种应援组织中的至少一种，同时拥有以上三种应援社团的学校也不少见。这些社团日常自行组织活动，参与专业比赛，一旦到了高校棒球赛季便“倾巢而出”，共同为学校棒球队表演助威。

三种应援组织中，历史最悠久，也最具日本特色的当属“应援团”。这里展开说一说。

在日本各类学生社团中，应援团以极端强调等级秩序和组织纪律而闻名，组织内部麻雀虽小五脏俱全，往往囊括多种职务，包括团长、副团长、鼓手、旗手、团员，需要各司其职、通力协作，组织起整场应援。主要应援方式是“应援舞”，不过与其说是舞蹈，不如说更像是军体拳。不同于笑容满面、明快亮丽的啦啦队应援，应援团成员们应援时不苟言笑，甚至故意摆出凶神恶煞的样子，应援动作刚硬夸张，崇尚力量与气势。

应援活动中需要用到的道具，诸如应援团旗、团长袖章、学生帽等通常都是各所学校应援团的“传家宝”。道具的使用和保养通常配

---

[1] 源自英语“brass band”，原义为铜管乐队，但实际在日语中对应的是人数6—20人的小型吹奏乐队。

△ 历史悠久的早稻田大学应援团

套有繁杂琐碎的规矩，比如旗手在比赛中必须全程高举应援团旗或校旗，不得依靠他物；旗帜绝对不能倒，不能触地，袖章不能弄脏等。

应援团的着装风格也弹眼落睛，成员常常脚踏高木屐或皮鞋，头系钵卷。身穿日式黑色学生制服，务求展现精神饱满、斗志昂扬的气势。还有些应援团学生服被改造成“变形学生服”，有的打满补丁，做旧做破，刻意追求衣衫褴褛的视觉效果，被称为“敝衣破帽”式变形学生服，有的将后摆加长，让穿着者显得高大挺拔，被称为“加长型学生服”，还有经过改造的羽织等。这种刻意不修边幅的着装风格在日语中有一个专有名词叫“バンカラ（番カラ，BANKARA)”，相传起源于明治时代。当时日本大学中一些精英学生专注学习疏于打理衣装，渐渐竟成了一种时髦，年轻人故意穿得随意破烂，以此表达“不拘泥表面、追求极致真理和热情”的生活态度。

因为极端强调传统，包括“バンカラ”在内大量战前旧制学校的学生文化特色反而借着应援团得以延续至今，宛如一枚日本学生文化的“活化石”。

◇ 应援流程和礼仪

一场高校棒球比赛的应援活动有精细的流程和分工，应援组织根据比赛进行到不同阶段，组织开展对应的应援活动。通常应援团负责应援总指挥，团长和团员会站在看台席最前列，在不同阶段举牌提示应援曲目或应援动作，用有力而夸张的姿势和口号指挥啦啦队、吹奏部以及应援观众进行合唱、拍手等集体应援。吹奏部在不同进攻阶段会准备不同的应援曲目，除了常规的应援吹奏曲目，有条件的学校还会为每位上场打击的球员定制专属应援曲目，在球员击出安打、全垒打、上垒等环节时也会配以对应的应援曲目。啦啦队女生通常被排在应援方阵中，配合吹奏曲目组织团体舞蹈。

经过百余年发展，日本的应援活动还形成了约定俗成的礼仪规范。在高校棒球运动中，礼仪规范更受重视。棒球比赛双方轮替进行应援，进攻的一方进行加油应援时，另一方须保持安静。高野连还规定，应援活动不得侮辱对手，像“打倒 × ×”这类用语禁止出现在应援环节。任何对对方选手的骚扰或挑衅也会被认为是失礼的，为所有人所不齿。

每场比赛结束后，场上的棒球队会专门跑到看台席列队，向应援团体及观众们脱帽致意，应援观众也会做出礼节性的回应。

如果比赛双方都有应援团，则在比赛开始前和结束后，双方应援团相互致意，高唱对方校歌或者组织礼节性的应援，彼此称赞对方比赛打得好。

◇ 应援“万花筒”

只要不触犯底线，高校棒球的应援形式极其开放自由，充满形形色色天马行空的奇思妙想。尤其是到了全国大赛阶段，各地区代表汇聚甲子园，各地常常会在应援中充分展现乡土特色，唤起人们为故乡的球队摇旗呐喊。于是在甲子园的看台上，可以看到日本各地的万千风土人情。

各地代表校的应援曲目常常选取具有当地特色的曲目，比如冲绳代表学校的经典应援曲包括民谣《咸湿大叔》❶、BEGIN乐队❷的《岛歌》等，以岩手县为背景的晨间剧《海女》❸的主题曲则是东北地区的学校尤其是岩手县学校的必备应援曲目。

鹿儿岛的学校曾搬出地区历史名人，“维新三杰”的西乡隆盛❹像是在为球队加油；还有一些县市的应援顺便搭载上地方特产，二十世纪八九十年代常常可以在看台上看见年轻女偶像身穿广告衫推销某地的瓜果大米等地方特产。

日本民族“超级变变变”的才能在甲子园看台上得到淋漓尽致的

---

❶ 冲绳音乐人喜纳昌吉的成名曲，歌曲讲述了一个信步游郭的醉酒大叔和男孩之间一来一回的抬杠，充满浓郁冲绳风情。据说歌曲中大叔的原型是喜纳昌吉的邻居，因为妻子在战后时代精神异常杀死了女儿，而孤独一人长年酗酒，从侧面反映了冲绳人民的战争创伤记忆。

❷ 创立于1988年的著名冲绳岛歌乐队，三人成员是来自石垣岛的比嘉荣升、岛袋优和上地等。代表歌曲有《岛歌》《泪光闪闪》等。

❸ 2013年以东北岩手传统的海女文化为主题的NHK晨间剧，宫藤官九郎编剧，能年玲奈、桥本爱主演。当年日本最热门的电视剧之一。

❹ 西乡隆盛（1828—1877），幕末萨摩藩（今鹿儿岛县）武士、政治家，和木户孝允（桂小五郎）、大久保利通并称“维新三杰”。

展现，不少球队热衷于制作各类个性化、具有地方特色的应援道具。第39届夏季甲子园大赛上，打入半决赛的广岛商索性在看台最前列搭出一座严岛神社的大鸟居，祈祷护佑球队得胜；北海道的带广三条高校曾在第47届夏季大赛上将阿伊努人祈祷山神护佑的熊皮带入应援席。

其他学生社团也会跑来棒球比赛现场应援助威，展现跨越领域的团结友爱精神，所以在看台上看到诸如身穿道服的空手道、柔道部学生忘情地大打武术套路也千万不用觉得奇怪。

不少历史悠久的学校都有自家传统应援方式。比如棒球强校天理高校应援团就有“仁王立”[1]的独特应援方式。比赛期间，应援团长身穿天理高校代代流传的紫色羽织服，全程双手交叉，抱胸静默、站立不动直至比赛结束。

2017年8月22日天理VS广陵一战，天理6：12落后的九局下半，代打桥本上场挥出安打，天理高校应援团长木村虎之亮身穿学校应援团代代相传的紫色羽织服，静默伫立无声流泪，画面在日本社交网络广为流传。

总之在甲子园的看台上，只有想不到，没有做不到。

◇　吹奏应援的力量

如果说啦啦队和应援团是高校棒球应援活动的“骨骼”和“血肉”，那么吹奏部的应援曲就是其中的“灵魂”。

[1] 仁王立，指双脚开立，昂首挺胸的站立姿势。

△ 天理应援团长木村虎之亮无声之泪

每逢春夏赛季，甲子园球场便整日沉浸在各种震耳欲聋、特色鲜明的应援曲中。根据《让高校棒球有趣 100 倍的吹奏甲子园大研究》，甲子园的吹奏乐应援历史从 1915 年第一届大赛就已开始，在《大阪朝日新闻》当时刊载的大赛现场照片中，可以看到日本陆军军乐队现场演奏入场进行曲的情形。第一届大赛的冠军京都二中就是日本最早设立吹奏部的学校，也是最早将吹奏乐应援引入甲子园大赛的学校。

经过百年发展，如今日本高校棒球界流传着大量常用应援曲目。其中既有出自职业棒球及大学棒球的传统应援曲，也有源自欧美及日本本土的进行曲和流行音乐，包括动画或晨间剧等影视作品主题曲，还有不少学校拥有原创应援曲目。比如千叶县拓大红陵高校的《燃烧的红陵》等，天理高校风靡高校棒球界的原创吹奏曲目《大张旗鼓》等。

高校棒球应援曲中有相当数量改编自20世纪七八十年代的日本流行音乐，比如阿久悠作词的《瞄准射击》和《左撇子投手》[1]，《宇宙战舰大和号》《鲁邦三世》《小飞龙》《TOUCH》的动画主题曲等等。

这些歌曲或因歌词包含打中球、进攻或向球员致敬等良好寓意，或因出自热门棒球动画而深受学生喜爱，所以被改编为吹奏应援曲并且广为流传，也从侧面反映出20世纪七八十年代日本大众娱乐对高校棒球的深厚影响。

高校棒球界还流传着不少“魔曲”传说，最著名的莫过于智辩兄弟校（即智辩学园和智辩学园和歌山分校）专用魔曲《JOCK ROCK》。智辩兄弟校曾多次在吹奏这首应援曲时连续得分或逆转场上局势，通常在比赛进行到第八局，场上智辩跑者站上二垒得分圈时使用，2019年101届夏季甲子园大赛上，智辩和歌山对明德义塾一战中，球队在第七局就吹奏魔曲，一局轰出三支全垒打，创下单局团队最多全垒打纪录。

每年都有不少新曲目被改编成高校棒球应援曲，包括动画影视流行音乐曲目，当季大赛主题曲，也有不少学校原创曲目。比如2022年103届夏季甲子园大赛的千叶县代表市船桥高校，在甲子园奏响已故校友浅野大作创作的应援曲《市船SOUL》，相关事迹在当年被改编为电影《20岁的SOUL》。

---

[1] 《左撇子投手》，出自日本女子团体PINK LADY的一支单曲，1978年3月发行。歌词反映了当时王贞治创下本垒打世界新纪录的事迹而风靡一时。高校棒球应援曲中常用于为左撇子打者加油的场合。

◁《20 岁的 SOUL》

不少歌曲因为被改编为高校棒球应援曲而一炮走红，2018 年第 100 届夏季甲子园大赛期间广为流传的《活力琉球》便是经典一例。这首创作于 2008 年的冲绳民谣十年后被改编为高校棒球应援曲，在第 100 届甲子园大赛上被众多学校广为传唱，风靡一时。

高校棒球界还有不少以吹奏应援著称的学校，比如大阪桐荫高校、东邦高校、习志野高校等，千叶县则因吹奏乐强校林立而有“吹奏乐王国”的美誉。2015 年千叶县吹奏名校习志野高校和拓大红陵高校曾共同举办一场“棒球应援音乐会（BASEBALL SUPPORTERS CONCERT）”，演绎历代高校棒球应援吹奏名曲，前所未有的音乐会一票难求，也让更多的人感受到日本高校棒球与音乐跨界融合的独特魅力。

◇ 跨越新冠大流行的应援

2020 年新冠疫情全球大暴发，受此影响 2020 年春、夏甲子园大赛在战后时代首次被取消。2021 年甲子园大赛虽然艰难重启，但现场吹奏应援活动出于防疫考虑仍被喊停，只允许拍手等简单的应援方式。2021 年夏季甲子园大赛一度尝试恢复现场吹奏应援，终因暴雨和疫情管控反复而作罢。

没有了往日沸反盈天的看台应援，甲子园变得前所未有的陌生，仿佛跌入异次元空间。

有媒体分析，应援活动是影响甲子园赛事走向的关键要素。不同于其他职业棒球赛事，甲子园高校棒球比赛现场有大量无明显偏好的观众，他们会根据个人喜好随机为两方球队加油助威，应援声浪很容易影响场上高中球员们的心态，进而左右赛事进程。

2020—2021 年间，因为没有看台应援，甲子园球场和球员日常练习环境实际差异无几，其间甲子园大赛的逆转胜出的比赛数量明显少于往年，媒体推测，部分原因和应援活动缺失有关。

2022 年，尽管新冠疫情大流行还未结束，春、夏甲子园均宣布取消购票限制，恢复现场应援活动。时隔两年之后，甲子园球场的看台又恢复了昔日人头攒动、锣鼓喧天的热闹景象。突然变得嘈杂的球场让新冠疫情时期打入甲子园的高中少年们同样不太适应，智辩和歌山、星稜等夺冠热门学校都因为未及时进入比赛状态而出局。

然而人们还是由衷感慨，这才是真正的甲子园。

2023 年，甲子园的看台应援活动已完全恢复正常。为了纪念

2024年甲子园球场建成100周年，甲子园球场先后于2023年、2024年的6月举办了“甲子园吹奏音乐节2023/2024（甲子园 Brass Band Festival 2023/2024）”专场音乐会，邀请近江、龙谷大平安、智辩学园、智辩和歌山等十余所吹奏应援知名学校吹奏部，共同站上甲子园球场和看台席，吹响高校棒球历代应援名曲。这场音乐会史无前例地将吹奏应援推上甲子园球场的主角位，让更多人领略到高校棒球应援文化的魅力，也向百年来所有参与高校棒球应援活动的人们致敬——无论身处球场上还是球场下的看台席，每一个参与其中的人都是甲子园的“主角”。

○

| 番外 |

从民谣到应援神曲《活力琉球》的故事

海啊，祈愿之海啊
波涛声声碧空回荡
脚踏大地般咚咚
叩响岛屿的太鼓
（海よ、祈りの海よ
波の声響く空よ
大地踏み鳴らし叩く
島の太鼓ぬ響き）

2018年第100届夏季甲子园纪念大赛上，一曲冲绳民谣风歌曲《活力琉球》意外走红，迅速成为球场内外传唱最多的“烧脑神曲”，甚至助力大阪桐荫再次实现“春夏连霸”。有趣的是，这首歌曲并不是2018年的新歌，而是一首十年前发行的老歌，那么这首歌曲究竟有着怎样的魔力，又是如何流行起来的呢？

◇ 冲绳民谣遇到学生体育

《活力琉球》最初诞生于2008年，是一部名为《琉球复兴》的冲绳现代歌舞作品主题曲。歌曲由平田大一作词，生熊朗作曲，原唱是冲绳籍女歌手成底优子。歌曲主题颂赞冲绳美丽的风土人情，节奏悠扬而富有力量，充满浓浓的冲绳音乐韵味。

歌曲虽好，但是最初只在冲绳地区流传，音乐MV中一群身穿冲绳传统服饰的舞者在海边击鼓起舞，仿佛某部中国二线城市旅游宣传片。

当时谁都没有想到，这首歌真正走红会是在十年后的第100届甲子园纪念大赛上。

故事要从2016年前后说起。当时冲绳的一些学校运动会上开始使用《活力琉球》作为背景应援曲或者“エイサー（EISA）”[1]表演的配乐，之后慢慢沿用到了冲绳的学生篮球、排球联赛中。随着流媒体短视频兴起，学生体育赛事的短视频被上传到YouTube、NICONICO

---

[1] エイサー(EISA)，冲绳地区一种传统民俗舞蹈，舞者伴随乐曲 节奏击鼓起舞歌唱，特点是唱词中多有“EISA”一词。

等日本互联网流媒体视频平台，视频中的应援背景乐《活力琉球》渐渐引起了冲绳岛外观众的注意。

《活力琉球》开篇唱腔高昂而富有感染力，“开口跪”式的曲风很容易在第一时间抓住观众的耳朵，非常适合网络传播。于是日本各地学校纷纷将这首歌曲纳入自家的应援歌单中。

一直到《活力琉球》被引入高校棒球应援歌单，奇妙的化学反应开始了。

◇ 百年甲子园应援神曲诞生

2017 年仙台育英高校演唱《活力琉球》的视频在网上先红了起来。当时仙台育英替补席应援团长，来自冲绳的前武当大斗头系钵卷，手持仙台育英特色的大型应援喇叭筒，领头清唱了《活力琉球》歌曲的第一段，随后其他应援球员集体起立，敲打喇叭筒加入大合唱。视频中前武当高亢的歌喉一鸣惊人，虽然无缘上场比赛，却着实当了回“网红”，也顺势点燃了《活力琉球》在高校棒球世界里的第一把火。

此后《活力琉球》如春风野草般传遍全日本各地的高中棒球部。花卷东、圣光学院、三重高校等甲子园名校也相继加入《活力琉球》的“合唱队伍”。

各校的唱法大多沿用了“仙台育英唱法”，即歌曲第一段由单人手持应援大喇叭倾尽全力清唱，第二段全体大合唱，吹奏乐和啦啦队一并跟上。这种唱法非常考验领唱者的唱功，唱得好技惊四座，要是一上来就跑了调，接下来的整场应援都会变得荒腔走板。不过输人不输阵，只要鼓起勇气接着唱下去，演唱者和观众大多能乐在其中，图个热闹欢腾。

于是一年后的2018年夏天，《活力琉球》的旋律在日本各地棒球场上此起彼伏。网上流传着各种演唱视频。据统计，2018年夏季甲子园全国大赛56所参赛校中，至少有十所学校将《活力琉球》纳入了应援歌单。普及速度之快在历代高校应援歌曲中名列前茅。

《活力琉球》的爆红成功也引起了媒体注意，2018年第100届夏季甲子园大赛期间，朝日新闻社报道了南福冈县代表冲学园演唱《活力琉球》的应援场面。8月13日的比赛中，冲学园二年级替补球员川添公也领唱了歌曲第一段，视频传到网上，广受好评。

而真正将《活力琉球》推上应援曲传奇巅峰的，正是2018年夏季甲子园冠军大阪桐荫高校。

大阪桐荫棒球部实力毋庸赘言，吹奏部在日本也是首屈一指。每年财力雄厚的大阪桐荫吹奏部都会挑选时令流行乐曲扩充年度应援歌单，比如2013年歌单中的晨间剧《海女》主题曲、2014年《冰雪奇缘》的*Let It Go*[1]。广为流传的《活力琉球》被大阪桐荫纳入了2018年的应援曲目中。

不过大阪桐荫版《活力琉球》和其他学校的唱法略有不同，不设单人领唱，一开场便全员投入——应援观众集体大合唱和吹奏乐同时响起，配合啦啦队舞蹈，现场应援声势浩大，令人心神摇动。

同时大阪桐荫版本的歌词也做了改动，将最后一句“叩响岛屿的太鼓”改成了“目标是‘春夏连霸’”。结果大阪桐荫唱着这首改编

[1] 美国动画片《冰雪奇缘》的主题曲之一。

版的《活力琉球》一路过关斩将，竟然真的拿下了第100届夏季甲子园纪念大赛冠军，也是大阪桐荫进入2000年后第二次实现“春夏连霸”。奇迹般的战绩更增添了《活力琉球》应援神曲的传奇色彩。

◇ 为所有人加油

《活力琉球》的主创人员都没有想到这首十年老歌竟然会从学生体育赛场上再度翻红并且风靡全国。原唱歌手成底优子2018年欣然为《活力琉球》录制了全新应援曲版MV。画风一改当年廉价旅游广告片气息。在音乐MV中段，年逾四十的成底优子站在一群高中生中间，在室内篮球场中央一同欢唱，笑容满面，仿佛重返少女时代，满溢的青春活力扑面而来。

曲作者生熊朗也重制了《活力琉球》音乐MV。截至2021年5月，YouTube平台的播放次数已超过1100万次。

不少著名歌手及演唱组合纷纷翻唱了《活力琉球》，其中包括“冲绳歌姬”夏川里美、平川美香、川畑亮（川畑アキラ）、演唱组合MINAMI NiNE、Chuning Candy等。

《活力琉球》还随着百年甲子园热潮漂洋过海，在网易云音乐、哔哩哔哩等中国网络媒体平台上，《活力琉球》的视频或条目中涌入了大量甲子园棒球爱好者，大家纷纷留言为各自喜爱的球队加油祝福，俨然将这首歌视作了日本高校棒球文化的关联曲目。

2018年后《活力琉球》的歌曲内涵已经完全转型为加油应援歌曲，人们一想起《活力琉球》，首先想到的是和高校棒球关联的青春明朗

△ 《活力琉球 · 魂之应援曲》全新伴奏盘封面

印象，其次才是冲绳的碧海蓝天。

新冠疫情大流行的 2020 至 2022 年间，《活力琉球》还出现在了更多人们需要彼此加油鼓劲的场合，作曲者生熊朗也于 2020 年再次推出名为《活力琉球 · 魂之应援曲》的全新伴奏盘，为受到疫情冲击的人们送上加油和祝福。

从乡土民谣到甲子园应援神曲，《活力琉球》的故事是百年甲子园大赛期间一个有趣的小插曲，从中我们得以一窥 21 世纪社交网络时代的日本高校棒球应援文化风貌以及高校棒球和日本大众娱乐文化之间相互渗透滋养、共同进化的共生关系。

第十四话 新冠疫情与甲子园

○

空白的一年

2020 年本应是欣欣向荣的一年，日本原计划在这一年再度举办东京奥运会。

日本在 2011 年东日本大地震数月后就向国际奥委会递交了申办 2020 奥运会的申请。当时的安倍晋三政府试图通过再次在东京举办奥运，唤醒人们关于 20 世纪 60 年代经济高速发展期的荣光记忆，提振社会信心，也为后患无穷的东日本大地震和福岛核泄漏事故日后画下政治性“句号”提前做好铺垫，同时为安倍晋三和自民党积累政治资本，可谓一举多得。

2020 年伊始，新冠疫情暴发，全世界被按下了暂停键。

3 月 11 日，世界卫生组织将新冠肺炎疫情定义为“全球大流行”（pandemic）。各国相继封闭出入境管理，限制人员流动，取消各类公共活动和体育赛事，仍然无法阻止新冠肺炎迅猛传播。

在日本，新冠肺炎确诊人数在 2020 年 2 月底已达到 894 人且不断增长。各类体育赛事相继宣布延期或采取“无观众比赛”。

局势发展到 3 月下旬，日本政府与国际奥委会不得不宣布，原定于 2020 年 8 月召开的东京奥运会延期至 2021 年 7 月召开。这是现代奥运会创办百余年来首次推迟举行。

原定于 3 月下旬开幕的第 92 届春季甲子园大赛早在 1 月就公布了参赛学校名单，2 月底已启动在线票务销售。进入 3 月，足球、柔道等学生体育全国大赛相继宣布取消当年赛事，春季甲子园仍苦苦支撑，主办方一度考虑参考日本职棒采取“无观众比赛”。最终在严峻的疫情发展态势面前，高野连在东日本大地震九周年纪念日的 3 月 11 日当天正式宣布停办当年的春季甲子园。会长八田英二在记者会上遗憾地表示：“考虑到选手的健康，只得做此艰难决定。”

原定于当年 8 月 10 日开幕的第 102 届夏季甲子园大赛，包括前期的地方大赛以及日本高校软式棒球选手权大赛亦在随后的 5 月 20 日宣布停办。

这是春、夏甲子园大赛在战后时代，或者说和平年代史无前例停办，2020 年因此成了“甲子园消失的一年”。

消息传出，日本举国震动。这项学生赛事停办在日本社会引发的舆论冲击，甚至超过了此前东京奥运会延期的消息。

据报道，有经济学家估算2020年夏季甲子园大赛停办导致的实际经济损失超过672亿日元（约合人民币45亿元）。不过大赛停办对日本社会大众心理层面的冲击也许更大。

对于高中棒球少年来说，这意味着宝贵的高中三年棒球生涯中失去两次可以打入甲子园的机会，在等级秩序森严的日本，大部分高中球员通常要等到升上三年级才有机会成为正式球员上场比赛，因此对于2020年的高中三年级球员来说格外残酷，不少棒球少年闻讯忍不住失声痛哭。

棒球名将王贞治接受媒体采访表示："甲子园不光事关出场学校和选手，也是日本国民的心灵支柱。作为一个有甲子园出场经验的人来说，大赛中止让人感到寂寞。"他寄语高校球儿"朝着下一个目标继续踏出新的一步"。

漫画家安达充在夏季甲子园后第一时间宣布停止棒球漫画《MIX》的连载。他在小学馆漫画月刊《GESSAN》上的休刊声明如是说："令漫画家安达充最感幸运的，莫过于日本有'甲子园'的存在。有鉴于特殊时期各种体育赛事组成的'日常'皆暂停，可能不适合继续描绘人群聚集、欢声鼎沸的场面，故中止连载。"

也有不少人反对停办甲子园大赛，认为这并不利于球员成长和高校棒球传统存续。即使在高野连正式宣布停赛后，仍有不少人仍发起网上联署呼吁继续举办甲子园大赛。一些地区则在高野连允许下自主筹办地区性联盟赛，或与日本职棒联盟合作举行合同制比赛，在疫情管制期间为高中球员创造更多棒球训练和比赛的机会。

关于甲子园大赛取消与否的争议持续未绝，另一方面日本国内疫情到了5月下旬渐趋平稳，职业棒球联赛宣布于6月19日以“无观众形式”重新开幕。

在多方推动下，高野连在6月下旬宣布将在原定夏季甲子园赛程期间举办“2020年甲子园高校棒球交流比赛”，参赛学校为原定第92届春季甲子园出场的学校。就这样，一场前所未有的“春夏合体”的甲子园大赛诞生了。

2020年甲子园高校棒球交流比赛规定，每所参赛校仅在甲子园球场进行一场比赛，赛前在线抽签决定对战组合。大赛不设冠亚军名次。

原定夏季甲子园开幕的8月10日，“交流比赛”同样举办了开幕式，花咲德荣主将井上朋也和大分商业高校主将川濑坚斗共同代表选手进行宣誓。朝日新闻社专门为开幕式策划了一个名为“荣冠齐唱”的纪念环节：上午10点，预先线上报名的日本各地个人和吹奏团体共同奏响大赛主题曲《荣冠因你闪耀》，并通过互联网在甲子园现场电子屏上播放。这个活动的灵感源于日本推特网站流传多年的“天空之城巴鲁斯祭（バルス祭り）”❶。

8月12日至17日的6日间，32支原定春季出场的球队在甲子园球场共进行了16场比赛。因为不开放观赛，也不设现场吹奏应援（仅允许现场播放录音），昔日比赛时沸反盈天的甲子园前所未有的空旷寂寥，仿佛跌入漫画《LEVEL E》中的异次元空间。但少年们非常珍惜这一年在甲子园仅有的比赛机会，全力以赴的赛事精彩动人，中京大中京在与智辩学园一战中刷新了自己连续28场正式比赛不败的新

❶ 一项日本社交网络流行文化活动，每次电视台重播宫崎骏执导动画的《天空之城》，在男女主角最后念出毁灭天空之城的咒文“**バルス**”时一同发同名推文。由于瞬间数据并发量巨大，曾经导致推特网站瘫痪，因此得名。

纪录；去年夏季甲子园的冠亚军履正社和星稜高校再度相逢甲子园，这次依旧是履正社 10 ： 1 笑到了最后。

这一场新冠大流行时期临时策划的“甲子园大赛”没有被列入正式大赛届数，但多少圆了这一代棒球少年们与甲子园“一期一会”[1]的梦，也为日本留下了独一无二的新冠大流行时代回忆。

从这场独特的大赛中可以看到日本人对于甲子园大赛深切而坚韧的执念——奥运会可以推迟，“甲子园”不可以停。若没有这种普遍的共识基础，2020 年甲子园交流比赛也就不会诞生。而看似一成不变的甲子园大赛背后“灵活变通”的另一面，也正是日本高校棒球赛事能存续百年之久的奥秘所在。

○

重回甲子园之春

2021 年伊始，尽管新冠疫情依然凶猛，日本高野连却早早宣布，将照常举办 2022 年的春季甲子园。大赛届数跳过了 2020 年被中止的第 92 届，直接记为“第 93 届春季甲子园大赛”。

坚决重启大赛的考量之一是为 2021 年即将召开的东京奥运运营工作积累经验，另一个重要因素是 2021 年正逢东日本大地震十周年。恢复甲子园大赛有助于日本社会提振信心。

春季甲子园的筹备环节大多改为线上运营，1 月底大赛选考委员

---

❶ 一期一会（いちごいちえ），源自茶道的日文用语，字面意为一定期限内可能和对方只有一次见面机会，应当怀着珍惜的心情，用最好的方式对待对方。

会进行线上会议，公布了32所参赛校名单。

大赛针对新冠肺炎疫情颁布了若干防疫措施，比如为了防止飞沫传播，学校不得进行现场吹奏应援，只允许拍手、击鼓，播放应援曲录音。不过在赛前主办方邀请兵库县尼崎市立尼崎高等学校吹奏部录制了20首常用应援曲，提供给没有条件自制应援曲录音的参赛校使用。

此外，春季甲子园还勇敢地往前踏出一步——重新开放公众购票观赛。大赛规定单场比赛可允许不超过1万名观众购票观赛，当然所有观众都必须佩戴口罩。

2021年3月19日，时隔两年后的第93届春季甲子园大赛正式开幕。入场进行曲采用了东京奥运奥委会认证应援曲《红辣椒》（米津玄师作词作曲，Foorin演唱）。开幕式出场学校缩减为首日对战的6所学校。童年亲历东日本大震灾的仙台育英棒球队主将岛贯丞作为选手代表宣誓。

最终新冠疫情暴发后首度重开的春季甲子园大赛圆满闭幕，历时半个月的大赛赛程总体运营顺利，释放出恢复正常社会秩序的积极信号。神奈川县传统强校东海大相模夺得这一届大赛冠军。东海大相模也是2011年东日本大地震那届春季甲子园大赛冠军，它为甲子园球场再一次留下不可思议的历史韵脚。

○

波折之夏

2021年7月，延期一年的2020东京奥运会终于召开。开幕式上，日本棒球三巨头——王贞治、长岛茂雄、松井秀喜的身影出现在最后的圣火传递仪式中。松井秀喜搀扶着年事已高的长岛茂雄，王贞治手持火炬，三人配合长岛茂雄的步伐缓缓前行。两代日本棒球代表人物历史性的同框传递了战后日本棒球人实现复兴、走向世界的热情，也凸显出棒球运动在日本与众不同的社会意义。

尽管波折重重，2020东京奥运会终于还是平稳地举办了。东京奥运会结束后一天的8月9日，第103届夏季甲子园开幕。这届大赛非但没有承接春季大赛的好运，反而可能是史上最折腾的一届甲子园大赛。

2021年5月后日本国内疫情反弹，高野连6月不得不撤回原本开放观赛的决定，宣布夏季甲子园仍然施行“无观众比赛”。每所参赛学校最多允许2000人进入甲子园球场一、三垒观众席观赛，且需提前登记入场人员信息，不过仍然保留重新开放现场吹奏应援的决定。

主办方明确规定，如果球队有个别选手感染新冠肺炎，未造成群体感染的，球队可更换选手继续参赛；但如果球队发生群体感染，则队伍将被取消参赛资格。星稜高校、东海大相模等传统强校纷纷“中招”退赛。全国大赛开打后，还有宫崎商和东北学院也因中途有球员核酸测试阳性而遗憾退赛。

第102届夏季甲子园全国大赛期间还遭逢罕见的连日暴雨，导致多场比赛提前终结或延期，大赛赛程频繁延期多达七次，创下史上最多延期和最长大赛赛程纪录。

赛事延期进而引发更多争议。大赛第5日第一场大阪桐荫对阵东海大菅生高校（全称“东海大学附属菅生高等学校”）的比赛进行到第八局时，因天降暴雨不得不提前结束，裁判员判定当时比分领先的大阪桐荫胜出，赛后东海大菅生棒球部和其支持者坚持认为如果比赛能赛完九局，己方完全能够逆转取胜。高校棒球比赛中裁判的决定就是最终结果，没有质疑回旋的余地。

当日第二场比赛的近江高校与日大东北（全称“日本大学东北高等学校”）更倒霉，这场比赛因恶劣天气连续两日被中途喊停延期，第三天好不容易打到中途，又是大雨如注被迫取消，足足折腾到第四天才分出胜负。参加比赛应援的近江高校师生不得不连续四天折返于滋贺县的学校与兵库县的甲子园球场，苦不堪言。此后大赛只得全面喊停现场应援。

○

史无前例的兄弟校决赛

尽管状况频发，时隔两年重开的夏季甲子园大赛总归是如期举办，也留下了不少闪光点。

冲绳尚学高校拿下了冲绳学校在甲子园的第100场胜利，将冲绳高校棒球的地平线推向更远方。

前身是韩国人学校的京都国际高校第一次打入甲子园就挺进八强。甲子园有史以来第一次响起韩语校歌，让人们再度忆起战前时代

△ 《报知高校棒球》2021 夏季甲子园专刊封面

曾来过甲子园的“外地学校”。

朝日新闻社默默干了件大事——全面扩容高校棒球赛事在线视频直播。往年“虚拟高校棒球（バーチャル高校野球）”网站仅提供全国大赛全部赛事及地方大赛决赛在线视频直播服务[1]，2021 年起视频直播覆盖面扩大至全国及地方大赛绝大部分赛事。当年视频直播赛事超过 2400 场，让更多普通棒球少年的奋斗身姿被更多人看见。

这一年夏天还有一项载入史册的突破，是甲子园有史以来第一次举办女子高校棒球决赛。8 月 23 日，阪神甲子园球场举行了第 25 届全国高校女子硬式棒球选手权大赛决赛，此举打破了甲子园球场百年

[1] “バーチャル高校野球”2015 年前仅提供全国大赛视频直播，自 2015 年起启动部分地区大赛决赛视频直播，2017 年覆盖至全部地区大赛决赛。

来仅向男子比赛开放的“壁垒”。女子高校棒球迈出的一小步，也是日本高校棒球迈向下一个百年的一大步。

最后的最后，前所未有的奇妙画面出现在大赛决赛上：两所兄弟学校——智辩学园（奈良县）和智辩学园和歌山分校（和歌山县），从日本全国 3600 多所参赛校中杀出重围，站上了 2021 年甲子园最高舞台。这是甲子园史上第一次出现兄弟校对决的决赛。

在看台席空荡荡的甲子园球场中央，两支球队穿着几乎相同的白底红字棒球服，两边的看台播放着相同的“进攻魔曲”《JOCK ROCK》，展开左右互搏般的对抗。就连两队球员也恍惚分不清敌我，左右互搏般的比赛场面，魔幻宛如梦境。

最终“弟弟”智辩和歌山高校以 9 ：2 击败“哥哥”智辩学园，夺得第 103 届夏季甲子园冠军，这也是新冠疫情暴发以来诞生的第一个夏季甲子园冠军。

2009 年重建的“棒球塔”纪念碑两翼每年都会刻上当年春、夏两季甲子园大赛冠军校名。时隔两年后的 2021 年，棒球塔墙上终于又新添了 2020 年和 2021 年的两行新记录。在 2021 年下方刻有大赛届数以及春夏冠军校名字，2020 年的下方则只镌刻了第 92 届选拔高校大赛和第 102 届选手权大赛的字样。冠军校留白的背后，铭记着新冠大流行时代中为了甲子园大赛存续而努力的所有人的“胜利”。

第十五话 通往未来之路

新冠疫情进入第三年的2022年，恰是棒球运动传入日本150年纪念，日本的新冠疫情流行威力不减，感染人数再创历史新高，在春季甲子园开幕前一周日本东北地区又发生强烈地震。尽管如此，甲子园不打算再次关闭大门。

○

走向正常化

2022年的春、夏甲子园相继宣布开放现场观赛和现场应援，春季甲子园起初限定每日观赛不超过2万人次，赛程未过半即放开人数限制。夏季甲子园则一开始就宣布不设单场比赛观众上限。

这并不代表大赛主办方选择面对疫情“消极躺平”。相反，防疫和运营工作比前两年更精细、成熟。

所有参赛选手、教练等相关人员在大赛筹备和比赛期间必须定期进行核酸检测；防疫政策方面，球队若出现集体感染就必须退赛。2021 年夏天打入八强的京都国际因此遗憾退赛，替补出场的近江高校未料竟一路打入决赛夺得亚军，创下该校在甲子园历史最佳成绩。

三个月后的第 104 届夏季甲子园大赛面临的困难并不比春天少，临近开幕就有 6 支球队查出群体感染，原定全员出席的开幕式最后临时变更为仅由球队主将参与入场行进。比赛期间也不断有球员因感染新冠中途退赛。

但夏季甲子园没有停止开放的步伐，反而再向前迈出一步，规定如果球队出现集体感染，可协商在同一轮次内延期比赛；如果单一选手感染，球队只需在比赛开始前 2 小时更替选手即可继续参赛。如果球队实在无法出场，则名额保持空缺，不再设替补球队。

老牌劲旅县岐阜商打入全国大赛后曝出正式球员集体感染新冠肺炎，比赛延期后球员仍未完全恢复。大赛主办方尝试临时修改管理规则，力保县岐阜商继续出场比赛。眼看最后期限将至，正式球员仍未完全康复，县岐阜商决定派出高一、高二的替补球员应战，虽然比赛结果 1:10 惨败于初次打入甲子园的大阪代表社高校，在大赛主办方和球队共同努力下，县岐阜商的夏天终于没有付之东流，也让年轻球员积累了宝贵的甲子园比赛经验。

大赛还吸取了 2021 年夏天暴雨导致屡次延期的教训，规定如果比赛因雨天中止，两队后续可从中止节点重新开始比赛，减轻参赛球队负担。

尽管波折不断，困难层出不穷，2022 年夏季甲子园大赛最终无一日延期，也没有一支队伍因疫情退赛，堪称新冠疫情期间最正常、最顺利的一届甲子园大赛。

女子高校棒球方面也在进步。春季的女子高校棒球选拔大赛决赛首次进入东京巨蛋棒球场举行，福井工大福井（全称“福井工业大学附属福井高等学校”）击败去年夏天的冠军神户弘陵（全称“神户弘陵学园高等学校”）夺冠，女子高校棒球比赛规格的提升有目共睹；夏季的女子高校选手权大赛决赛日期被安排在 8 月 2 日，早于男子比赛开幕时间的 8 月 6 日，避免赛程变更风险。这届大赛上，神奈川的横滨隼人高校成为第二支在甲子园夺冠的女子高校棒球队。而横滨隼人的男子硬式棒球部在神奈川小有名气，历史上却还从未打入过甲子园，反倒是女子棒球率先开花结果，这也激励了日本全国更多学校纷纷开设女子棒球部。

○

东北初优胜

这一年甲子园还有更值得纪念的大事件。

在 8 月 22 日的夏季甲子园决赛中，宫城县代表仙台育英 8:1 大比分击败山口县代表下关国际，出人意料地拿下了日本东北地区史上首个甲子园冠军！

仙台育英上一次 2015 年打入夏季甲子园决赛，因为投手阵容薄弱而负于东海大相模，与甲子园冠军失之交臂。此番仙台育英充分吸取历史教训，全队布局了五名可投出 140km/h 以上速球的投手，阵容堪称豪华。而且一路打到决赛，仙台育英没有遭逢一线强队，队伍的战力状态保持良好，可谓数十年来达成“东北初优胜”未有的天时地利人和。

另一支打入决赛的队伍是近年来异军突起的山口县代表下关国际，下关国际 2017 年才第一次打入甲子园，2018 年百届纪念大赛打入八强，在 2022 年夏天一干强校中，下关国际显得默默无闻，却出人意料地一路先后斩落当年春季甲子园冠亚军——近江和大阪桐荫，瞬间名震天下，堪称 2022 年夏天“最强黑马”。

两强相遇，最后仙台育英依靠缜密的战术布局、场上球员精准的执行力以及更资深的甲子园比赛经验，8:1 稳稳拿下冠军，东北地区百年来的冠军空白就此扫除，大深红旗终于跨过了白河之关！

从 1915 年秋田中学打入首届大赛决赛算起，2022 年恰是东北地区学校冲击“甲子园冠军”的第 108 年。

在这 108 年中，东北地区的学校此前已有 12 次打入春、夏甲子园决赛而功亏一篑。直到 2022 年，在历经新冠疫情大流行带来的种种波折之后，甲子园大赛终于最大程度恢复正常运营。如此看来，东北地区的首个甲子园冠军仿佛甲子园之神对这一代棒球少年的馈赠和期许，冥冥之中，也仿佛应了棒球电影《一百零八》中棒球 108 缝针的隐喻——历经一百零八磨难后的东北，终于在甲子园夙愿得偿。

整个东北地区为之沸腾。尤其在仙台育英高校所在的仙台市，大街小巷挂满庆祝仙台育英胜利的横幅，商家自发推出各种庆祝东北初优胜的促销活动。东北各地的纪念活动一直延续至了 2022 年年底仍在继续。

在夏季甲子园大赛最后的颁奖礼上，仙台育英高校棒球部教练须江航致获奖感言时，特地向新冠大流行时代日本全国所有高中生致以敬意。

“现在高中生的学校生活和我们这些大人当年的高中生活完全不一样，青春是‘茂密’的（青春って、すごく密なので），但是如今需要密切接触的活动全都被喊停，即使在各种活动都暂停，仿佛无穷无尽的痛苦之中，全国高中生都在努力，不言放弃，虽然最终站在这里的只有我们，但是一定要把掌声送给全国所有的高中生！”

须江教练的即兴感言在日本引起强烈共鸣，“青春って、すごく密なので”一句在日本互联网广为流传，亦为新冠疫情时期的日本高校棒球运动留下念念不忘的回响。

年代	东北地区学校在甲子园的决赛赛绩	大赛
1915	秋田中（秋田县）1：2京都二中（京都）	夏第1届
1969	三泽（青森县）0：0/2：4松山商（爱媛县）	夏第51届
1971	磐城（福岛）0：1桐荫学园（神奈川）	夏第53届
1989	仙台育英（宫城）0：2帝京（东东京）	夏第71届
2001	仙台育英（宫城）0：2常总学院（茨城）	春第73届
2003	东北（宫城）2：4常总学院（茨城）	夏第85届
2009	花卷东（岩手）0：1清峰（长崎）	春第81届
2011	光星学院（青森）0：11日大三（西东京）	夏第93届
2012	光星学院（青森）3：7大阪桐荫（大阪）	春第84届
2015	仙台育英（宫城）6：10东海大相模（神奈川）	夏第97届
2018	金足农（秋田）2：13大阪桐荫（北大阪）	夏第100届
2022	仙台育英（宫城）8：1下关国际（山口）	夏第104届

尽管新冠疫情还未结束，世界充满了种种不确定性而动荡不安，但有理由相信，延续百余年的“甲子园”还会延伸向更遥远的未来。

○

|番外|

甲子园背后的经济学

在很多日本人眼中，甲子园往往带有一种“神圣而纯洁”的光环，非商业化运作的印象深入人心，就连日剧里的黑社会老大都会义正词严训斥赌球的下属“不要玷污纯洁的高校棒球”。

日本战后重启高校棒球运动（当时的中学棒球）之际就确立了业余主义和非商业化的经营基调，刻意与商业化的职业棒球划清界限，再加上高校棒球强调传承日本“精神棒球”的传统，形成了高校棒球“纯洁”印象的主要源头。

然而再纯洁的体育赛事都离不开花钱，遑论能够在日本商业化社会经营百年之久的甲子园。现实中的甲子园大赛不仅花钱，而且相当烧钱，当然也能赚钱。在这一章中，我们专门从钱的角度来算一算甲子园背后的经济账。

◇ 打进甲子园要花多少钱？

无论是朝日新闻社主办的夏季甲子园大赛，还是每日新闻社主办的春季甲子园大赛，均不向参赛学校收取报名门槛费用，但实际上每所学校参赛的费用开支都不是一个小数目。

棒球部日常训练、比赛交流的必要运营开销自不必多说，单独聚焦甲子园大赛的参赛费用来看，通常有以下几类开支。

首先是通勤成本，包括运送棒球部成员以及学校后援团师生家长的汽车巴士租赁费、油费、停车费，乘坐铁路轨道摆渡轮船等公共交通的费用。较远的北海道、东北、冲绳等地的学校还涉及机票费用。

其次是食宿后勤费用。包括棒球部正式参赛球员及教练的餐饮住宿费、球队各类棒球器械购置维护以及后勤保障所需费用，后援团师生的住宿餐饮费，甲子园球场门票费，应援道具诸如加油喇叭筒、应援鞋帽服饰、加油横幅等定制费用、吹奏乐器搬运费等。

影响学校参加甲子园大赛比赛成本多寡的主要有三大因素——人数、地域和赛程。

按大赛规定，一般一支球队登记正式参赛的师生可达 20 人。其中正式出场球员最多可达 18 人，外加棒球部教练和部长两人。但是日本全国各地很多棒球强校球员人数动辄上百。除了正式上场比赛的选手之外，其他球员通常会被组织全体参加看台应援。有些学校甚至动员全校师生参与应援，比如甲子园强校智辩和歌山。这种情况下学校的参赛成本很可能几倍于其他学校。

其次是地域差异，距离偏远的学校参赛成本要远大于距离甲子园球场较近的关西近畿地区学校。

兵库县或大阪府学校可以在比赛当日往返学校和甲子园球场，省下不少开支。而距离西宫市甲子园球场越远，通勤和住宿成本就越高。以夏季甲子园大赛为例，通常学校正式参赛人员在大赛首轮对战抽选会日期之前抵达甲子园球场周边，入住酒店。后援团师生通常会在球队比赛当日乘坐大巴或公共交通等抵达甲子园。对于相对偏远的地区如北海道、东北、冲绳、九州等地的学校来说，后援团很可能涉及更多住宿和餐饮的费用，因此通常需要慎重地规划后援团规模与行程，避免预算超支。

另外球队表现越出色，参赛开销也就越大。大部分参加甲子园大赛的学校住宿周期在 5—7 天左右，如果一直打到决赛，则球队住宿行程最多可以超过 15 天。

如果遇上暴雨等恶劣天气导致赛程延期，那球队的旅费成本就得噌噌往上涨。2021 年第 103 届夏季甲子园大赛遭遇罕见的连日暴雨，极端天气导致比赛七次延期刷新历史纪录。各家学校住宿费和包车通勤开销也随之大幅上扬。滋贺县代表近江高校原本为了节约开支，包车组织后援团师生家长在比赛日当天从滋贺县往返甲子园球场，未料近江高校与长崎日大高校的比赛因为雨天接连延期三次，直到第四天才把比赛打完，连累近江后援团也跟着连续四天往返滋贺县与甲子园，应援活动经费严重超支。

◇ 打进决赛预算是一亿元？

日本媒体曾经做过一道计算题，假设一所关东地区学校的参赛人员及后援师生亲属总人数为 1000 人，需要动员 20 辆大巴往返通勤，按一辆大巴 30 万日元的通勤成本（含加油费、高速公路通行费、停车费等）计算，折合人民币约 1.57 万元。如果该球队第一轮即被淘汰，那么通勤的费用成本为 30 万日元 ×20 台 =600 万日元。另外，按甲子园阿尔卑斯看台席 600 日元每人计算，一个 1000 人规模的后援团单场比赛的门票开支大约 60 万日元。也就是说，参加一场甲子园大赛比赛的开销至少是 660 万日元，折合人民币约 34.4 万元。如果再加上住宿和各类后勤保障开销、吹奏部乐器的搬运费用等，一所学校在甲子园单场比赛平均预算成本可能达到 1200 万日元，折合人民币约 62 万元。按照地方大赛（预选赛）4 至 5 场比赛，全国大赛 5 至 6 场比赛，总计 10 场比赛计算，球队一直打到甲子园决赛需要的预算可能高达 1.2

亿日元（折合人民币约 620 万元）。因此关东的高校棒球圈一直流传有“要想打进甲子园决赛先准备一亿日元预算”之说。

从此前媒体公开过的出场校预算来看，这个数额并非无稽之谈。1998 年打入春季甲子园第三轮的埼玉县滑川高校参赛开支约 9200 万日元，而 1999 年打入春季甲子园的千叶县柏陵高校据传是按照“打入第二轮比赛 7800 万日元”的标准制定的。

所以募集参赛费用对于大部分进军甲子园的学校而言，都是分量不轻的“甜蜜负担”，甚至有实力强劲的学校因为频繁打入甲子园而陷入财务危机，媒体称之为“甲子园贫困”现象。

◇　财神真的存在吗?

为了减轻参赛学校负担，日本高野连会向甲子园大赛出场学校提供一部分津贴。补贴标准按一支球队 20 人（注册选手 18 人，外加棒球部教练和部长），每人每日 4000 日元，相当于每所学校棒球队每天可获得 8 万日元津贴，折合人民币约 4000 元。另外上一年夺得大赛冠亚军，但今年落选全国大赛的学校需委派代表前往甲子园，参加开幕式并返还优胜旗，高野连对此给予一大一人 2000 日元的旅费补助。一所学校的补贴周期自大赛抽选会开始计算，直至球队败战离场，如果按大赛赛程 + 抽选会约 20 天计算，球队补贴最高约 160 万日元（折合人民币约 8 万元），补助费用通常远不足以覆盖学校的实际开销。

那么日本的学校究竟如何筹措甲子园的出征经费?

三田纪房有关高校棒球题材的漫画《砂之荣冠》中，男主角七岛所在的樫野高中棒球部是已创建百年的地方传统强校，球队在地方大赛决赛最后关头败北后，七岛成为新一届主将并收到了老球迷德先生捐赠的一千万日元，德先生希望他善用这笔钱，带领球队在一年内打入甲子园。这个看似夸张的剧情道出一个实情——大部分学校参加甲子园大赛的经费源自捐款。

学校自主筹措的经费以及高野连的补贴通常不足以覆盖学校参加甲子园大赛的实际开销。募集各类捐款几乎是每所甲子园出场学校的必修课。捐款的来源渠道多种多样，主要来自学校的各种校友会、棒球部 OB 会、家属后援团以及学校所在地方的各种社会团体，比如地方商会、公益机构等。2023 年日剧《下克上棒球少年》中，越山高校球队破天荒打进甲子园后，专门用一集电视剧容量讲述校方如何测算参赛预算并组织动员多方募集捐款的经过。

不同背景的学校可以通过关联的社会关系获得额外的捐款，比如智辩学园、天理高校等一些有宗教机构背景的甲子园强校通常会额外得到来自宗教组织或信徒的募捐善款，棒球部财力通常更为雄厚。日本各地的工业、商业、农业、水产等高等专科学校则更容易从各地商会、农协等对应条线的企业或专业机构获得募捐支持。

2018 年第 100 届夏季甲子园大赛上大放异彩的秋田县金足农业高等学校就得到了日本农协的大力支持，比赛期间日本各地农协直营门店都打出声援金足农的标语，推出应援主题商品。兵库县的农业学校也专程赶到现场声援同为农业学校的金足农。可谓有钱出钱，有力出力。围绕着甲子园出场校出征费用的募集与捐赠，日本民间的各种企业、团体组织、行业条线都被调动起来，间接地促进了地方社群或相关机构之间的交流，发挥了维护人脉关系的作用。

《砂之荣冠》中德先生那样的“财神级校友”在现实中也真实存在。2008 年千叶县安房高校历史性地首次入选春季甲子园“21 世纪组”，消息传出后，学校收到了前校友，日本著名摇滚组合 X-Japan 主唱 Yoshiki[1]的惊天巨款。虽然当事人未公布具体捐款数目，经媒体向安房校长等多方求证，Yoshiki 的捐款金额保守估计超过 1000 万日元，让人充分感受到明星热爱母校的赤诚之心。不过饶是如此，Yoshiki 的巨款事实上也只够覆盖母校棒球队在甲子园打一场比赛的花销。

当然这种财神校友实在可遇不可求，一般学校必须踏踏实实广开财源。据报道，一般普通人资助学校前往“甲子园”的捐款标准从 5000 日元到几万日元不等。一些学校会想方设法设计一些运动箱包、毛巾、服饰等棒球部限定周边用品相关，以“半卖半送”的方式提供给相关人员换取捐款。比如私立棒球强校智辩和歌山每年都会设计制作棒球部的周边用品，提供给参与应援的师生和相关人员。虽然智辩和歌山棒球部的标志是极其简洁的白底红色 C 字，为了保证周边产品持续销售，智辩棒球部每年的周边产品都会对校标的设计进行微调，产品也不断推陈出新，比如在新冠疫情大流行期间，智辩和歌山、天理等学校都纷纷推出独家设计的口罩。

不过日本高野连对高中棒球部销售周边产品的行为做了严格规定，限制了周边商品销售范围和条件，避免学校把棒球部周边用品变成商业盈利工具，挑战高校棒球非商业化运作的底线。

光靠校友会和社会力量的捐款通常还不足以支撑甲子园出场校的

[1] Yoshiki（1965—），本名林佳树（林佳樹），日本著名音乐人，日本乐团 X-Japan 的团长及创办人。

出征费用，日本地方政府机关也会积极加入后援资助的阵列。如果当地有学校打入甲子园，对于提升地方知名度，促进当地旅游业，提振地方经济都有积极的作用，也有助于当地政治人物拉拢民心，因此地方政府通常很乐于为打入甲子园的学校出一把力。每年日本各地打入春夏季甲子园的学校临行前往往会去例行拜会当地的市政府、县厅、商工会议所等机构，汇报出征计划，地方行政机构则会划拨一部分预算专门给到甲子园出场校作为旅费支持。

另外，近年来还有不少学校开始利用网络众筹方式筹集甲子园参赛费用。据统计，2023 年夏季甲子园大赛期间，49 所参赛校中共有 15 所学校使用网络众筹募集到部分参赛资金，主要集中于九州、东北、北海道等相对偏远地区。其中佐贺县代表公立学校鸟栖工意外首战晋级，眼看参赛预算告急，学校紧急发起众筹，并充分利用社交媒体宣传造势，在短短数日内收到日本全国捐款超过 1000 万日元，这才解了球队的燃眉之急。甲子园募集资金方式也悄然进入全新的网络时代。

◇　甲子园大赛有哪些“不谈钱”的特权

以上是甲子园出场学校的经费收支概况，大赛的筹办层面花钱的地方就更多，涉及常规体育赛事运营各类开支。单说甲子园每场比赛后传统的“挖土”环节，据有关方面测算，每天平均消耗量就得有 60 公斤，价值折合约 20 万日元（人民币约 1 万元）。

不过出于对高校棒球传统的尊重，以及贯彻战后高校棒球运作业余主义理念，日本社会对于甲子园大赛给予的支持超过了普通的商业化体育赛事，甲子园大赛的很多运营环节确实是“不谈钱”的。

比如甲子园球场的场地使用费，据阪神园艺有关人士向媒体透露，球场物业方迄今为止未向高野连收取过春夏两季甲子园大赛的场地使用费，而同样在甲子园进行的日本职业棒球乃至“甲子园碗”[1]大学橄榄球比赛等学生体育赛事却并不享受这类待遇；甲子园大赛比赛期间几乎全程直播的日本 NHK 电视台、大阪朝日电视台多年来也从不向大赛主办方收取电视转播费用。

另外鲜为人知的一点是，甲子园大赛的很多会务工作人员都是志愿者。不仅主办方日本高野连的职员本来就不设固定薪酬，甲子园大赛期间票务销售及球场整理的工作人员大多不计薪酬，客观上属于义务劳动。就连大赛的裁判团也同样由“临时工”组成。每年包括地方大赛在内担任甲子园大赛裁判的工作人员大约 1.6 万人，全部是在大赛期间放下本职工作，牺牲个人休息时间自愿报名参与其中的。从这些运营细节上凸显出了甲子园大赛在日本社会的独特地位。

◇　不可小觑的吸金能力

当然甲子园大赛烧钱烧得厉害，吸金能力也不容小觑。

首先，球场的门票销售是甲子园大赛最主要的收入来源。截至 2017 年第 99 届夏季甲子园大赛，夏季甲子园的全国大赛观赛人数连续 9 年超过 80 万人次，单日平均门票收入达到 800 万日元，大赛期

[1] 甲子园碗（甲子園ボウル），日本美式足球协会和每日新闻社共同主办的全日本大学美式橄榄球锦标赛（全日本大学アメリカンフットボール選手権大会）决赛的昵称。一般定于每年 12 月第三个周日在阪神甲子园球场举行。比赛期间甲子园球场会从一般的棒球场改成美式橄榄球赛场。

间的门票总收入超过 1.2 亿日元。

2018 年第 100 届夏季甲子园大赛期间，观众人数达到了历史最高的 101.5 万人次，再加上历来免费的外野席自 2018 年起也开始售票，大赛门票收入更是大幅增长超过 30%。不过门票销售收入主要归属高野连，用于支持和统筹日本全国高校棒球日常活动及赛事经营，补贴各地学校参加全国大赛的旅费，并不归属于朝日新闻社和每日新闻社，或用于其他商业性活动。

除了门票的直接收益，甲子园大赛还持续拉动近畿关西地区的旅游商贸繁荣。据媒体测算，每年甲子园大赛拉动的经济效应高达 350 亿日元（折合人民币约 18.3 亿元）。2020 年夏季甲子园大赛因新冠疫情大流行宣布停止举办，有日本经济学家估算由此导致的实际经济损失超过 672 亿日元（折合人民币约 45 亿元）。

高校棒球可观的门票收入也引起了日本政府的关注。安倍晋三执政期间，日本政府试图加强对高校棒球的行政管理，考虑统筹管理包括甲子园在内的学生体育赛事，对电视转播费及门票收入征收税费。

新冠疫情大流行三年间，甲子园大赛和日本其他体育赛事一样遭遇重创。2020 年已经开始网上售票的春季甲子园于 3 月临时喊停，夏季甲子园也于 5 月宣布取消。2021 年春季甲子园有限地开放现场售票观赛，疫情反复后的夏季则继续实行“无观众比赛”，门票收入几乎为零。2022 年春夏甲子园逐步恢复正常，夏天的第 104 届夏季甲子园大赛宣布全面上调门票售价，所有座位按固定席位出售。高野连给出的涨价理由一是为防控新冠疫情和应对球员及观众中暑的情况。另一方面也有通过门票控制人流以及弥补前两年无偿举办比赛运营压力的考虑。

在疫情影响逐渐平息、社会秩序基本恢复到疫情前的2023年，春季甲子园大赛以激励青少年参与棒球运动为由，降低了儿童票价格，近年来连续波动调整的甲子园大赛售票政策也反映出这项百年赛事在坚持非商业化经营传统和维持市场化正常运营之间反复求取平衡的努力。

通过盘点甲子园的经济账，可知要想打入甲子园，不光要靠热情与汗水，金钱也是必不可缺的要素，再纯洁的体育赛事也需要遵循市场规律办事。

不过从中也能更直观地感受到甲子园大赛在日本社会中的独特意义，这项赛事的运作机制仍然存在很多有别于普通学生体育赛事以及商业体育赛事之处，并且与地方社会的政治、经济、宗教、文教体育事业等紧密相连，牵动着几乎所有日本人的心。能够传承百余年至今，确实依靠的是日本全国上下社会各界的诚意付出和支持。

今后甲子园大赛的运营模式是否还会有所改变？未来甲子园大赛究竟是否继续彻底贯彻“业余主义”的经营模式，还是会逐步纳入日本政府主导的体育赛事管理范畴中，改变现有的运营机制？参赛学校筹集资金是否有更合理的解决方案？这些问题也许需要更多人参与思考和探讨才能获得答案。

○

|番外|

最漫长的一步：女生通往甲子园之路

女生能否进入甲子园打球，已经不仅是一条体育赛事规则，而是关乎日本女性社会地位的问题。

2021 年 8 月 23 日下午，日本第 25 届全国高校女子硬式棒球选手权大赛决赛在阪神甲子园球场举行。打入决赛的两支球队分别是神户弘陵和高知中央（全称“高知中央高等学校”），最终神户弘陵 4 ∶ 0 胜出。这是甲子园球场百余年来第一次举行女子高校棒球比赛。两队女生踏入甲子园球场的一小步，也是日本高校棒球迈出的一大步。

◇ 甲子园的“厌女”传统？

众所周知，甲子园是日本高校棒球运动的“圣地”。可是很多人忽略了一点：直到 2021 年 8 月前，这个“圣地”实际只对男生开放。

根据日本高等学校棒球联盟的《大赛参加者资格规程》规定，高校棒球各项正式比赛的参赛选手限定为各学校在读的男子学生。也就是说，被誉为日本“国民活动”的甲子园大赛，实际默认仅限高中男生才能参加，只有男生被允许踏入甲子园球场。

这一规定遵循国际棒球运动规则，本无可厚非，但以传统保守著称的日本高校棒球界，却被加码诠释出更多“内涵”。战前时代的学生棒球部一律禁止女生参加，女生不得担任棒球部经理。有管理者声称让女生加入棒球部有伤风化，会影响球员的专注力和战斗力。进而衍生出诸如女生禁止踏入球场、触摸棒球器具等规定。即便到了女子棒球部员和棒球经理不再罕见的今天，高校棒球界仍然顽固地流传着一些“厌女”传统。

2016 年的第 98 届夏季甲子园大赛，九州大分县代表大分高校进入甲子园练习时，棒球部的女经理首藤桃奈身穿棒球服踏入球场，协助球员进行打击练习，旋即有工作人员进场要求其退场，引发舆论轩然大波。有人质问：“难道甲子园棒球场是相扑的土俵[1]？”

大分高校援引大赛规定“不穿制服的记录员不能参加练习”，认为规则未限定男女，只需要穿着制服，任何棒球部员都应该被允许进入球场。而主办方的劝离理由则引述自“练习助手和球童仅限男性队员”的赛事条款。管理方表示执行劝退是出于保护女生安全的考量，可舆论普遍不买账，指责高校棒球封建做派，严重与时代脱节。

甲子园高校棒球“厌女”传统的形成，既有体育层面的因素，也有日本社会层面的因素。

日本是棒球大国，拥有庞大的棒球运动人群基数，其中女子棒球运动员和爱好者占有相当可观的比例。棒球自 19 世纪引入日本，百余年来高度渗透进日本社会各个层面。在日本的小学和初中教育阶段，男女生共同接受棒垒球教育，参加各类棒垒球运动和各级棒球比赛。但是进入高中（高校）阶段，棒球运动基本限定为男子运动项目，只

[1] 土俵，相扑的圆形赛场，过去有禁止女性踏入的传统。

有极少数高中学校设有女子棒球部。

从小热爱棒球的女生在升入高中后会骤然感受到性别带来的差异。男生的高中三年是朝着“圣地甲子园”奋斗，学生棒球生涯最重要的三年，女生则连参加棒球部都困难，就算进了棒球部也无法参加正规比赛，完全被排斥在以“甲子园”为顶点构建的学生棒球运动体系之外。

问题就出在这里：甲子园大赛在日本不是一项单纯的学生体育赛事。经过传媒和教育界百年经营，甲子园大赛已上升到日本国民年度活动的高度。既是学生棒球最高荣誉象征，也是维系日本乡土社会人情的纽带，有着不可替代的影响力和重要性，而这套以“甲子园”之名构建的社会价值体系长期以来将女性完全排除在外，这才是甲子园“厌女”问题背后的核心矛盾。

◇ 女子棒球的困境

棒球如今在国际赛事中被列为男子体育项目，女子棒球运动实际由来已久，只是相比之下，女子棒球运动的发展要波折坎坷得多。

历史上第一支女子棒球队诞生于 1866 年美国瓦萨学院（Vassar College），不过很快在女生父兄们的强烈抵制下解散。1875 年美国伊利诺伊州春田市举行了史上最早的女子职业棒球比赛。名为 Blondes 和 Brunettes 的两支女子棒球队进行了四场售票入场的比赛，之后便没了下文。

日本史上第一支女子棒球队是 1910 年佐伯寻常小学校创建的女

子棒球队。此后各地陆续有一些业余女子棒球组织。历史可考的日本第一场女子棒球比赛是 1924 年福冈县立直方高等女学校和熊本县立第一高等女学校策划的女子棒球校际比赛。不过比赛还未开打就被福冈县当局叫停。当时的《福冈日日新闻》报道了这一事件，日本史上最早的女子高校棒球比赛才不至于湮没于历史烟尘中。

1924 年恰是甲子园棒球场诞生之年。这一年日本社会对于男女棒球赛事的态度几乎截然相反，此后两者的发展轨迹也南辕北辙：棒球运动被默认为“男子运动”，男子学生棒球、职业棒球规模持续扩大，而女子棒球则长期被边缘化，发展迟缓，几近停滞。

美国女子职业棒球一度在二战期间出现短期繁荣。由于大量美国职棒联盟球员被征召入伍，为了保持职业棒球热度，芝加哥小熊队老板、箭牌股份有限公司总裁的儿子菲利普·瑞格理（Philip K. Wrigley）于 1943 年创立了全美女子职业棒球大联盟（All—American Girls Professional Baseball League，简称“AAGPBL”），大力推广女子职业棒球。

AAGPBL 联盟采取“吸睛至上”的经营策略，规定女性职棒选手必须穿着短裙、涂口红，鼓励留长发，后来大胆推出“裙装棒球制服”，成功地在美国刮起女了棒球热潮。女棒大联盟最兴盛时，加盟队伍从最初的四支增加到十支，在籍女球员超过 500 人。这段事迹在 1992 年被改编为电影《红粉联盟》（*A League of Their Own*），2022 年 Amazon Prime Video 又翻拍了同名电视剧。

不过好景不长，随着战争结束，大批男子球员复员，市场对女子职棒的关注逐渐冷却，AAGPBL 最终在 1954 年停止运营。

◁ AAGPBL 的女子裙装棒球服

日本战后陆续出现过一些女子棒球组织，甚至早早开始探索“女子棒球职业化”路线。1948 年，银座舞池“Merrygold”召集横滨女子商业学校垒球部球员组建了名为“东京青鸟”(東京ブルーバード)的日本第一支女子职业棒球队。不过和美国女子职棒球队的命运相似，大部分日本女子职棒球队寿命不长，都在经营几年后就宣告解散，没有形成男子职业棒球那样广泛稳定的联盟赛体系。深受日本女粉丝喜爱的“甲子园元祖偶像”，前职业棒球选手太田幸司曾于 2010 年资助创建了日本女子职业棒球机构（日本女子プロ野球機構），可惜因种种客观原因于十年后的 2021 年自然停止运营。

此前女子棒球队经营难的原因，除了缺乏长期可持续运营的商业模式和市场，女性球员结婚生子后难以兼顾事业也是客观存在的原因。

更多的压力源自世俗观念方面。无论在东西方，过去或现在，都不乏认为女生不适合参与棒球运动的，唱衰女子棒球运动的声音此起彼伏。即便是美日两国女子职业棒球的早期实践，也多出于娱乐和物化女性的动机。

女子棒球运动发展中曝出的种种困境和远未成熟的产业运营体系，一一映射在日本女子高校棒球中。

◇　第一代棒球女经理

20 世纪 60 年代社会运动，受到女权运动在内的社会运动风潮影响，日本各地高校棒球部开始出现女生的身影。

据统计，1965 年仅东京都一地已有十余所学校有女子棒球经理，到 1971 年增加到了 50 余校。

朝日新闻百年甲子园纪念专栏《白球的世纪》中专门著有一章记录了日本第一代高校棒球女经理的事迹：东京四商的三浦静加、大阪扇町商（现更名扇町综合）的角川和惠，这些女孩或受父兄影响从小酷爱棒球，或是看甲子园电视直播深受感动，勇敢地向学校棒球部递交了申请，她们中的一些人得到了回应。

早期女子棒球经理大多承担了球队各项后勤管理工作，包括比赛记录、球衣球具整理、球队经费管理等，也有些女经理和男生一起参与日常棒球训练，指导低年级学生练习。无论是精力还是时间的付出，女生都不输于男球员，但是按照高野连的学生棒球宪章，女生不得参加高中阶段各项正式棒球赛，比赛期间也不被允许进入休息区。

其间有不少女生不断致信高野连，请愿改善高中阶段女子棒球运动待遇，推动高校棒球政策逐步改良。

三十年后的1995年，夏季甲子园大赛的东京地区大赛率先宣布，比赛期间每支参赛球队可有一名记录员（不分男女）进入比赛休息区。同年夏天，福冈县柳川高校棒球部的高木功美子作为棒球部长（责任老师）率先进入甲子园参赛队休息区。

次年的夏季甲子园大赛上，福冈县东筑高校的三井由佳子成为第一位在比赛期间进入甲子园球场休息区的女子棒球经理。

安达充的漫画也记录了这一时代变化。20世纪90年代连载的棒球漫画《H2》中，两位女主角，雨宫雅玲和古贺春华均出任棒球部经理并在比赛期间进入休息区协助记录数据。

◇ 发力女子高校棒球运动

日本的女子高校棒球运动在20世纪90年代末也有了新突破。

1997年，日本创办全国高校女子硬式棒球大赛；一年后的1998年，日本全国高等学校女子硬式棒球联盟成立，负责日本女子硬式棒球运动推广工作，筹办各类相关赛事。截至2021年，日本全国已有44支正式加盟的女子高校棒球队伍，注册在籍女子球员约1000人。

2000年4月，日本全国高等学校女子硬式棒球选拔大赛在兵库县市岛町创办。同年，原来的“全国高校女子硬式棒球大赛”更名为“全国高校女子硬式棒球选手权大赛”，赛期在夏季举行，对应男子高校棒球春、夏甲子园大赛（全国选拔高等学校棒球大赛、全国高等学校棒球选手权大赛）。

有点意外的是，日本女子高校棒球 90 年代末大发展的契机也许和中国有关。

回溯到 1995 至 1996 年，日本先后举办了“中日友好高等学校女子硬式棒球大赛（日中親善高等学校女子硬式野球大赛）”和“日韩友好女子高校硬式棒球优胜大赛（日韓親善女子高校硬式野球優勝大赛）”。据记载，来自中国北京市的女子硬式棒球队也参加了这场交流赛且赛绩不俗。两场国际赛事让日本社会看到了女子棒球运动的国际发展水平，因此此后加大了对日本国内各项女子高校棒球运动的支持力度。

女子高校棒球春、夏全国大赛也被称为“女子棒球甲子园大赛”。然而讽刺的是，直到 2021 年前，“女子棒球甲子园大赛”一般设在兵库县丹波市，从未在“甲子园”球场举行过。

关于这个问题，此前官方给出的解释是男子高校棒球春夏大赛的赛程已过于密集，无力同时承办女子高校棒球大赛。这个答案并不能令人满意。

毕竟去不了“甲子园”的高校棒球不能称之为“甲子园”。

另一些女生走了一条也许更艰难的路，她们选择加入普通高校棒球部，为争取平等参赛权利而不懈努力。

第一个明确向高野连表达改革诉求的日本女生是来自熊本县的片冈安祐美。

片冈安祐美 2002 年加入熊本商业高校棒球部，和男生一同参加棒球部活动，日常担任球队二垒手和二号打者，此后曾连续四年入选女子棒球世界大赛日本代表队，实力和努力有目共睹。高中期间她身体力行呼吁高野连改革大赛规则——“希望高野连修改规则，让女生也拥有甲子园出场权利”，但终究未能如愿。

大学毕业后片冈加入社会人棒球队“茨城 GOLDENGOLDS”，同时活跃于演艺界，持续为女子棒球运动发声。

2008 年，另一名神奈川县高中女生吉田绘里正式签约关西独立联盟的神户九人巡航者队（神户 9Cruise），成为日本史上第一名和男子同队的高中女子职业棒球选手。

吉田自幼受父兄影响酷爱棒球，虽然加入高中棒球部没多久因病退部，但此后仍坚持练习，依靠自学习得球路优雅诡异的“蝴蝶球”[1]，在全日本女子硬式俱乐部棒球选手权大赛（全日本女子硬式クラブ野球選手権）等赛事表现活跃，被球探相中。2010 年吉田绘里受邀赴美，成为史上第一位加盟美国职棒独立联盟的日本女球员。

安达充在 21 世纪后的棒球漫画《四叶游戏》和中篇漫画《偶像 A》也声援了女子棒球运动。

《四叶游戏》的女主角月岛青叶集合了片冈安祐美为代表的众多日本棒球少女印象；《偶像 A》则讲述了一名天才棒球少女与青梅竹马的男孩调换身份后参加高中棒球赛，继而加入职棒的幻想故事。对比此前《TOUCH》和《H2》中的女主角前辈，进入 21 世纪后安达充笔下的女孩们明显展现出更积极独立的姿态。

---

[1] 蝴蝶球（Butterfly）：棒球的一种投球方式，又名屈指球或弹指球，受空气扰流影响，球路变化多样。

◇ 21世纪的革新之路

在各方持续不断的努力下，横亘于女生面前的“甲子园之壁”在21世纪后第二个十年中渐渐松动。

2005年拿下第77届春季甲子园大赛冠军的爱工大名电是第一所女子棒球经理进入甲子园休息区的冠军校，“女生担任记录员就赢不了球”的迷信由是不攻自破。

2016年“大分棒球部女经理劝离事件”发生后，次年的春季甲子园大赛有若干出场队伍派出棒球部女经理或女子球员上场辅助练习，未再受到阻拦。

新冠疫情大流行导致甲子园大赛停办的2020年，枥木县独立地区大赛邀请鹿沼高校棒球部高三女子球员木村百伽担任球赛开球嘉宾，身穿象征球队主力的四号球服的木村高中三年来首次踏上正式比赛的球场投手丘。事迹后来被拍摄成电视剧《两人的背号4》。

5年后的2021年，日本高校棒球运动诞生106年之后，甲子园大门终于决定向女生打开。

2021年4月28日，日本全国高校女子硬式棒球联盟及全日本女子棒球联盟宣布，当年夏天预定举办的第25届全国高校女子硬式棒球选手权大赛决赛将首次在阪神甲子园球场举行。这场大赛终于能被称为“女子夏季甲子园大赛”。

除了全国高校女子硬式棒球联盟以及兵库县丹波市之外，朝日新闻社也加入赞助阵营。朝日新闻社表示：“高校棒球作为教育的一环，运营至今已逾百年。对全国高校女子硬式选手权大赛的支持，也表明我们将不区分性别，一视同仁地推动高校棒球进一步发展。”

◇ 第一次踏上甲子园球场的女生

2021年“女子夏季甲子园大赛”的参赛队伍达到了史上最多的40支。经过7月24日至8月1日的激烈角逐，神户弘陵和高知中央两队杀入决赛，幸运地成为史上最初踏进甲子园球场比赛的高中女生棒球队。

受连日暴雨影响，夏季甲子园大赛赛程频繁延期，女子夏季甲子园决赛日程也受牵连几度变更，最终定于8月23日下午5点举行。

决赛的开球式邀请到日本女子高校棒球运动先驱，84岁的社会人棒球选手高桥町子作为开球嘉宾。“虚拟高校棒球”全程视频直播，规格对标男子高校棒球比赛，解说嘉宾则请到了前女子高校棒球运动员片冈安祐美。

决赛两校中备受瞩目的选手之一是神户弘陵三年级当家投手岛野爱友利。岛野的两个哥哥分别在棒球强校大阪桐荫和履正社棒球部，从小受家庭影响的岛野也打得一手好球，曾获日本中学棒球联赛冠军。进入有女子棒球部的神户弘陵高校后，岛野致信高野连建议在甲子园举办女子高校棒球决赛。未料这个梦想竟然成真。

第一次踏入甲子园球场比赛，两队的女生都洋溢着难以抑制的喜悦之情，也展现出不输于男生的技艺和精神风貌。

神户弘陵由日高结衣和安藤莲姬组成的二年级投捕搭档先发上场，连投六局无失分。二局下半神户弘陵依靠牺牲触击打和连续安打，一气拿下四分奠定胜局。首次打入女子甲子园决赛的高知中央虽在五局上半一度制造一、三垒有人，无人出局的得分佳机，遗憾终被神户弘陵化解。第七局上半，神户弘陵换上了主投岛野爱友利，三振三人完美收官，拿下了甲子园第一个女子高校棒球冠军。

1924 年甲子园落成的同时首场女子高校棒球被喊停，从那时起，热爱棒球的日本女生用了近一百年时间，才终于敲开了“圣地”甲子园的大门。

◇ 终点亦是起点

2021 年夏天的女子甲子园决赛开启了一个新时代。

日本高中和大学的女子棒球部增长明显加快，包括花卷东、东海大相模等棒球名校纷纷组建女子棒球部。日本全国女子高校棒球联盟注册队伍在一年内从 32 校增加到 43 校。媒体对于女子高校棒球的关注度也大大提升。

日本著名棒球运动员铃木一朗应日本女子棒球联盟邀请，与女子高校棒球选拔队开展了多次指导赛。退役后考取高校棒球指导资格的铃木一朗从 2020 年起巡回日本多家高校棒球部短期执教。首家接受指导的智辩和歌山棒球部拿下 2022 年夏季甲子园冠军，让高中棒球界均以接受铃木一朗指导为荣。2021 年末，铃木一朗特地将“最后一课”留给了女子高校棒球。

虽然比赛最终以铃木一朗所率业余球队 KOBE CHIBEN 1 ： 0 小胜告终，但高中女生们成功压制了“安打王”铃木一朗的打击攻势（三轮打席无一安打)。赛后铃木也盛赞女子棒球热情完全不输男子,“WBC之后很久没有那么紧张过”。

日本职棒西武狮队、阪神虎队、读卖巨人军等职业球团也于2021年前后相继创设女子棒球队伍，除了迎合女子棒球的市场热点，也有对冲新冠疫情时期市场低迷的考量。球队广泛吸纳女子棒球员，包括岛野爱友利等第一代打入甲子园的女生也在其列。

2022年春天的女子高校棒球选拔大赛决赛首次在东京巨蛋体育场举行；夏季的女子选手权大赛决赛提前到了男子棒球夏季甲子园开幕前4日的8月2日举行，避免了赛程再受干扰。

女子高校棒球微小而持续的进步，为日本高校棒球下一个百年拓展着更广阔的疆域。

回首千重山，不记来时路。回望日本女子高中生前往甲子园之旅，有着不同于男子高校棒球的感动和启示。

如今日本高校棒球，无论从制度保障或是基本训练环境来看，都远未达到“性别平等”的理想状态，女子棒球运动发展也还有相当漫长的道路要走。但有理由相信，在社会各方力量有机配合协作下，日本女子高校棒球还将走得更远，女孩们站上甲子园投手丘，还只是万里征程的起点。

尾声

在甲子园阅读近现代日本

1872年，棒球运动传入明治维新时代的日本，到2022年已整整150年。

在日本大正时代新闻传媒行业竞争风潮中诞生的甲子园高校棒球（当时的中学棒球），是西洋舶来体育文化与近现代日本商业主义结合的产物，也是近现代日本精英文化和都市文化的象征，然而经过百余年演化，却形成了与发源地美国截然不同的棒球文化，融入了崇高集体主义，强调精神修炼的日本传统价值观。

甲子园之于日本社会，意义远超普通的学生体育运动。

对高中棒球运动员来说，甲子园是梦想的圣地，对于普通日本人而言，甲子园是一种乡愁，是不老的青春回忆，是跨越地域和世代维系人心的纽带，是和每个人息息相关的生活日常。

甲子园如同一面镜子，折射出日本社会百态、风土人情和历史变迁，又像一本记事本，从诞生之初就开始见证并记录着日本社会风貌变迁。

“高校棒球史中嵌着日本近代史。”

在日本，没有哪项学生体育运动像高校棒球，和近现代日本历史如此紧密相连。

从维新谋变的明治时代，到乐观开放的大正民主时期，再到对外穷兵黩武的军国昭和；从开局天灾人祸的三十年平成，到新冠疫情大流行的令和时代，绿色的棒球场仿佛穿越时空的“时光机”，可带领人们回溯日本近代社会变迁。变幻莫测的时代之风年复一年吹过，看似一成不变的投手丘，掀起相似又不相同的涟漪。

也没有哪个国家像日本这样，社会形态受到一项高中生体育赛事的如此深刻影响。在近现代日本社会的政治、经济、教育、军事、新闻传媒、交通运输、文化娱乐等各个领域，无不遍布着“白球”飞过的印迹。

不同的时代赋予甲子园不同的精神内涵。球场建成伊始的大正时代，甲子园寄托着关东大地震灾后复兴的希望；日本发动对外侵略战争的时代，这里成了军国主义政府向年轻人灌输“忠君爱国”等皇民思想的“精神道场”；1945 年后，美国人试图将这里打造成日本战后民主化改造的“梦工厂”，而日本人内心更希望新一代年轻人能够专注于棒球运动，和这个国家一同从这片球场重新出发。

“白球飞处有和平。”日本战后和平主义教育被融入甲子园大赛，大赛年复一年在日本战败纪念的 8 月 15 日正午拉响警报，呼吁一代又一代年轻人勿忘历史，守护和平，但同时这里又是日本保守的精神主义价值观被保留最多的地方，光与影共存于这幅日本的青春图景中。

历经1923关东大地震、1995阪神大地震和2011东日本大地震，甲子园是提振日本社会信心，维持正常秩序的信号灯。在新冠疫情大暴发的三年中，人们再一次见证了这项百年赛事是如何一次又一次在天灾人祸中克服种种困难得以延续的。

从2020年甲子园空白的一年，到2021年夏季甲子园出现前所未有的混乱动荡，再到2022年夏天最大程度恢复正常，整个过程不仅浓缩展现了日本新冠疫情管控措施，也带给人们鼓舞与希望。

在关注甲子园的近二十年中，我惊讶于这一日本学生赛事持续时间之长，覆盖面之广，运营模式之稳定，时至今日仍能不断自我革命进化，在延续并对抗自身保守性的同时，努力保持与时代同行。

这项极具日本文化特色的学生体育赛事很难被他国完全复制，但百余年来的运营发展经验对于中国棒球运动仍具有借鉴参考价值，而启示也并不止于体育领域。

人们常说日本是中国的一面镜子，我们常能从日本的历史中汲取经验教训，观镜自察。而从甲子园这面“镜子”中折射出的日本近现代国家社会变迁光影，对于当下正处于社会转型期的中国是否也具有现实意义？我们能否从中获得灵感和智慧，从而更好地构建并运营维护可持续良性循环的公共社会组织关系？可不可以通过体育运动让个人习得更强健的体魄和人格，构建健康的人际关系，进而持续激活社群的活力，助益中国社会整体公共福祉和现代化建设？这些都是我关注这项赛事时不断思考的问题。

附录

后记

最初了解到“甲子园”一词大约是 1992 年，从某个红白机游戏；第一次在电视上看到甲子园比赛是 1997 年，在刚刚装上卫星电视的表姐家；真正开始关注现实中的高校棒球赛事是 2005 年，我在学校图书馆的杂志上读到当年南北海道代表校驹大苫小牧达成“夏连霸”的报道，一晃到如今已经将近 20 年。

20 年中，我追踪甲子园赛事方式从最初通过 PC 电脑手动刷新朝日新闻网页的《一球速报》文字报道，到如今可以在手机上实时观看日本几乎所有全国及地方大会比赛直播视频；更新赛况和资讯的阵地也从最初 Msn Myspace 空间到后来的百度博客、博客大巴等博客平台，新浪微博，早期智能手机 App，到如今的微信公众号和播客等平台；从最初一个人自娱自乐，到如今每季都有数量可观且持续增长的观众加入观赛大军，共同关注和分享赛况乐趣……回想起来，这 20 年真的变化巨大，唯一不变的是我仍关注着这项赛事。

起初只是出于好奇，在看了很多安达充棒球漫画，玩过各种名叫“×× 甲子园”的游戏后，我很想知道，现实世界中的甲子园究竟是一个怎样的地方，是否真如漫画中那样富有神奇魅力。

2009 年，带着四年多的观赛感动和积累的知识，我开始在博客（小麦的菜园）上开启一个名为《那个叫甲子园的地方》连载专栏，尝试用通俗写作方式介绍日本高校棒球运动的发展历史，也希望通过写作更深入地了解这一日本独特的社会文化。博客时代的专栏断断续续写了 4 年（2009 年—2013 年），不过此后国内博客平台大面积关停，这一版的文字内容散失大半，后来还是从一些网友早年转载在其他平台的帖子才寻回部分记录。

2018 年第 100 届夏季甲子园召开之际，我有幸和沙青青先生、李思园女士合作，为澎湃新闻的上海书评栏目撰稿《百年甲子园》系列纪念文章。这是一次收获颇丰的写作经历，不仅从友人处获得新鲜视角和知识，也让我再度回顾过往的热爱和思考，俯瞰高校棒球百年历史及其背后的意义。关于这片球场，我发现自己还想分享更多，也有能力探索更深。

所以从 2019 年开始，我决定在微信公众号（“甲子园 100 年”）上重写《那个叫甲子园的地方》专栏。新的专栏即是本书的雏形。

微信公众号的专栏在最初版本基础之上，加入了更多观察视角和信息量。我尝试以甲子园球场为基点，将视角延展覆盖球场内外的时空，不仅关注球场内的棒球赛事，也观察和探索同一时期的看台席，球场之外的社区、交通设施、城市乃至整个日本社会以及更广大的世界，从多种角度探索与甲子园相连的时空和人群，当然也包括我个人感兴趣与关心的话题，比如日本对外侵略的战争时代，会着墨更多。

我试图以甲子园为轴线，更多地了解日本的真实面貌，也尝试运用积累的各领域的知识，更好地解释和还原甲子园真实的面貌以及球场所处的时空。将自己从中获得的感动、热情与知识传递给更多人。

随着探索不断深入，我感受到甲子园百余年的历史是如此紧密地与近现代日本国家相互联络缠绕，宛如环绕甲子园球场外墙的爬山虎，根须向下深植土壤，绿色藤蔓向上、向四方无尽延展，将球场层层包裹。甲子园的“根须”深植日本历史文化传统，而“藤蔓”则触及近现代日本的政治、经济、体育文化等各个角落。

当我们聊起甲子园，其实在聊日本这个国家。

为什么要用 20 年时间去了解一个异国的高中生体育赛事？我没有想出确切的答案。首先当然是赛事足够精彩有趣，更深层次的原因，也许只能用缘分来解释。

2005 年之后，甲子园就从未远离我的生活，每年春、夏两季观看比赛，撰写评论，不知不觉成了一种生活习惯。也曾几度打算放弃，每每又被不可思议地“拉回”球场。

夏季甲子园创办百年的 2015 年是我关注甲子园的第十年，第一次到访现实中的甲子园；2018 年第 100 届夏季甲子园大会，第一次现场观摩高校棒球比赛，意外地在现场亲眼见证了当年大赛最经典的瞬间——金足农 VS 近江高校最后的强迫进垒大逆转；去冲绳旅游，即使不刻意安排，和高校棒球有关的历史与现实还是会扑面而来——兴南高校、铁血勤皇队纪念碑、正上映电影是关于著名冲绳籍高校棒球教练栽弘义事迹的《改变冲绳的男人》，即便与甲子园相隔千里，在岛国的最南端，高校棒球文化仍然无处不在；2023 年新冠疫情大流行之后恢复出境游，时隔五年重返甲子园，球场建成百年纪念活动已经启动。风景看似一成不变，而我们都知晓和经历了三年巨变。也直到我再一次坐上甲子园球场外野看台的那一刻，才确认自己终于渡过灾厄，回归到疫情前的日常之中。

20 年后再回首，我与甲子园结下的深厚缘分不知不觉也已如球场外墙的爬山虎般郁郁葱葱。即使时代几多变迁，球场几经翻修，植被几度破坏，绿色藤蔓总会一次次重生，一次次为百年球场染上那抹熟悉的绿。

作为一个外国人，一个不以棒球运动为业的普通人，甲子园给予我的馈赠确实出乎意料得丰厚。

20 年来，我在甲子园观看比赛，也见证变幻万千的时代之风吹过这片历史悠久的球场。一同关注甲子园的朋友们聚散无常，不少人比我走得更远，他们走出校园投身棒球事业，身体力行推动中国乃至世界棒球运动发展。

我们共同见证了中国棒球的进步：2008 北京奥运大陆首次逆转胜台北队，2023 年亚运会上首次击败日本队，2024 年 U23 世界杯首次夺得世界第四佳绩。与此同时，棒球运动在中国民间从无人问津到社团遍地开花。这一切的背后，也有甲子园普及棒球运动和间接培养输送人才之功。

20 年来，我从校园踏入社会，到如今拥有自己的生活、家庭和工作，也因为甲子园在生活中与很多朋友相遇相知，彼此弥足珍贵的情谊也如同爬山虎般不断生长，交织出生命中奇妙的绿意。所以当我不停书写着甲子园的青春物语时，甲子园也记录着我的青春，我的人生。

我由衷感谢和珍惜甲子园的种种馈赠，也满怀感恩之心，将近 20 年来从甲子园获得的馈赠，感动与感悟，好奇与思索，亲眼见证和曾经求证的，用书籍的形式记录下来。这些文字不会再因为互联网平台倒闭而散失。能有机会将这份来自甲子园的馈赠，传递给更多朋友，实是我的荣幸，也愿青春的感动与力量与你们同在。

在此我要感谢促成本书诞生的朋友们。

我要特别感谢沙青青先生，从博客时代开始一直关注着专栏连载，在相关历史背景和棒球知识方面提供了宝贵的专业意见，本书的出版问世离不开沙先生的鼓励与大力支持。

也由衷感谢我的家人对我的兴趣和写作一如既往的支持。我与先生因甲子园结缘走到一起，这个球场对于我们始终是一个意义独特的存在。你们也是我能够坚持这份兴趣至今最重要的后盾。

我也要感谢多年来曾经关注“小麦的菜园”和“甲子园 100 年”的朋友们，经常指正我写作中的纰漏，却又一直无私地包容支持着我。没有你们的支持和热情，我也许就不会坚持至今。

特别感谢李骁潇先生的长期关注、分享以及提供的棒球专业建议；感谢《东亚观察局》《井户端会议》播客主理人梵一如老师把我带入播客的世界，和沙青青老师一起聊棒球是预想不到的愉快体验；感谢李骁潇先生长期以来的支持和棒球专业知识补充；感谢 THP 高校野球甲子园的科普和启蒙，数十年如一日坚持至今的赛事更新一直激励着我；感谢“蓬莱高校野球部”联络人孤岛钓客、废柴 mq 等朋友长期无私分享知识，也感谢曾经一同视频直播解说“夏甲”比赛的小伙伴们。

特别感谢安达充老师，感谢 JoJo 热情安达汉化组和昆仑大虫汉化组，感谢小草儿、希夷、6 等朋友，本书中《虚实之间的青春：日本动漫与甲子园》一章也是献给你们的；也感谢编辑老师的辛勤工作付出。

感谢斋藤佑树、有马谅、佐藤凉平、大谷翔平，感谢智辩和歌山高校棒球队和近江高校棒球队，你们的奋战带给我无可替代的感动和惊喜，给予我不断前行的勇气。

最后感谢甲子园，祝福下一个百年更加精彩。

徐靖

2024 年 6 月 16 日于上海

参考文献

- 『完全保存版　高校野球 100 年』朝日新聞出版 2015 年
- 『完全保存版 夏の甲子園 100 回 故郷のヒーロー』週刊朝日編集部 2018 年
- 『白球の世紀 高校野球 100 回秘史』朝日新聞出版 2019 年
- 『夏の甲子園 100 回 名勝負・名選手の真相 !!』ダイアプレス 2019 年
- 小関順二：『「怪物」たちの甲子園物語 (廣済堂文庫)』廣済堂出版 2008 年
- 川西玲子: 『戦前外地の高校野球： 台湾・朝鮮・満州に花開いた球児たちの夢』彩流社 2014 年
- 小関順二：『「野球」の誕生 球場・球跡でたどる日本野球の歴史』草思社 2017 年
- 氏原英明: 『甲子園という病』 新潮社 2018 年
- 梅津有希子: 『高校野球を 100 倍楽しむ　ブラバン甲子園大研究 』株式会社文藝春秋 2018 年
- 田尻賢誉: 『高校野球は親が 9 割 球児の息子の未来を変える提言』竹書房 2018
- 坂夏樹: 『一九一五年夏 第一回全国高校野球大賽 —幻のグラウンドの第一号アスリートたち』さくら舎 2021 年
- 王貞治: 《世界棒球王的回忆》人民体育出版社 1986 年版
- 岩崎夏海: 《如果高中棒球队女子经理读了彼得・德鲁克》 南海出版公司 2011 年
- 谢仕渊: 《帝国的体育运动与殖民地的现代性: 日踞时期台湾棒球运动研究》2012 年
- 沙青青: 《暴走军国》东方出版中心 2018 年
- 保阪正康: 《平成史》东方出版中心 2020 年
- 吉见俊哉: 《平成史讲义》东方出版中心 2021 年
- 李永晶: 《变异・日本两千年》一頁 folio | 广西师范大学出版社 2021 年
- 渡边淳一: 《母亲来信了》（时卫国 译） 青岛出版社 2019 年
- 原武史: 《铁道与天皇 日本近代城市的帝国化》（王笑宇 译）上海人民出版社 光启书局 2023 年
- オグマナオト: 《ざっくり甲子園 100 年 100 ネタ ニワカもマニアもおさえておきた》廣済堂出版 2018 年

年表

时间	日本及国际大事	日本学生棒球关联事件	文化事件
1865	日本第一条铁道长崎电气轨道试验成功		
1868	明治维新		
1872		东京开成学校美籍教师引进棒球运动	
1876			《大阪每日新闻》前身《大阪日报》创刊
1879			《朝日新闻》创刊
1894	中日甲午战争爆发		
1895	中日签订《马关条约》	《一高野球部史》出版，"baseball"第一次被翻译为日语词汇"野球"	
1899	摄津电气铁道株式会社成立，同年更名"阪神电气铁道株式会社"，即阪神电铁		
1901		东京专门学校棒球部成立	
1902		东京专门学校棒球部升格早稻田大学棒球部	
1903		11 月 早稻田大学棒球部向庆应义塾大学棒球部发起棒球赛挑战书，史上第一场"早庆战"举行	
1904	2 月 日俄战争爆发 日韩签署《第一次日韩协约》，日本开始吞并韩国		

续表

时间	日本及国际大事	日本学生棒球关联事件	文化事件
1907	阪急电铁前身箕面有马电气轨道创立		
1910	日本正式吞并韩国	日本史上第一支女子棒球队，佐伯寻常小学校女子棒球队成立	
1911	中国爆发辛亥革命，清朝灭亡 日本颁布《朝鲜教育令》，在朝鲜实施日韩隔离教育	8月《东京朝日新闻》发起“棒球毒害论”论争	《大阪每日新闻》与《东京日日新闻》合并
1912	明治天皇去世、日本改元“大正” 中华民国成立		
1913		大阪府丰中运动场建成 朝鲜京城日报社创办第一届全鲜棒球大赛	
1914	一次世界大战爆发 日本出兵侵略中国青岛	中国台湾地区北部棒球协会创办	
1915	日本提出对华“二十一条” 井上馨去世 中国台湾地区爆发武装抗日运动“西来庵事件”	8月 朝日新闻社主办第一届全国中等学校优胜棒球大赛在丰中运动场召开	
1916		鸣尾棒球场建成 高校棒球史上首名外国球员约翰·丹参加第二届全国中等学校优胜棒球大赛 朝鲜总督府勒令朝日新闻社停止筹划朝鲜中等学校地方大赛	日本文学家夏目漱石去世
1917	俄国革命爆发	第三届全国中等学校优胜棒球大赛会场迁移至鸣尾棒球场	
1918	第一次世界大战结束 日本爆发“米骚动” 日本向西伯利亚出兵	第四届全国中等学校优胜棒球大赛因“米骚动”中止 每日新闻社创办第一届“日本足球（Football）优胜大赛”	
1919	巴黎和会召开，中国要求取消对华“二十一条” 中国爆发“五四运动” 韩国爆发“三一独立运动”	第五届全国中等学校优胜棒球大赛召开 棒球名校松山商业学校棒球部创部	

时间	日本及国际大事	日本学生棒球关联事件	文化事件
1920	国际联盟成立	日本运动协会成立 台北体育协会创立	
1921	中国共产党成立 日本首相原敬遭暗杀	第七届中等学校优胜棒球大赛新增朝鲜地区、“满洲”地区大赛 职业棒球团体“天胜棒球团”成立	
1922	大隈重信、山县有朋、森鸥外去世 华盛顿海军会议召开	第八届大赛，和歌山中学创下史上首个“夏连霸”（夏季甲子园二连冠）	
1923	9 月 日本发生关东大地震	第九届大赛新增日据时期的台湾地区大赛，开幕式首次引入纪念飞行仪式 全部由朝鲜人学生组成的徽文高普棒球队打入全国大赛	
1924		4 月 每日新闻社第一届全国选拔中等学校棒球大赛召开 8 月 阪神甲子园球场建成 第十届纪念大赛召开 10 月 第一届明治神宫竞技大赛召开 日本史上首场女子棒球比赛被勒令取消	正力松太郎收购读卖新闻社
1925	日本颁布《治安维持法》《普通选举法》	每日新闻社的选拔中等学校棒球大赛正式迁至甲子园大运动场 东京六大学棒球联盟成立	东京、大阪、名古屋放送局开播 日本飞行员挑战日欧长距离飞行
1926	大正天皇去世 日本改元“昭和” 蒋介石开始北伐	阪神电车增设“甲子园站” 朝日新闻社推出“棒球实战速报机” “满洲”代表大连商业夺得夏季甲子园亚军	
1927	3 月 日本昭和金融危机爆发 东京地铁开通日本首条地铁线路	春季甲子园推出“大每式棒球技板”，增设“渡美旅行”冠军大奖 春冠军和歌山中学访美 第 13 届夏季甲子园大赛首次引入比赛实况广播转播 朝鲜创办朝鲜神宫奉纳棒球大赛 甲子园名特产“冰袋”诞生	芥川龙之介自杀

续表

时间	日本及国际大事	日本学生棒球关联事件	文化事件
1928	日本关东军制造皇姑屯事件，张作霖被炸身亡	第 14 届夏季甲子园大赛实现向东京转播赛事实况广播 闭幕式，朝日新闻社用飞机为冠军松本商空投下祝福花束	
1929	纽约股市暴跌引发世界金融恐慌 日本东北“凶作”引发大饥荒 朝鲜“光州学生运动”	甲子园大运动场正式更名“甲子园球场” 甲子园球场内野席两翼增设“阿尔卑斯席”	
1930	伦敦海军会议召开，致日本“八八舰队”计划搁浅，引起军部不满 日本首相浜口雄幸遇刺重伤 中国台湾地区爆发“雾社事件”	第一神港商实现史上首个“春连霸”纪录 广岛商实现史上第二个“夏连霸”纪录	
1931	“九一八事变”，中国东北三省沦陷	春季甲子园启用初代大赛主题曲《晴空高照甲子园》，因歌词含英语遭军方追究 广岛商创下史上首个“夏春连霸”纪录 读卖新闻正力松太郎力邀美国职棒大联盟代表队访日 夏季甲子园大赛嘉义农林惜败于中京商，屈居亚军	
1932	日本“五一五事变” “一·二八事变”淞沪抗战 伪满洲国成立	文部省发布《棒球统制令》	
1933	3 月 日本退出国际联盟 希特勒上台	夏季甲子园大赛全国代表名额增至 32 校 中京商业 VS 明石商延长 25 回热斗 中京商达成史上唯一“夏三连霸”纪录	
1934	溥仪在长春登基，伪满洲国更名“大满洲帝国”	第一届满鲜选拔中等棒球大赛召开 春季甲子园启用第二代大赛主题曲《艳阳舞动甲子园》 全美棒球明星队访日，贝比·鲁斯受到日本民众追捧 大日本东京棒球俱乐部成立，日本职棒起步	

时间	日本及国际大事	日本学生棒球关联事件	文化事件
1935	日本天皇机关说事件 国体明征声明	大连商业棒球部解散	日本设立芥川奖、直木奖
1936	日本“二二六事件”	日本职业棒球联盟成立	柏林奥运会召开
1937	“七七卢沟桥事变”，中日全面开战 “八一三事变”，第二次淞沪抗战爆发 12 月 南京被攻陷，日军制造南京大屠杀惨案	嘉义农林入选当年春季甲子园大赛出场代表 夏季甲子园大赛在“八一三事变”当日召开，大赛期间球场发起军机募捐	朝日新闻社策划日本国产飞机“神风”赴伦敦的长距离飞行挑战
1938	日本颁布《朝鲜人陆军志愿兵令》	中京商再创“夏春连霸”纪录 日本职业棒球加盟球队达到战前最多 9 支	
1939	诺门罕事件	海草中学夺得夏季甲子园冠军 主投岛清一连续五场比赛完封胜利	
1940	德意日结成三国同盟	海草中学达成史上第四个“夏连霸”	
1941	日本偷袭夏威夷珍珠港，太平洋战争爆发	夏季甲子园大赛被勒令停办	
1942	中途岛海战 美军开始对日本本土实施轰炸	春季甲子园被勒令停办 8 月“幻之甲子园”召开，德岛商夺冠	
1943	学生出征	日本颁布《金属类回收令》甲子园遮阳棚等设施捐于军用 飞田穗洲等人促成“最后的早庆战” 战前最后一届明治神宫竞技大赛召开 楠本保、中田武雄、松井荣造等战前甲子园明星球员死于战场	全美女子职业棒球大联盟创立
1945	美军登陆冲绳 美军在广岛长崎投下原子弹 铃木贯太郎出任日本首相 日本宣告战败，GHQ 接管日本	8 月甲子园球场因空袭起火严重损毁 朝日新闻社策划重启甲子园大赛 11 月 日本职业棒球联盟复活，召开东西对抗战	

续表

时间	日本及国际大事	日本学生棒球关联事件	文化事件
1946	日本颁布“和平宪法”，宪法第九条明确放弃战争权	夏季甲子园大赛在西宫球场重开 浪华商夺得战后首届甲子园冠军	
1947	日本“和平宪法”施行 日本学制改革	美军向日方归还甲子园球场及部分看台席	手冢治虫发表日本第一部现代漫画《新宝岛》 日本第一部现代棒球漫画《击球君》发表
1948	东京审判结束	春、夏甲子园大赛更名“选拔高等学校棒球大赛”和“全国高等学校棒球选手权大赛” 小仓高校达成史上第五次“夏连霸” 夏季甲子园新大赛主题曲《荣冠因你闪耀》诞生（古关裕而作曲，加贺大介作词） 日本第一支女子职业棒球队“东京青鸟”创立	日本作家太宰治自杀 伦敦奥运会开幕
1949	“道奇路线”正式提出 中华人民共和国成立	日本棒球联盟分成“中央联盟”和“太平洋联盟”	《击球君》作者井上一雄去世
1950	朝鲜战争爆发，美国对日战略转向		黑泽明《罗生门》公映
1951	日本与各国签署《旧金山条约》 日美签署《日美安保条约》	甲子园球场重建观众席遮阳棚，俗称“银伞”	每日新闻社成立日本最早民营广播电台“新日本放送”
1952	美国对日占领结束		
1953	吉田茂内阁解散 三池煤矿大罢工 苏联氢弹试爆成功	日本放送协会 NHK 首次电视转播夏季甲子园大赛赛事	小津安二郎《东京物语》公映
1954	美国海底氢弹试验导致“第五福龙号事件”	中京商史上第五次夺得夏季甲子园大赛冠军	
1955	日本经济“神武景气”（1955—1957）	2 月 14 日，中京商找回失踪 84 天的冠军大深红旗	
1956		甲子园球场增设夜间照明，伊那北 VS 静冈成为史上首次夜间比赛	

续表

时间	日本及国际大事	日本学生棒球关联事件	文化事件
1957	岸信介内阁成立 日本经济陷入“锅底式萧条”	早稻田实业王贞治、县岐阜商清泽忠彦达成无安打无失分比赛。 广岛商夺得夏季大赛冠军，原子弹爆炸幸存少年登上甲子园舞台	寺田博雄棒球漫画《运动员佐助》开始连载
1958	日本经济进入“岩户景气”时期（1958—1961）	德岛商 VS 鱼津延长 18 回 0：0 平局翌日再战轰动全国 冲绳代表队首里高校首次甲子园出场 夏季大赛启用第二代大赛旗	东映动画《白蛇传》上映
1959	三井三池煤矿工人大罢工	中京商再夺春季甲子园冠军	MBS 电视台、朝日电视台成立并开播
1960	日美签署《新日美安保条约》 全学连 4000 余人在日本国会与警方发生冲突 日本推出“国民所得倍增计划”	大赛强制要求打者佩戴头盔	英国披头士乐队成立
1961	东德构筑“柏林墙”	仓敷工 VS 报德学园“奇迹的大逆转”	NHK 第一部晨间剧《女儿和我》开播 棒球漫画《魔球投手》开始连载
1962	古巴导弹危机	1961—1962 年法政二 VS 浪商三度宿命对决 作新学院达成史上第一个“春夏连霸”	
1963	三池煤矿发生重大矿难 广岛举办第九届“禁止原子弹氢弹世界大赛”		日本第一部电视动画《铁臂阿童木》开播
1964	东海道新干线开业		东京奥运会召开
1965	日本经济进入“伊奘诺景气”周期（1965—1970）	三池工业高校甲子园初出场初优胜，工业学校首次在甲子园夺冠	日本成功申办大阪世博会
1966			棒球漫画《巨人之星》开始连载
1967	羽田机场斗争事件	大阪世博会主题曲《来自世界各国的朋友，你们好！》被选为当年春季甲子园入场行进曲	

续表

时间	日本及国际大事	日本学生棒球关联事件	文化事件
1968	企业号停靠佐世保港引发民间抗议 府中三亿日元抢夺事件 日本多地爆发大学纷争（日大纷争、东大纷争等）	第50届夏季甲子园纪念大赛召开 著名导演市川崑摄制纪录电影《第50届全国高校棒球选手权大赛·青春》 明治维新百年纪念明治神宫棒球大赛召开	川端康成获诺贝尔文学奖 东映动画《太阳王子》公映
1969	东大安田讲堂事件 弘前大学占领事件	夏季甲子园三泽VS松山商成为史上首场延长18局平局翌日再战的决赛 太田幸司掀起“阿幸热潮”，被誉为“甲子园元祖偶像”	三岛由纪夫赴东京大学驹场校区舌战全共斗学生 阿波罗号成功登月
1970	“淀号”劫机事件	三波春夫《来自世界各国的朋友，你们好！》再次入选春季甲子园大赛入场进行曲 箕岛夺得春季甲子园冠军 东海大相模首次夺得夏季甲子园冠军 明治神宫棒球大赛（大学部）创立	大阪世博会召开 三岛由纪夫煽动兵变失败，自杀身亡 水岛新司开始连载棒球漫画《热血男儿甲子园》
1971	联合赤军诞生 山岳基地事件	江川卓达成栃木县史上首次完全比赛 东京都50余校启用女子棒球经理	
1972	冲绳回归日本，保留美军军事基地引发争议 中日邦交恢复正常 联合赤军浅间山庄事件 卢德（特拉维夫）国际机场扫射事件	夏季甲子园大赛创设冲绳赛区 甲子园大赛规定打者必须戴上有护耳的打击头盔	水岛新司开始连载棒球漫画《大饭桶》 高畑勋、宫崎骏《熊猫家族》大热 上野公园熊猫热潮
1973	日元过渡到完全浮动汇率制 第一次石油危机爆发	作新学院春夏连续出场“怪物”江川卓掀起热潮 明治神宫大赛增设高中部 读卖巨人军创下央联“九连冠” 夏季甲子园大赛主题曲词作者加贺大介去世	史上最长棒球漫画水岛新司《安武》开始连载 虫制作公司破产

续表

时间	日本及国际大事	日本学生棒球关联事件	文化事件
1974	日本首相田中角荣辞职 水门事件	夏季甲子园大赛开始采用铝制金属棒 1974—1976 年赛区划分改革 池田高校“力量棒球”轰动甲子园 东海大相模原贡、原辰德“父子鹰”亮相甲子园 松井秀喜在加贺大介故乡石川县诞生	《阿尔卑斯少女海蒂》 《宇宙战舰大和号》播出，引发热议
1975		第 57 届夏季甲子园大赛全垒打数量达到战后以来最多的 15 支	水岛新司漫画《热血男儿甲子园》连载完结
1976	日本前首相田中角荣被捕		
1977		箕岛获得春季甲子园大赛冠军 东洋大姬路史上首次在决赛中击出再见全垒打夺冠。 文部省为德岛商重制并补发“幻之甲子园”奖状和优胜盾牌	《星球大战》公映 卡拉 OK 大流行
1978	成田机场启用	“江川卓空白的一日”	安达充第一部原创棒球漫画《NINE》开始连载
1979	第二次石油危机爆发 中美建交	第 61 届夏季甲子园大赛箕岛 VS 星稜激战 箕岛达成“春夏连霸”	《机动战士高达》上映
1980		“荒木大辅”热潮（1980—1982） JVC 创办“胜利者·甲子园海报”活动	《NINE》连载完结
1981		第 63 届夏季甲子园大赛决赛报德学园 VS 京都商“近畿同士决战”	安达充棒球漫画《TOUCH》开始连载
1982		池田高校夺得第 64 届夏季甲子园冠军，85 安打纪录载入史册	
1983	东京迪斯尼开业 大韩航空班机被击落	PL 学院半决赛 7：0 完封池田高校，最终获得夏季甲子园冠军，“KK 组合”横空出世	

续表

时间	日本及国际大事	日本学生棒球关联事件	文化事件
1984		PL 学院夺得春、夏甲子园亚军	宫崎骏执导《风之谷》上映 麻原彰晃创建奥姆真理教前身“奥姆神仙会”
1985	日美签署广场协议 日元开始升值	PL 学院夏季甲子园夺冠	《TOUCH》同名电视动画开播
1986	苏联切尔诺贝利核泄漏事故	PL 学院曝出严重暴力伤害事件 *TOUCH* 片尾曲《青春》入选第 58 届春季选拔大赛入场行进曲	安达充《TOUCH》连载完结 宫崎骏《天空之城》公映
1987	日本国铁民营化，JR 开始营业	PL 学院达成史上第四个“春夏连霸” 江川卓职棒退役 酒井法子成为年度“甲子园海报女郎”	
1988		大阪桐荫棒球部创部	水岛新司《大甲子园》连载完结
1989	昭和天皇去世，日本改元“平成” 东证指数达到历史最高点 38915 点 宫崎勤事件 东欧剧变	东邦高校夺得平成年首个春季甲子园冠军	手冢治虫、美空云雀、松下幸之助去世
1990	日本泡沫经济破灭，东证指数跌破 20000 点 东西德统一 海湾战争爆发	栽弘义带领冲绳水产高校首次打入夏季甲子园决赛，夺得亚军	
1991	苏联解体	冲绳水产再度打入夏季甲子园大赛决赛，主投大野伦赛后右臂疲劳性骨折引发舆论争议（大野伦事件）	
1992	日本大藏省宣布日本不良债权达到 12 万亿日元	松井秀喜五打席敬远事件	安达充棒球漫画《H2》开始连载
1993		春季甲子园启用第三代大赛主题曲《就是现在》 松井秀喜进入读卖巨人军	

续表

时间	日本及国际大事	日本学生棒球关联事件	文化事件
1994		箕岛、星稜两校进行纪念比赛	满田拓也棒球漫画《棒球大联盟》开始连载
1995	1 月 阪神淡路发生大地震 3 月 奥姆真理教东京地铁沙林毒气事件	3 月 春季甲子园大赛如期召开，现场吹奏应援取消 7 月 夏季甲子园大赛东京地区大赛允许女生记录员进入比赛休息区 8 月 史上首名女教练进入甲子园休息区 中日友好高等学校女子硬式棒球大赛召开	
1996	桥本龙太郎内阁上台 日本民主党成立 住宅金融专门投入救助基金	日韩友好女子高校硬式棒球优胜大赛 史上首名女子棒球经理进入甲子园休息区	雅虎日本诞生，日本互联网开始普及 亚特兰大奥运会
1997	山一证券、北海道拓殖银行等相继倒闭 日本报纸发行量到达巅峰值	松坂大辅率横滨夺得明治神宫大赛冠军 PL 学院曝出部内霸凌丑闻 甲子园全国大赛网络视频直播开始 日本全国高校女子硬式棒球大赛创办	《泰坦尼克号》上映
1998	小渊惠三内阁上台 韩国首相金大中访日	松坂大辅率领横滨高校夺得年度高校棒球三冠（春夏连霸 + 国体冠军） 青森地方大赛东奥义塾 122：0 深浦，创甲子园大赛最高分差纪录 日本全国高等学校女子硬式棒球联盟成立	
1999	欧元诞生 普京代理总统一职	群马县桐生第一夏季甲子园初优胜	
2000	小渊惠三脑梗昏迷 森喜朗内阁上台 韩国首相金大中与朝鲜金正日实现南北首脑会谈	大赛单场比赛最多延长局数缩短至 15 局 智辩和歌山创下单场比赛 30 安打纪录 全国高等学校女子硬式棒球选拔大赛创立；“全国高校女子硬式棒球大赛”更名为“全国高等学校女子硬式棒球选手权大赛”	悉尼奥运会召开

续表

时间	日本及国际大事	日本学生棒球关联事件	文化事件
2001	美国爆发“9·11 事件” 小泉纯一郎内阁上台 阿富汗战争爆发	春季甲子园新增“21 世纪组”	宫崎骏《千与千寻》公映
2002		丰中运动场原址建高校棒球纪念公园 松井秀喜加入纽约洋基队	日韩足球世界杯
2003	美英联军发动伊拉克战争	春季甲子园新增“明治神宫组”	宫崎骏《千与千寻》荣获奥斯卡最佳动画片 棒球漫画《振臂高挥》开始连载
2004		南北海道代表驹大苫小牧高校 13：10 战胜济美首次夺得夏季甲子园冠军，填补北海道甲子园冠军空白	雅典奥运会开幕
2005		驹大苫小牧达成史上第六次“夏连霸”	爱知世博会召开 安达充棒球漫画《四叶游戏》开始连载 《TOUCH》真人版上映
2006	安倍晋三任日本首相	第 88 届夏季甲子园大赛上演“世纪决战”驹大苫小牧 VS 早稻田实业 早稻田实业首次夺冠 “手帕王子”热潮风靡日本	寺岛裕二《钻石王牌》开始连载
2007	福田康夫内阁上台	公立校佐贺北满垒逆转全垒打 5：4 战胜广陵夺得夏季甲子园冠军	
2008	麻生太郎内阁上台	夏季甲子园大赛史上最早 8 月 2 日开幕 大阪桐荫 17：0 常叶菊川夺冠 女高中生吉田绘里成为日本首位和男子同队的女子职业棒球选手	北京奥运会召开 高校棒球题材电影《一百零八》上映
2009	鸠山由纪夫内阁上台	JVC 甲子园海报活动停办 中京大中京 10：9 战胜日本文理，史上第七次夺得甲子园冠军 日本文理九局上半两人出局后连追五分，经典场面载入史册	

续表

时间	日本及国际大事	日本学生棒球关联事件	文化事件
2010	日本年金机构启动 冲绳普天间基地宣布搬迁至名护市边野古 菅直人内阁上台	冲绳兴南高校达成“春夏连霸”，填补冲绳代表队夏季甲子园冠军空白 吉田绘里成为史上第一位加盟美国职棒独立联盟的日本女球员	上海世博会召开 轻小说《如果高校棒球女经理读了彼得德鲁克》风靡日本
2011	3 月 11 日 东日本大地震 福岛核电站泄漏事故	第 83 届春季甲子园震后如期召开 8 月 夏季甲子园响应节电号召，比赛时间全面提早 光星学院夺得亚军和明治神宫大赛冠军	
2012	安倍晋三再次出任日本首相	史上首次春、夏甲子园决赛组合相同——大阪桐荫 VS 光星学院。 大阪桐荫第一次达成“春夏连霸”，光星学院达成“夏春夏三季连续亚军”纪录	伦敦奥运会召开 安达充长篇漫画《MIX》开始连载
2013		前桥育英夏季甲子园初出场夺冠 PL 学院棒球部再曝体罚丑闻	伊势神宫、出云大社同时迎来“迁宫式年” NHK 晨间剧《海女》大热
2014	安倍内阁正式通过关于“解禁集体自卫权”的重大宪法修改	大阪桐荫第四次甲子园夺冠	《冰雪奇缘》动画片大热
2015	日本首相安倍晋三提出修改宪法第九条，引发抗议	夏季甲子园大赛（第 97 届）创办 100 年纪念 东海大相模击败仙台育英夺得冠军	《AGAIN 第 28 年的甲子园》公映
2016		PL 学院棒球部宣布解散 大分高校棒球部女经理首藤桃奈在夏季甲子园练习日进入球场被中途劝离，引发舆论争议	
2017		朝日新闻创立高校棒球网站“虚拟高校棒球”	
2018	天皇明仁宣布于 2019 年“生前退位”	第 100 届夏季甲子园大赛召开 金足农旋风 大阪桐荫夺冠，进入 2000 年后第二次达成“春夏连霸”	
2019	日本改元“令和”	高野连出台投手投球数限制、突破僵局制等新规	京都动画纵火案

续表

时间	日本及国际大事	日本学生棒球关联事件	文化事件
2020	新冠疫情全球大流行	春、夏甲子园大赛因新冠疫情战后首次宣布取消 8月甲子园特别交流比赛大赛召开	2020东京奥运宣布延期 安达充漫画《MIX》因疫情休刊
2021		春季甲子园大赛重开，恢复现场售票 夏季甲子园大赛赛程史上最多七度延期 甲子园首次举办女子高校棒球选手权大赛决赛，神户弘陵4：0击败高知中央夺冠 甲子园首次响起韩语校歌（京都国际校歌） 夏季甲子园决赛首次出现兄弟校（智辩和歌山、智辩学园）对决，智辩和歌山夺冠 “手帕王子”斋藤佑树职棒退役	2020东京奥运举办
2022	7月8日，前首相安倍晋三奈良街头演讲中遇刺身亡 日本放宽入境限制	甲子园大赛纪念棒球传入日本150周年 夏季甲子园大赛新冠疫情以来首次全面开放现场观赛和现场应援 仙台育英夏季甲子园大赛首次夺冠，破解“东北零优胜百年魔咒”	
2023		3月 日本夺得世界棒球大赛（WBC）冠军 山梨学院夺得春季甲子园大赛冠军，山梨县扫除甲子园冠军空白 6月 甲子园举办《甲子园Brass Band Festival 2023》 8月 庆应高校时隔108年夺得夏季甲子园冠军	日剧《下克上棒球少年》播出
2024		3月 春季甲子园大会创办100周年纪念；健大高崎首次夺冠 8月 甲子园球场建成100周年纪念；京都国际夺得第106届夏季甲子园大会冠军，甲子园首次奏响韩语的冠军校歌 正式引入低反射金属棒，夏季甲子园大赛本垒打骤减至7支	

常用棒球术语翻译对应表

英语名称	本书翻译名	中国棒协版中文名
catcher	捕手	接手
pitcher	投手	投手
infielder	内野手	内场手
first baseman	一垒手	一垒手
second baseman	二垒手	二垒手
third baseman	三垒手	三垒手
short stop	游击手	游击手
outfielder	外野手	外场手
left outfielder	左外野手	左外场手
center outfielder	中外野手	中外场手
right outfielder	右外野手	右外长场手
batter/hitter	打者	击球员
pinch hitter	代打	替补击球员
runner	跑者	跑垒员
pinch runner	代跑	替补跑垒员
hits	安打	安打
homerun	本垒打	本垒打
grand slam	满垒本垒打	满贯本垒打
bunt	触击	触击

续表

英语名称	本书翻译名	中国棒协版中文名
fair ball	界内球	界内球
foul ball	界外球	界外球
fly	高飞球	高飞球
hit by pitch	死球 / 触身球	投球中身
wide pitch	暴投	暴投
steal base	盗垒	偷垒
put out	出局	攻方队员出局
pick off	牵制	牵制
passed ball	漏接	漏接
sacrifice hit	牺牲打	牺牲打
squeeze play	强迫盗本垒	抢分战术

文中出现的棒球运动术语采用惯用中文翻译，部分术语与中国棒球协会 2020 年发布的《棒球运动项目基础术语》略有差异，因此附上《常用棒球术语翻译对应表》供对应参考。

团体纪录

甲子园大赛团体纪录						
	春夏总计		春季甲子园大赛		夏季甲子园大赛	
最多次夺冠	中京大中京（爱知）	11 次	东邦（爱知）	5 次	中京大中京（爱知）	7 次
最多次比赛胜利	中京大中京（爱知）	136 胜	中京大中京（爱知） 东邦（爱知）	58 胜	中京大中京（爱知）	78 胜
最多连续胜利纪录	PL 学院（大阪）	20 连胜	PL 学院（大阪）	14 连胜	中京大中京（爱知）	22 连胜
最多打入甲子园次数	龙谷大平安（京都）	76 次	龙谷大平安（京都）	41 次	北海（北海道）	40 次

单届大会纪录				
	春季甲子园大赛		夏季甲子园大赛	
最多本垒打	大阪桐荫 (大阪)（2022 年）	11 支	智辩和歌山 (和歌山)（2000 年）	11 支
最多得分	东邦（爱知）（1939 年）	59 分	和歌山中 (和歌山)（1921 年）	75 分
最多安打	东海大相模 (神奈川)（2011 年）	74 安打	智辩和歌山 (和歌山)（2000 年）	100 安打
最多垒打	东海大相模 (神奈川)（2011 年）	113 垒打	智辩和歌山 (和歌山)（2000 年）	157 垒打

续表

单届大会纪录				
	春季甲子园大赛		夏季甲子园大赛	
最多盗垒			和歌山中（和歌山）（1921 年）	29 盗垒
最多牺牲打			育英（兵库）（1993 年）	30 牺牲打

单场比赛纪录				
	春季甲子园大赛		夏季甲子园大赛	
最多本垒打	PL 学院（大阪）（1984 年首轮比赛）	6 支	智辩和歌山（和歌山）（2006 年四分之一决赛）	5 支
	大阪桐荫（大阪）（2022 年四分之一决赛）		履正社（大阪）（2019 年首轮比赛）	
最多得分	泷川中（兵库）（1937 年首轮比赛）	27 分	PL 学院（大阪）（1985 年第二轮）	29 分
最多安打	智辩和歌山（和歌山）（2000 年首轮比赛）	24 安打	PL 学院（大阪）（1985 年第二轮）	32 安打
	山梨学院（山梨）（2019 年首轮比赛）		PL 学院（大阪）（1985 年第二轮）	
最多垒打	大阪桐荫（大阪）（2022 年四分之一决赛）	43 垒打	PL 学院（大阪）（1985 年第二轮）	45 垒打
最多盗垒	广岛商（广岛）（1974 年）	14 盗垒	土佐（高知）（1953 年）	13 盗垒
最多牺牲打	箕岛（和歌山）（1979 年）	10 牺牲打	横滨商（神奈川）（1979 年）	9 牺牲打
	西武台（埼玉）（1988 年）	24 安打	广岛商（广岛（1988 年）	
	爱工大名电（爱知）（2004 年）	43 垒打	静冈商（静冈）（2006 年）	

连霸纪录

达成春夏连霸学校			
年份	**学校**	**春**	**夏**
1962 年	作新学院（栃木）	第 34 届	第 44 届
1966 年	中京大中京（爱知）	第 38 届	第 48 届
1979 年	箕岛（和歌山）	第 51 届	第 61 届
1987 年	PL 学院（大阪）	第 59 届	第 69 届
1998 年	横滨（神奈川）	第 70 届	第 80 届
2010 年	兴南（冲绳）	第 82 届	第 92 届
2012 年	大阪桐荫（大阪）	第 84 届	第 94 届
2018 年	大阪桐荫（大阪）	第 90 届	第 100 届

胭+砚
project:

胭砚计划：

东洋志：

《甲子园：高校棒球 100 年与近现代日本》，徐靖著
《锁国：日本的悲剧》，[日] 和辻哲郎著，郎洁译
《战斗公主 劳动少女》，[日] 河野真太郎著，赫杨译
《给年轻读者的日本亚文化论》，[日] 宇野常宽著，刘凯译
《青春燃烧：日本动漫与战后左翼运动》，徐靖著
《同盟的真相：美国如何秘密统治日本》，[日] 矢部宏治著，沙青青译
《昭和风，平成雨：当代日本的过去与现在》，沙青青著
《平成史讲义》，[日] 吉见俊哉编著，奚伶译
《平成史》，[日] 保阪正康著，黄立俊译
《一茶，猫与四季》，[日] 小林一茶著，吴菲译
《暴走军国：近代日本的战争记忆》，沙青青著
《古寺巡礼》，[日] 和辻哲郎著，谭仁岸译
《造物》，[日] 平凡社编，何晓毅译

太阳石：

《鲁尔福：沉默的艺术》，[西] 努丽娅·阿马特著，李雪菲译 （即将出版）
《达里奥：镜中的预言家》，[秘鲁] 胡里奥·奥尔特加著，张礼骏译 （即将出版）
《科塔萨尔：我们共同的国度》，[乌拉圭] 克里斯蒂娜·佩里·罗西著，黄韵颐译
《巴罗哈：命运岔口的抉择》，[西] 爱德华多·门多萨著，卜珊译
《皮扎尼克：最后的天真》，[阿根廷] 塞萨尔·艾拉著，汪天艾、李佳钟译
《多情的不安》，[智利] 特蕾莎·威尔姆斯·蒙特著，李佳钟译
《在大理石的沉默中》，[智利] 特蕾莎·威尔姆斯 · 蒙特著，李佳钟译
《〈李白〉及其他诗歌》，[墨] 何塞·胡安·塔布拉达著，张礼骏译
《珠唾集》，[西] 拉蒙·戈麦斯·德拉· 塞尔纳著，范晔译
《阿尔塔索尔》，[智利] 比森特·维多夫罗著，李佳钟译
《自我的幻觉术》，汪天艾著
《群山自黄金》，[阿根廷] 莱奥波尔多·卢贡内斯著，张礼骏译
《诗人的迟缓》，范晔著

巴西木：

《这帮人》，[巴西] 希科·布阿尔克著，陈丹青译，樊星校
《一个东方人的故事》，[巴西] 米尔顿·哈通著，马琳译

《抗拒》，[巴西] 胡利安·福克斯著，卢正琦译
《歪犁》，[巴西] 伊塔马尔·维埃拉 · 茹尼尔著，毛凤麟译，樊星校
《表皮之下》，[巴西] 杰弗森·特诺里奥著，王韵涵译

努山塔拉：

《瀛寰识略：全球史中的海洋史》，陈博翼编著

其他：

《少年世界史·近代》，陆大鹏著
《少年世界史·古代》，陆大鹏著
《男孩的心与身—　13 岁之前你要知道的事情》，[日] 山形照惠著，张传宇译
《噢，孩子们—　千禧一代家庭史》，王洪喆主编
《大欢喜：论语章句评唱》，李永晶著
《回放》，叶三著
《雪岭逐鹿：爱尔兰传奇》，邱方哲著
《故事新编》，刘以鬯著
《亲爱的老爱尔兰》，邱方哲著
《送你一颗子弹》，刘瑜著
《说吧，医生 1》，吕洛衿著
《说吧，医生 2》，吕洛衿著
《摩登中华：从帝国到民国》，贾葭著
《天命与剑：帝制时代的合法性焦虑》，张明扬著
《现代神话修辞术》，孔德罡著
《看得见的与看不见的》，[法] 弗雷德里克·巴斯夏著，于海燕译